TALES FROM MY
ZIA FAUSTINA

FOLKLORE OF OLD UMBRIA

WRITTEN BY **ANGELO MAZZOLI**

TRANSLATED FROM THE ORIGINAL ITALIAN
BY **NICOLAS DAMIANI**

ADAPTED FOR AN ENGLISH-SPEAKING READER
BY **MICHELLE DAMIANI**

WITH ILLUSTRATIONS
BY **ANGELO MAZZOLI**

RIALTO
PRESS

TALES FROM MY ZIA FAUSTINA
FOLKLORE OF OLD UMBRIA

For permission request or information regarding bulk sales, contact the publisher at:

RIALTO PRESS
P.O. Box 1472
Charlottesville, VA 22902

ISBN 979-8-9863645-1-3

CONTENTS

SOMMARIO

Seamstresses, Spello, 1931

PREFACE

by Angelo Mazzoli

Myths, fables, and popular stories are our first conscious form of fiction. Since television or various forms of family entertainment did not exist in the early days, the great patriarchal families would gather around the hearth in the evening. Here, the old men told the stories and tales they had learned from their fathers, who learned them from their ancestors...and so on.

Knowledge relied on oral tradition and so children learned, in their turn, the ancient legends. Then, when they grew into adulthood, they too told the old stories, perhaps enriched and expanded more and more through added fantasy, new characters, and fresh adventures.

The most important scholar of Italian language and literature, Natalino Sapegno, expressed this sentiment with these significant words: "The people have their own culture, rich in legends, stories, poems, and proverbs that constitute a literary and moral heritage that is usually little known, but which actually reveals a very interesting realm, a real world to discover, to love, to study." Sapegno affirms a great truth, which has deeply permeated my own literary awareness and rational moral motivations. Over time, I have discovered that this great culture is not only the vast fruit of communities, groups, and aggregations, but also reflects the mnemonic preservation and fervid creative imagination of individuals and entire human communities.

Each myth you'll find in these pages represents nothing more than reality, in all its humblest and saddest details, transfigured and elevated to legend through a process of extreme simplification and unstudied representation (as for all the very rich Greek mythology I have loved so much).

The stories I share with you are a compilation of narratives my aunt Faustina (who passed away at the venerable age of one hundred) told me when I was small, and which she then repeated to me when I was an adult and she was very old (physically ill, but mentally very lucid). Her memory had remained surprisingly unchanged. Indeed, it seemed to gain precision over time, so much so that her stories became enriched with particular references to real facts and characters, along with expansions and fantastical variations (local legends born in different times and places). I listened more and more intensely, sharing with her the loneliness of old age, which became mine as well. So I often remembered the musings of the great Greek philosopher Aristotle, who had this to say: "The more lonely I become, the more I love myths." Meanwhile, I've read that the American psychoanalyst and philosopher James Hillman stated: "Anything that is true always has a mythical component ... truth is only what is mythical," and I share these principles deeply.

Referring to the vast Greek mythology, the famous Italian writer Cesare Pavese, expressed a similar thought, asserting: "Could I give up such a wealth of stories? Of course not!" I am a firm believer that we cannot—indeed, *must* not—give up these stories. For millennia, stories have been part of our civilization. They are a universal encyclopedia of symbols and themes, of adventures and events, of the most authentic human experience, without fictions, mystifications, without prejudices.

So this complete collection of popular legends and stories represents for me a precious family inheritance, a social cross-section of affections and worries—elements that have contributed, in a rather weighty way, to building the basis of my cultural knowledge. On this I then applied notions of study, research, and education.

In these stories, you'll find my soul's matter, the words that have impacted my life choices—private, civil, and even political. From my own experience, I've seen how fables reveal significant aspects (otherwise veiled, hidden, unconscious, denied, or unconfessed) of everyday reality. In this way, they are a sublime projection of the collective soul, a kind of living organism expressed in a narrative form that fascinates and enchants.

I hasten to add that storytelling has another benefit, that of illuminating and preserving facets of local time and place. Who knows if, compared to the official and documented story often dubbed as "true" (though often manipulated by bias), the "popular" tale may offer more honest truths. In this sense, stories that have come to us from the earliest beginnings develop a universal hue—from those poetically sung by Homer to those found in the extraordinary preachings of Christ, both not written by the authors (who might have been illiterate). Their narratives were passed down orally before finally being transcribed.

So my Zia Faustina told her stories, as I listened, rapt.

Telling and listening, the basis of a magnificent teaching relationship, one defined by an exciting transference. Much like a theatrical or cinematographic performance where the beholder might sit on an heirloom stool, a Renaissance banquette, a noble lounge, but above all, in the poor country houses, around the hearth with aged people speaking in warm and persuasive voices.

Similarly, my Zia Faustina and I, in the storytelling world we built together.

Telling and listening: rare nowadays with new means of communication, distant and impersonal.

Telling and listening: two vital functions without which truth loses all meaning.

Seamstresses, Spello

INTRODUCTION

by Michelle Damiani

My friendship with Angelo Mazzoli began on the terrace of Spello's Bar Tullia. I'd been advised by several people to seek Angelo out for Italian lessons, with an inevitable lift of the eyebrow, suggesting that in Angelo I'd find more than a retired school teacher. A grab of my elbow with a whispered, "That's Angelo!" and I turned to introduce myself. His grey ponytail, hat cocked over his eye, multitude of scarves, and t-shirt festooned with flags of the world led me to believe Angelo might track a little left of center.

I had no idea.

Angelo became my teacher. Then, in rapid succession, he became my family's guide, a connection to our new home, an object lesson in open-hearted living, and an introduction to a new way of thinking. In short, I found in Angelo a trusted friend, one that blurs the line into family.

He drove me to the hospital when my husband had pneumonia, translating Folignese medical Italian into the comforting dialect of Spello. He hunted all over town, more than once, to find my cat running loose over the medieval rooftops. He sat down with my children before their first day of public school and drilled them on how to ask to use the bathroom. He called a friend to ask how to cook a recipe I was curious about and then delivered spoonfuls of my finished product all over Spello until people were shouting at my arrival, "*cotiche!*" Pig skin. There are probably worse things to be known for, but there are no doubt better. He taught my son the finer points of *scopa* so Gabe could best the old men on Tullia's patio, one of them Angelo's brother. How Angelo delighted in Marcello's pretended disgust when he lost. Time and again, our Italian lesson end time vanished, forgotten, as we talked about poetry and spirituality and how they meet in literature.

So it should come as no surprise that when I wrote my memoir about living, eating, and growing in Spello, Angelo quickly became my readers' favorite local "character." His wisdom, his heart, they transcend the page. That summer I launched my book, *Il Bel Centro: A Year in the Beautiful Center*, Angelo paced up and down via Giulia with a pile of my books under his arm, drumming up enthusiasm and soliciting donations for the launch party held in Spello's main *piazza*.

Once I returned to Charlottesville, Virginia, Angelo sent me a video message via a friend. In this video, Angelo sits at his familiar wooden desk, surrounded by his books and mementos, trinkets and paintings. He laughs, teasing me about whether I'm keeping up with my Italian and remembering my refusal to learn the remote past, grows serious when he talks of missing me and the family, and then he said, (this is a translation, as Angelo's English extends to "underground" and "true love" despite the number of times he asked me to write an English word down in his notebook): "Michelle, I see you are no longer writing about your life in Spello. Of course. You are in America now. But let me offer a piece of advice. Invent something."

So I did, writing first a series set in the fictional town of Santa Lucia, modeled heavily on Spello (the sensitive reader will be able to answer the question that Angelo asked when he first held my novel in his hands, "I wonder if I am in these pages?" Oh, *yes*.) and now a cozy mystery series set in another fictional town around the mountain from Spello, called Aramezzo, as it resembles Armenzano, a town

I first visited with Angelo because he believed it important for my local education.

As I've often said, everyone needs an Angelo. I can't understand what I did in my lifetime or any other to deserve the gift of his warm friendship, his unflagging support, his generous wisdom, his resonant stories.

It's those stories that prompt me to write these words today. In lesson after lesson, and later, in car rides and boat rides and over meals, Angelo's stories hold the power to captivate. We'd be having pizza at L'Orlando Furioso and he'd yank our arms to pull us across the street to see the place where Orlando, treasured soldier in Charlemagne's army, made a hole in the wall with his violent stream of piss. We'd laugh at the story, and then talk about the meaning, why the story was important in the hearts and minds of locals, why storytelling itself served a vital purpose.

Then, four years ago, on a visit back to Spello, Angelo asked me if I might be interested in writing a book together, where he'd offer the stories in Italian and I'd make them readable for an English-speaking audience. I accepted, but, truth be told, I didn't think much of it. The man doesn't have email or even What's App (where he finds old-style push button phones, I have no idea). It seemed a statistical improbability that our lives would intersect enough for such a project.

I suppose we can thank the pandemic for these words you're reading now. It's nice to thank the pandemic for something, isn't it? You see, my family planned another year abroad for 2020-2021, this time a trip around the world, a month in each of twelve different places from Scotland to Bosnia to Japan to Argentina. The pandemic mocked our assumptions that people could effortlessly glide from place to place with nothing more than an up-to-date passport. Ha!

As walls closed in, we realized that with my husband and children's Italian citizenship (acquired during our first stay in Spello),

Italy's door stood open. The instant the idea turned into an option, it ceased to feel like a consolation prize and started to feel like we won the lottery. With my youngest battling long-COVID (which resolved once we landed in Italy, I credit Nutella and Italian sunshine), and formerly basic tasks like picking up toilet paper now requiring a Herculean effort, none of us even wanted to think about traveling here, there, and everywhere. It's hard to grieve what you no longer want. In Spello, we would get a year away, but with a support network, a language we could manage, and a hospital system that felt familiar (the hidden boon of that bout with pneumonia, I suppose).

Angelo showed up at our gate soon after we arrived and my youngest leapt at the idea of studying Italian with him. We'd all lost much of our facility with the language in the intervening seven years, and with Gabe homeschooling, he relished the opportunity to get some of his Italian back.

Angelo asked if I'd be up for working on that book together and I said, "sure," all the while thinking to myself, "It's a lovely notion. But it's a pandemic and this eighty-year-old man has enough to be getting on with." So I laughed in surprise when my son came back from an Italian lesson with a handful of walnuts and pages of a typewritten (the n's quivering from that ancient machine) story about an enormous hen living in the caves below Spello.

My Italian admittedly isn't great. This could not be a secret to Angelo who eventually had to give up, you remember, teaching me the remote past because it refused to penetrate the thick walls of my brain. So, I wondered, why did Angelo ask me? After all, there are many residents of Spello in possession of dual language skills that could have translated his work with nary a hiccup.

I believe the answer lies with the crow.

Long ago, during my first sojourn in Spello, when Angelo and I talked about poetry, I shared with him a poem I'd written about a crow taking flight with something shiny in its beak. A nothing poem, I thought. But he loved it and we spent an entertaining hour translating it together, talking about rhythm and cadence and a meaning that hits you between the ribs. Angelo leaned back and stared at me. The moment lay charged, heavy, a breath between storytellers, two lovers of language, two open-hearted humans. We share a sensibility, Angelo and I, and I like to think it was that sensibility that prompted him to ask me, four years ago, if we could work on this project together.

While honored that Angelo trusted me with his stories, the ones he learned at the knee of his Zia Faustina, I didn't know how to begin. A direct translation could be gained by Google Translate. I began there, fiddling with the words I knew meant something different to Spellani. Slow-going, and anyway, I realized that the straight translation didn't captivate the way Angelo's stories had the power to do.

I've learned from talking to other people translating the words of beloved Italian family members, I'm not alone in this experience. English speakers spin a yarn differently. A straight translation of the Italian words, with their tightening concentric circles to the conclusion, would baffle an English speaker, used to a more linear progression. English speakers prefer an active voice, one that creates a taut narrative style. These differing writing conventions would lose an English-speaking reader, and they'd miss Angelo's storytelling magic. I began to understand that I couldn't do a straight translation without it ringing wrong. There would be no cohesive cadence, no alliteration … no *poetry*.

So I asked my eldest son, Nicolas, to translate the first pass. At twenty-three, he had enough training in Italian with his year of Italian public school and then three additional years of lessons that earned him top marks on the Advanced Placement Italian examination. Plus, he loves Angelo, so he'd respect his maestro's words. Nicolas did me one better, looking up reference sources mentioned by Angelo to bring in context, highlighting where a word could have more than one meaning.

When we told Angelo Nicolas would do the straight translation, Angelo sat back, pleased. It became clear that Angelo didn't choose me to translate his stories to English because of my prodigious skills (snort of laughter here), but rather he trusted me with his stories because of his faith in the oral tradition.

Stories handed down from generation to generation aren't identical in each retelling. The order of the story might change, or the color of the hair, or the words used to express a heart breaking. Specific words aren't the point.

The story, the *story,* is the point.

And I believe he trusted me, storyteller to storyteller, to lean into those legends and myths that have lived so long within him. He believed in my capacity to move an English speaker to feel about his stories the way that we do. There is a feeling when you are sitting across a desk from Angelo, listening to his careful cadence and watching his eyes dance behind his overlarge glasses, decorated with bits of foil to make them his own.

It is that feeling, that Angelo, I aim to offer you. More than a word-for-word translation, I aim to translate his voice, his heart.

After all, Angelo would be the first to tell you that the way a story is told informs you as much about the speaker as it does about the popular traditions behind the stories. So in these pages, you'll learn about the customs and beliefs and stories of a village in the heart of Italy, but you'll also learn how one man comes to terms with those stories, how he has used them to understand his own life, to create a window, a lens through which he sees the world. Reading my adaptation of his words, I hope you'll see my Angelo in your mind's eye, springing onto a boulder to point out where the devil once danced, or flinging his car into park to lift his eyes to where the Nottolina met her tragic fate. I hope his stories bring the man behind them into the light. Angelo is one of a kind, both of Spello and completely his own. After all, how many men do you know who can quote Turkish poets and in the same breath wax rhapsodic about the movie "The Bodyguard," which he catches whenever it shows on Rai 1?

My job is to bring both Angelos' stories, and Angelo, to you, English-speaking reader. I hope you read a story and feel as spellbound as I do when I sit across his wide wooden desk, the room thick with magic. I hope each story feels as much of a gift for you as it did for me, carried in the hands of my son with the omnipresent handful of walnuts. The drawings Angelo made to go with each story, consider those another layer of the gift of his storytelling.

While I offer you here my lens on Angelo's lens on his Zia Faustina's lens, it's important to me to include the original, Angelo's words. Students of Italian, I encourage you to read Angelo's narrative, unfettered by my editing hand. There are words that have no English equivalent that will delight those who study Italian. *Animalaccio* is one example. As long as your meaning is similar to my version, I'd consider that you nailed it.

And really, isn't that the point of language learning? I know when I'm standing in line at the *fruttivendolo* and chatting with a neighbor, I can't snag on an unfamiliar word, lest I run the risk of the conversation running on without me. Rather, it's become a kind of practice to soften the aural equivalent of a gaze, to allow the words to ripple around me, to stay present with the lady telling me which kinds of mountain greens are the sweetest.

As you can imagine, I am both humbled and honored to be entrusted with these stories. I know of so many villages where no one thought enough of the lore to chronicle it and now their legends are lost to, as Angelo would say, "the mists of time." We are lucky that Angelo was raised by his Zia Faustina, a natural storyteller. We are lucky that Angelo loved the stories, so much that he asked for them to be repeated, over and over, sometimes in the same sitting. We are lucky that Angelo has lived his long life, long enough to cross into the age where there is an upswell of interest in the stories of yore.

I hope you notice how many of those stories share similarities with the ancient legends you've grown up hearing. Angelo shows us that the themes we return to again and again are the themes that resonate. In that way, we can understand that our lives, *our lives are the stuff of legend.* By listening and telling what's in our hearts, we keep ourselves pivoted toward shore.

All we need is a whimsical eye, a curious ear, and a passion for storytelling to make even our own lives worth the title of legend. Perhaps these stories will enliven you with curiosity for your own family lore—if now you'll run a finger over old family photographs. In the challenging head tilt, perhaps you'll see a flash of Zia Faustina. In the crinkle of an eye, perhaps Angelo's irascible grandfather, forever on the hunt for the Regolo.

I wonder, what family stories will we hand down? What stories will become our own legends?

Gentle Reader, this is all to say, I hope to excite curiosity for not just the pink-hued walls of Spello, but for the beating heart of storytelling all around you. I hope that in reading these stories, you feel Angelo, and the whispers of the history he carries in his heart. Surely and firmly as a handful of walnuts, ready for feasting.

And now, much as when Angelo and I shared the microphone all those years ago as I read my poem to an assembly and he read the Italian translation, I'm going to turn the mic to Angelo and let his storytelling take it from here.

TALES FROM MY ZIA FAUSTINA

Zia Faustina

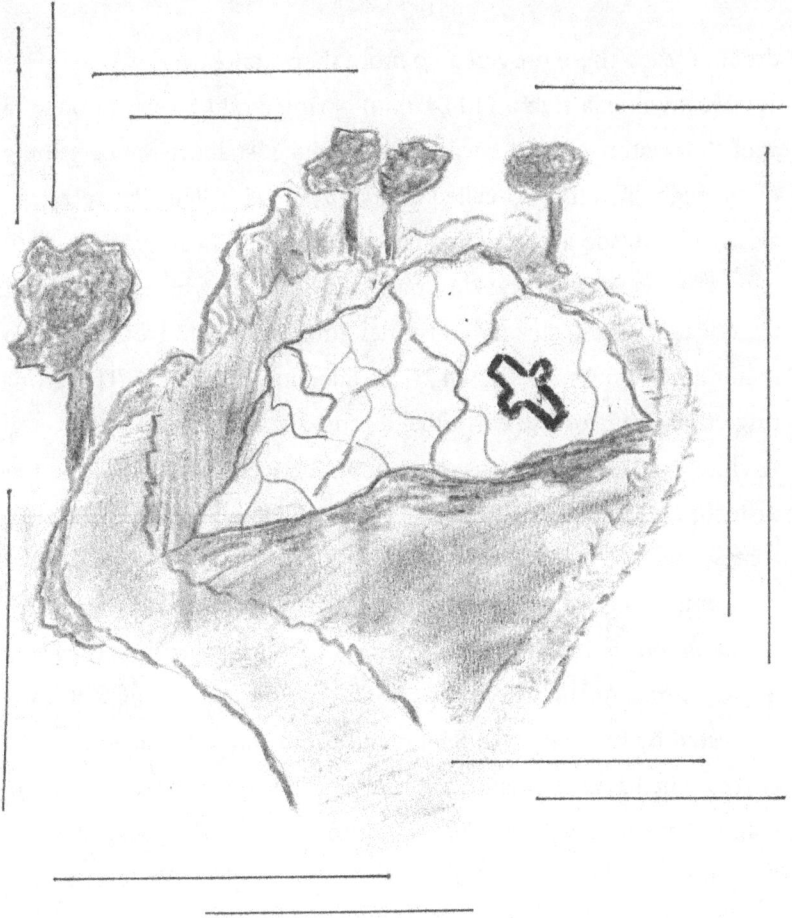

THE DEVIL'S ROCK

L ong ago, Spello had no regulated water companies. Therefore, townspeople needed a stable water supply. Yes, the Roman Aqueduct delivered some water, but it often failed to provide enough for general needs and couldn't connect to every home. The people of Spello mostly relied on fountains close to the city, such as Fontemonte, Bulgarella, and Fontevecchia. Though in times of great drought, even these provided no more than a trickle.

Meanwhile, a rich and luxuriant spring could be found outside Spello's Montanara gate, beyond viale Poeta, just above the beginning of via degli Ulivi (the so-called *Stradetta di Assisi*). This flat terracing along the hillside afforded Spellani pleasant and healthy walks with panoramic views over the Umbrian valley. Within a hilly escarpment, fresh water rushed through a tunnel, immediately in front of a two-meter high rocky spur known as "Lo Scoglio" (The Rock). This stony ridge thrust out of the earth like a tooth, in rugged contrast to the swelling landscape of Subasio mountain between Spello and the reddish silhouette of Assisi. This is, incidentally, where our best olive trees grow.

Popular legends allege that on this very rocky outcropping, in gentle, green Umbria, right in the heart of Francis's territory, the Devil made a home. As the story goes, the aforementioned spring was hotly contested by the people of Spello and the people of nearby Capitan Loreto. The latter circulated a rumor that on cold and stormy nights, many swore to have seen the Devil, crouched on the rock, ready to seize any unlucky water collector. The story grew, and people insisted the Devil drank fresh water from the spring before reclining on the rock as if it were a throne. As the news spread, Spellani grew reluctant to approach the spring, frightened by the possibility of confronting the demon. Therefore, they suffered from scarce water supply, creating serious problems in nutrition and hygiene. They needed a solution ... but what?

An elderly stonemason stepped forward. Though he demonstrated great skill with his hammer and chisel, he lived in shabby conditions, hungry and alone. With nothing to lose, he presented himself to the Spellani community with a proposal: "I own nothing. My end will be miserable, regardless, so if I am given some humble lodging and a bit of money, I will free the spring from the presence of the Devil."

The people of Spello gladly accepted, asking the stonemason for his plan. He replied he couldn't possibly share his trade secret. No, the people must remain calm and trust him to honor his commitment. What the people didn't know was that the poor man's wise and pre-scient grandmother had told him many stories about the Devil. So he knew the Devil fled when faced with a necklace of garlic, and above all, the figure of a cross.

One fine morning, the poor man draped a long braid of garlic around his neck. Then he took up his hammer and chisel, and, after drinking a good flask of wine to bolster his courage, he walked through Porta Montanara and headed for the Rock and the Spring. When he arrived at the rocky spur, he carved a beautiful cross in the stone, finishing the work as day faded. As the sun set, the Devil appeared. The frightening figure stood motionless, heaving fire and threatening lightning. The Devil tried to attack the poor man, but the stench of garlic stopped him. He recovered with a whip of flames and tried to burn the stonemason, but the flames illuminated the sacred cross and that's when the miracle happened. The etching in the stone forced the Devil to retreat, howling a terrible scream heard throughout Spello. His cry burned the olive trees, and he fled from the rock, leaving nothing but smoke and ashes.

From that day forth, the Devil no longer appeared in that place!

At first, the people of Spello still hesitated to venture to the Scoglio, hardly trusting their sudden safety. Gradually, they grew more reas-sured and returned to the spring to draw on that fresh, copious, and ever-running water. Relieved and grateful, they fulfilled their promise to the stonemason, offering him a peaceful and dignified retirement. The once poor man lived a long life—appreciated, esteemed, and respected by all, with a veneration bordering on the reverence usually reserved for saints.

The story always left me with questions. When did these events happen? What was the name of the stonemason? Does he have descendants and relatives?

The details, of course, remain cloaked in the mists of mystery and time. Yet, they are the ingredients that lend meaning and historical credibility to all popular fairy tales. Here are three truths that lend credence to this myth. If you pass through Spello's Montanara gate in the direction of Capitan Loreto and walk for just fifteen minutes, you'll find the spring itself (the entrance is now barred with a metal door, unfortunately, to prevent entrance to the tunnel and its dangers), the rock that resembles a red stone tooth, and, most importantly, a perfect cross carved on the rock's side.

You can touch the engraved furrows of that cross. As you run your fingers over the intersecting arms, think of how that gesture summons the ability to banish, if not the fairy-tale satanic figure, at least the never-ending demonic whispers that can, despite ourselves, block our paths. It is a simple gesture to avert evil, to invite good wishes and hope.

Every time I remember this legend, I feel benevolence for the poor stonemason. To me, he will always represent the happy union of humanity and civic solidarity. Here is a savior who is not a knight in arms, a prince, a valiant warrior. Instead, the champion of this story is a humble person who placed only courage on the scales of his miserable life, guaranteeing his eventual dignity and respect.

Finally, a story where a simple man becomes a hero ... or rather, an earthly man who, supported by his people, channels his own holiness to triumph over darkness.

THE PALADIN ORLANDO, THE URINATION, AND THE PRISON

Charlemagne, king of the Franks, had become the most powerful leader in Europe. Once he conquered most of the central continent, he made his way down the Italian peninsula, toward Rome, to be crowned Emperor of the Holy Roman Empire by Pope Leo III.

But our story begins even before this, when the aristocracy imprisoned Pope Leo III, accusing him of perjury and scandalous behavior. Locking him in the monastery of Santo Erasmo, the uprising wanted to gouge out his eyes and cut out his tongue—the Byzantine Empire's usual punishment of high dignitaries, as it saved them from the sin of murder. Before they could mete out their torture, two Frankish messengers freed Leo III and accompanied him to Paderborn. There Leo III met Charlemagne, and relayed the story of his imprisonment, but added a bit of dramatic flair by telling the tale as if his eyes and tongue had actually been torn out, but then miraculously healed by Saint Peter. Shortly after, a delegation of the conspirators arrived, denying to Charlemagne that they'd carried out the planned mutilations.

At this point, it fell to Charlemagne to act as judge and untangle the awkward situation. After consulting with the trusted Alcuin, the sovereign ordered that the pope be returned to Rome along with various (Charlemagne-appointed) commissioners to shed light on the accusations made by Leo's enemies.

A few months passed and still the situation remained unclear. Nonetheless, Charlemagne determined to absolve Leo of all charges and to resettle him in his papal functions. So Charlemagne arrived in Rome on November 23, 800 AD, welcomed with full honors by Leo III, who traveled to meet his sovereign about twelve miles outside the city.

On December 1, Charlemagne formed a Council to pass judgment on the accusations against the pope. At the conclusion of that meeting, the assembly maintained that no one had the power to judge the pope or demonstrate his guilt. They declared, *"We do not exercise judgment over the apostolic office situated at the head of all the churches. In fact, it is we who are judged by it and by its vicar, while it is not subjected to any judgment, according to the ancient custom."*

In thanks for the sovereign's enormous favor, on Christmas day in the year 800, Pope Leo III placed a crown upon Charlemagne's head.

The ceremony may have been a bit impromptu, but still included the ritual anointment with sacred oil. The people, represented inside the basilica by the Pope's Vatican clergy, loudly hailed Charlemagne with the title of emperor and Augustus. Then all the Roman faithful exclaimed three times with resounding voices: *"To Charlemagne, most pious Augustus, great and peaceful emperor of the Romans, crowned by God, life, and victory."*

Now, you should know whenever Charlemagne traveled down the Italian peninsula for a rendezvous in Rome, he sent an advance team to evaluate the unknown routes, uncertain and dangerous roads, unsafe towns and cities, and primitive places inhabited by hostile populations. He assigned his trusted paladin, also known as peers or knights, to head these advance teams of soldiers. One company, before one such journey to Rome, came through Spello, this one captained by Orlando, also known as Roland.

Orlando was born in Sutri, at least as the story which has been handed down from father to son for generations has told. The legend of Orlando's birth has its roots in the ninth century after Christ, more than a thousand years ago. Popular tradition has it that Orlando's mother, Berta, was sister to Emperor Charlemagne. She fell in love with Milone, a leader without nobility, but widely recognized for his valor. Charlemagne rejected a union between the two and expelled them from court. Milone decided to travel to Rome to ask the pope to intercede. On their way, Berta gave birth to Orlando in a cave outside of Sutri. The boy grew up in the town of his birth and stood out among his peers for his impressive physical strength, dexterity, and courage.

One day, Charlemagne passed through Sutri and the young Orlando, dressed as a servant, snuck into the court banquet and stole, with lightning speed, the king's cup. Even as he was drinking! The sovereign of the Franks was not angry. On the contrary, he challenged the young man to duplicate the feat the next day. Orlando repeated the trick, and afterward the king's loyalists stopped him, recognizing his mother, Berta. They interceded to seek reconciliation between the siblings, and so Orlando entered into the good graces of his uncle.

Charlemagne used his nephew's skills strategically in the theaters of combat against the Moors, the battles that eventually turned Orlando into a legend. This lasted until the battle of Roncesvalles in the Pyrenees between France and Spain. It was here that Orlando met his death from exhaustion while playing the Olifante, the powerful horn that warned Charlemagne's rear guard of the Moors' arrival. This time, unfortunately, the beloved horn did not save them from defeat.

The Orlando myth easily captures the imagination. From the stories, we know Orlando was an imposing man, very strong, courageous, bold, and unscrupulous to the point of being scandalous.

He always carried with him a sword with extraordinary powers, called "Durlindana," an enchanted blade that was said to have belonged to the mythical Trojan hero Hector. With this sword, Orlando broke boulders and created chasms.

We know Orlando rode the tempestuous steed "Baiardo." We also know every important communication between Orlando and King Charlemagne occurred through that hunting horn made from the tusk of an elephant, the Olifante, whose bellow could cross seas and mountains (perhaps the prodigious ancestor of the latest generation of modern mobile phones!).

The actual existence of the paladin Orlando is historically documented by numerous representations scattered across Italy and Europe. The "Chanson de Roland," a famous Oxford manuscript dating back to before 1800, celebrates Orlando's exhilarating adventures. Matteo Maria Boiardo (1441-1494) composed the poem "Orlando enamored," which sings of the paladin's love for the beautiful Angelica, princess of the Kingdom of Cathay. Ludovico Ariosto (1474-1533), on the other hand, in his chivalrous poem "Orlando enraged," tells of the hero's state of madness, when he discovers Angelica is in love not with him, but with Medoro.

You can even find traces of the legendary Orlando right here in Spello! There are two such places to find evidence of his reconnaissance mission through the area. One is at the Porta Urbica, in front of the Church of San Ventura. The church stands along the imposing Roman walls, which branch off from there toward the Porta Consolare in Piazza Kennedy. In fact, right beside the door, just two meters above the street, there is a depression in the middle of a stone block, quite deep and smooth. Well, this cavity is proof of Orlando's famous "piss."

The paladin, right in that spot, having an extreme need to urinate (*ictu mingendi*, in Latin) leaned against the wall to calmly carry out his deed. With his vital energy and bursting virility, the thrust of his jet of urine caused that crater, now fondly woven into the annals of local history. This "find" is honored with a plaque above the marking, as well as a bas-relief illustrating Orlando's heroic adventures and extraordinary deeds. (The engraving seems to have been made by a certain Taddeo Donnola, an erudite scholar of Spello history who lived in the 1600s).

Finding oneself at Porta Urbica, another marvelous imprint of Orlando is not to be missed. Turning toward Assisi, near the ancient gate, there is a protrusion in the wall that marks three meters, the height of Orlando's shoulders. Two ovoid hollows mark the height of the elbows at one meter and sixty-three centimeters. And the knee is marked about a meter high. A plaque within the church of San Ventura attests to all this.

Still along the Roman wall, toward the right, a phallic symbol can be clearly observed. It seems Orlando was endowed with gifts even in this regard. How amusing to remember how seriously these things were taken in feudal times!

To conclude, let us be guided by the description that the historian Giulio Urbini gives in the essay "The works of art of Spello":

Of the wonderful Roman walls, which can probably be attributed to the age of Augustus, only a few remains persist. A beautiful stretch, about one hundred and ten meters long and very well preserved, begins in front of the fairground, and is formed, with perfect craftsmanship, of small parallelepipeds of Subasian limestone, arranged in regular layers, of a height ranging from fifteen to thirty centimeters, and put together with very little cement, but nonetheless stable. From the foot, two or three layers, wearing a little, form into a plinth, from which, nine rows above, there is another layer that projects in the same way and that, toward the Borgo, near the dilapidated ruins of a square tower, coincides with the aforementioned plinth, which follows the slope of the road, therefore corresponding to the ancient one also in the slope. In the stretch in front of the church of S. Ventura, a couplet is carved alluding to the legend of Orlando, according to which the hole–over ninety centimeters above the ground–was produced by the fiery Paladin, ictu mingendi (*best to keep to the Latin*), *or would indicate, according to another version, the height of his knee, like the two ovoid dimples, at one meter and sixty-three, that of the elbows, and like that of the neck would be found, at about three meters, in a protrusion elongated shape; this has instead been taken by others as* "un gros phallus de pierre" (*the well-mannered reader does not ask for a translation*), *which must have suggested to Carducci, in the Preface to the* "Furioso," *the reference to Ruodlando the* "giant and sinner in Spello." (Giulio Urbini, *Le Opere d'Arte di Spello*, Historical Archive of Art, 1896.)

It is easy to imagine how this complex tangle of fantastical archaeological connections arouses curiosity in visitors. In fact, an astute restaurateur opened a pizzeria across the street called "L'Orlando

Furioso." Today, this business turns a good profit, not only for the shady umbrellas and excellent menu but also thanks to the brave paladin, whose legend continues to encourage tourists to pause for a spell.

After studying the wall and enjoying a moment reflecting on our hero's impressive build, we can walk a bit further to arrive at another important destination for understanding Orlando's history in Spello. Not, this time, his warlike adventures, but those associated with the fairer sex, for which Orlando suffered more than a little.

You already know our champion was strong and courageous, but don't neglect to remember he was also very handsome (a trait that is rarely wasted). Even as the splendid Angelica betrayed Orlando, our hero caused a massacre of female hearts in Spello. From young single women to married ladies, from stiff pastoral peasants to refined Madonnas, no woman's heart was safe from Orlando's fabulous seductions.

To the men of Spello, Orlando's animal magnetism brought a fly to their noses, and jealousy gnawed deep into their hairy chests. Therefore, they frowned upon Orlando's presence in their neighborhood and opposed it by any possible means. They could object only privately since their rival held the title of champion of the great King Charlemagne, who was soon to pass through our city on his way to Rome. So publicly the men suffered in silence, tolerating Orlando's excesses with more fear than respect.

Among the ranks of lustful women, however, emerged a young girl with whom Orlando wove a deep and sincere relationship. She had a beautiful appearance and a tender heart, but alas, her severe family strongly opposed the union. Regardless, their connection strengthened day by day. Despite the necessity of remaining discreet (given how the Middle Ages regarded affairs of the heart), the lovers indulged in secret meetings that became more and more frequent.

As famous proverbs warn, love is blind, and the heart will not be commanded. No matter the century, life finds a way. So, in any epoch, certain emotional mandates outweigh the constraints of modesty and blushing.

Another proverb recalls, *"There is a limit beyond which patience ceases to be a virtue."* Thus, the story goes on to describe how a conspiracy of young men carefully hatched a plan. Well-armed, they stealthily attacked Orlando and bound him with ropes that prevented even the slightest movement, managing—with no little effort—to lock him up in one of the two Towers of Properzio. There, in the tower closest to the walls of Spello, the men delivered Orlando blows, kicks, punches, spits, rants, and insults, to cowardly vent their accumulated anger at this fearless, fascinating seducer.

A heavy door sealed the cell, and only a faint thread of light filtered from the tiny window, barely illuminating the space. No one can imagine the suffering endured by the poor young prisoner, accustomed to living freely in the large open spaces that suited his enormous, exuberant, and athletic stature. He suffered for many days, a phantom in that prison, alone and desperate.

He had but one consolation. At night, his sweetheart crept under the window, discreetly calling him by beating a stone against a bucket located beside the nearby fountain. Once she secured his attention, they exchanged words of love punctuated by the passionate laments of the young man and the languid sighs of the young woman.

Today, we like to imagine the tower's stones still retain echoes of those heartfelt voices, the words which described a universal need for individual freedom and love, beyond all imposed limits and beyond all social conditioning.

Was Orlando released? Surely, at least by the time King Charlemagne arrived and occupied the city. So goes the story, but legend relates an alternate version of the whole affair. In this rendition, the handsome paladin was freed by none other than his sweet lover with the help of her friends, many of whom had shared in the amorous favors of the famously fabulous lover. With this act of rebellion, the Spellani women who orchestrated Orlando's escape repaid their friend's grace. Moreover, they taunted their respective boyfriends and husbands.

The popular saying is true: *"When women get involved, they always know more than the devil."*

As legend has it, for a long time following Orlando's departure, his poor girl continued to visit the old tower, bemoaning the happy days of her lost love. Some report that if you climb Properzio's tower on a certain kind of night, and if you are really lucky, you may feel a stirring in your heart—the sorrowful feelings of the girl and the answering encouragement of her beloved. Anyone who suffers from lovesickness can try.

After all, it costs nothing!

"ARCE" OR FORTRESS OF THE CAPPUCCINI, AND THE LEGEND OF THE HEN WITH THE GOLDEN EGGS

The Arce is the highest point of Hispellum (Spello's Roman name). It was once the last bulwark of defense and resistance in times of siege, both in Roman and medieval eras.

In Roman times, it was called Arce, named for the acropolis, the citadel, or fortified area of ancient Hellenic cities. Traces of the defensive fortifications can still be seen along the side (overlooking the road) of Palazzo Preziosi. They are large blocks of stone that seem to indicate a wall around the arch itself.

The Arce (also called Rocca), is the highest part of the city, at 310 meters above sea level. In Roman times, it was accessed through a door called the Porta dell'Arce, today called Arco dei Cappuccini. This gate is probably from the pre-Augustan period. The ruins (including the bare double arch, with a gap for the shutter, along with the abutments) are partially buried, but well restored.

Next to it there is the Belvedere, from which we can enjoy one of the most beautiful views of Umbria. From this terrace you can see, looking clockwise: Montefalco, the plain leading up to the hills of Bettona and Perugia, Santa Maria degli Angeli, Assisi, and the side of Monte Subasio.

Below, you'll find the ruins of the Roman amphitheater, the church of San Claudio, and Villa Fidelia with its cypresses.

In the immediate vicinity, to the right, there is the Torre Santa Margherita, with the ruins of the ex-monastery and the medieval walls, shut tight with a locked door.

Behind us there is the Albornoziana tower, occupied by the Cappuccini Convent and the church of San Severino, one of the oldest in the city, whose origins date back to the 6th century. The current building is from the 12th century. It has a Greek cross interior but has undergone radical transformations. In fact, the original entrance was on the side of the friars' garden, where we see a beautiful façade in pure Romanesque style, with bands of white and pink stone, and an original and elegant rose window of rare design (within the circle are inserted, one inside the other, a rhombus with curved sides, a square, and a cross).

Beyond the garden of the Preziosi house (also known as the Venanzi house), there is a beautiful medieval tower, cylindrical in shape, also clearly visible from via Giulia, from whose terraces you can also enjoy a wonderful view of the fields rolling toward Foligno.

In medieval times, the fortress could be reached by way of via Giulia. Immediately before Spello's bakery, one turned onto via Arco di Agosto, and then aimed right into a narrow alley called via Borgo della Fortezza, where two cylindrical towers are still partially visible, right on the sides of the beginning of the street.

It is believed that secret underground exits once ran from this fortress out toward the amphitheater and the countryside below. Some hypothesize that the passage emerged through the Filena caves, next to the so-called Osteria dell'Osteriaccia building. These caves, today almost impassable due to internal collapses, included not only natural cavities but also tunnels artificially carved into the rock.

It is said that the underground area beneath the fortress ran through the hilly rock and included a large central room. Within this cavern roosted a mythical hen that laid eggs of gold. The hen was monstrously large and her heavy eggs held magical powers. Anyone who dared to profane the secret passage had to face the powerful claws and ferocious pecks of the "monster," who defended the golden eggs—the hidden, secret treasures of the city—from thieves and enemies. Anyone able to best the "hen" could hardly have taken away the very heavy eggs, as they were larger than the escape tunnels.

In a deeper internal cavity, further below the terrace of the Rocca, lived an old witch. Only her guile and magic words could possibly enable the theft of the miraculous eggs. But as the story goes, theft of this treasure would lead to the death or imprisonment of all Spellani. Since this has never happened, it is assumed the *gallinone* (enormous hen) and her fabulous eggs must still be safe, well-protected, and hidden. What good fortune for us all!

As fables get handed down, from person to person, they grow richer and more fantastic. And so some versions of the story claim the hen is actually some species of dragon. In this story, the hen's crest is said to be immeasurably large and shaggy, beams glinting from its eyes capable of freezing an intruder, and an enormous beak exhaling fearsome tongues of fire.

As for the witch, some tales have her similar to the sphinx of Greek lore. In this rendition, she proposes cryptic riddles before providing access to the fortress. The penalty for an incorrect guess was to be summarily tossed into a dark, bottomless pit—a kind of underground hell hole.

And now we can link the history of Spello with the fable as played by school children. For when Spello was placed under siege by enemy forces who used fire and sword to break through the city's entrance doors, only a lucky few managed to escape by taking refuge within the high fortress of the town, called precisely "Arce," the last defense for the surviving population. Sometimes the fortress repelled the enemy, but other times it, too, was conquered. At this point, whoever could manage raced through the underground tunnels, thus secretly reaching the open countryside to flee to safety. Only when Spellani abandoned the city could enemies thus take possession of the giant hen and its golden eggs, thus also managing to become the new masters and lords of Spello.

The notion of a patron deity of cities is a myth that has its roots in the mists of time. In fact, according to legend, during the Trojan war, the Achaeans learned from Elenus, son of Priam, that the city would not be conquered as long as Palladio, a wooden simulacrum of the goddess Athena, was in the city. Ulysses and Diomede then disguised themselves as beggars and entered the city, took the image of the goddess and, climbing over the walls, carried her to their camp. This event is considered one of the causes of the Trojan defeat.

This Spellani legend, one of the most fascinating, has often led some young adventurers to make surveys under the wall of the Belvedere dei Cappuccini terrace in the hope of finding traces of the famous tunnel. Unlike other city's tales, ours isn't without foundation, as the substructure was indeed made into both dungeons and possible escape routes when townspeople required more than fortification to ward off assailants.

Perhaps, with the passage of time, due to earthquakes that caused landslides, erosion of the ground, or landslides on the limestone rock, all or most of the underground path has now been lost.

The eggs, however, live on in Spellani folk customs. They have taken on a magical and even a religious hue. On Easter morning, every religious family calls the priest to bless a basket of Easter foods such as torta di Pasqua (a lofty bread enriched with eggs and cheese), chocolate, salami, sweet red wine, and, without fail, a collection of hard-boiled eggs.

Today no one believes the "goose that lays the golden eggs" lives on, hidden and protected in her large and impenetrable underground cave. However, as a child, I knew more than a few women in my neighborhood who firmly believed in the presence of the hen and who, consequently, approached that place with caution.

As an adult, I find that naïve belief a beautiful thing. Of course, it doesn't make the story true, but the "true" becomes discolored with "truth" within our world of fantasy and emotion, which needs to escape the truth of bad things.

Some nursery school teachers, my friends and colleagues, when they learned of this legend, wanted to tell it to their little pupils. As you can imagine, the tale lit the imagination of the little ones. So the teachers decided on a playful experiment.

They bought many eggs, boiled them to make them very hard, and then colored them by painting them with gold glitter. Then we hatched a plan. The teachers recorded a typical hen's call—only stronger and higher pitched to trigger some excitement—on a magnetic tape inserted in a remote-controlled device: "CO, CO, CO... COCCODE." Then we distributed the golden eggs in all corners of the grove below Belvedere terrace and hid the tape player in the trees.

The next day, teachers handed out baskets to each child, telling them that whoever found the most eggs would have a hen and a golden crown as a reward, as that child would become the new master and lord of Spello. The students perked at this unusual adventure. As the taped hen began, "CO, CO, CO ... " all ran to collect as many eggs as possible.

It is difficult to describe the enthusiasm and joy of those little ones as they darted every which way in this mythical game, the best of school tasks! And in the end, they each had their basket of golden eggs.

The teachers told me that for many days afterwards, the pupils discussed the game. Woe on the head of whoever dared tell these innocents that the game had no basis in truth ... absolutely not! For them, the game had been a reconstruction of an actual historical event that belonged to the city of Spello.

Two or three years later, as I shopped in a supermarket, I noticed a child pulling his mother's skirt toward me, shouting, "Mamma, mamma! Look, it's him! The master of the 'pulla'!"

You should know in the Spellani dialect, the word "pulla" translates to "hen," perhaps a local way of making the masculine noun "pollo" (chicken) into a feminine word.

Immediately I thought to myself: "Poor me! After so many years of committed teaching, being remembered as 'the master of the pulla' is perhaps not the best!"

But then, on further reflection, I reminded myself, "For that child, the value of education is not the spelling of words, but rather the emotion of his experience." And then I realized "master of the pulla" was rather a distinguished title, a recognition of an important work. A kind of honorary degree.

I kissed that child and thanked him with enthusiasm and gratitude for a stage of life when exaggeration is impossible.

SAN SILVESTRO AND OLD VALLEGLORIA

The monastery of San Silvestro, both the ruins and the restored section, is one of the most characteristic places to visit in Monte Subasio park. The monastery retains all its charm—full of history and natural tranquility—thanks to a very small community of nuns who live there throughout the year. These nuns not only maintain the monastery, but they also enhance its splendor.

The former monastic cells are made available to people seeking inner peace. Those individuals abide by monastic rules during their stay, and, as they are often wealthy people, they regularly leave substantial donations. I myself got to know Signora Susanna (the sister of Gianni Agnelli, a lawyer who for many years steered FIAT) because every spring she spent ten quiet days at the monastery.

In ancient times, the plains below Monte Subasio were swampy and unhealthy. So the mountains grew in populations, as they offered safe haven, sustenance, and mobility. We can find evidence of a dense population on Monte Subasio, even as far back as the protohistoric age.

Later, because of the danger of barbarian and pirate raids, builders constructed mountain monasteries like castles, offering shelter and collective defense. Just on the southern side of Monte Subasio stood Rocca Paida above the Anna stream (commonly known as "Fosso dell'Anna"). The Greek name is explained by the fact that the fortress was founded by the inhabitants of a Byzantine city in Puglia, who had been deported to this territory. The lords of Rocca Paida exercised a feudal dominion over the area that extended from Armenzano—a small hilltop village outside Assisi—to Valtopina. Not far from this fortress, and under its protection, the Monastery of San Silvestro di Collepino was built.

The Foligno historian Ludovico Jacobilli writes that San Romualdo built the monastery between 1015 and 1025, in a location once dedicated to pagan woodland rituals (though the traditional account states that San Benedetto built the monastery). A nearby Roman temple dedicated to Silvester, god of the forest, provided salvaged materials such as columns, marble slabs, capitals, and sarcophagi. The name San Silvestro comes from Silvester, as well as Silvano, god of the woods. Among the god's names was also "Lactifer," producer and protector of milk, probably due to the natural spring, flowing with therapeutic waters. As Christianity spread, Pope Gregory the Great gave the order to "Christianize" the pagan places of worship. Thus, a monastery was built on the pagan temple and the miraculous spring passed from "Silvester" to San Silvestro.

The same therapeutic waters that blessed and sustained the mares' and herds' production of milk became also a "lattifera," or "dairy," for mothers who traveled to the spring to improve their milk supply. In addition, the waters were said to heal liver diseases, and for years, people drank and washed with it daily to protect their health.

The lords of Rocca Paida maintained jurisdiction over the property but granted the land to monks to establish the abbey and profit from the wood, pasture, and livestock. The abbey is one of the few in our area that includes a crypt, which increased the lords' prestige. On solemn occasions, the monks welcomed the lords of Rocca Paida with lunches and religious commemorations.

Because many popes had ties to San Silvestro, they granted the monastery a variety of privileges. Under their protection, the monastic community of San Silvestro survived until Pope Paul III. On June 3, 1535, the pope ordered the closure of the abbey and the demolition of the walls of nearby Collepino, because, according to him, enemies of the Pontifical State (headed by Rodolfo Baglioni) nested in these places. The residual assets of the abbey—about 120 hectares of mountain land—passed to the parish of Collepino until 1932, when, due to heavy taxes, they were sold to the state.

With the abbey's closure, religious titles passed to Collepino's parish priest, who wore the tall hat and pastoral staff of bishops and abbots until 1865. Nowadays, Collepino's parish priest is entitled to titles and privileges only in name.

In the first half of the 1800s, workers attempted to divert the magical, healing spring that flowed from the abbey's entrance, to provide water to flocks, as well as the residents of Collepino. The church drafted a document to establish the water as the absolute property of the abbey and the people of Collepino.

People often visited San Silvestro for the water's curing powers and also to touch the crypt's columns, which were said to heal bone diseases. Nowadays, if you descend those steps, you'll notice the surface of one of the three columns has been smoothed by the hands of the faithful who prayed there, begging for relief for their bones' ailments.

Beyond the abbey's mystical powers, how many historical events has the Monastery witnessed! The previously mentioned conflict between the papacy and the empire, the bloody struggles between Guelphs and Ghibellines, the time of Emperor Frederick II, and I'm only mentioning a few! I omit further historical asides that would lead us astray from the legend that now follows.

First, three brief legends about the figure of San Silvestro.

On Monte Subasio, near the old abbey, in the locality called "La Sportella," there is a boulder on which you can see a cluster of four hoofprints, as if a horse ran past. To explain these prints, this legend flourished: After Constantine granted peace to the Church and allowed Christians' freedom to worship, San Silvestro suddenly remembered he'd neglected to thank the emperor. He grabbed a horse and with four jumps launched to Rome. This story explains why you can observe the same hoofprints on Monte Soratte, on the Vecchia Flaminia in Marolo di Rigno Flamini, and at Prima Porta in Rome.

Here is the second minor legend:

San Silvestro, after sowing greens in the garden, went to celebrate Holy Mass. At the conclusion of the service, he noticed four strangers and regretted that he had nothing to offer them for breakfast. He told the sexton to collect the greens called *rapini*. To the sexton, this order seemed a joke since the *rapini* had been sown only that morning. But the Saint insisted, so the sexton went to the garden. Imagine the humble servant's surprise when he discovered the *rapini* ripe and

40

ready to be plucked and cooked!

And now, a third miraculous legend, concerning those milk-producing waters.

According to popular belief, Silvester/Silvanus the demigod inhabited this place and bestowed that aforementioned extraordinary water. In fact, this may explain why the lords of Rocca Paida built the family monastery in this particular place (and why they dedicated it to San Silvestro). Until the years 1960-1970, the custom of drinking the spring's water for health benefits remained alive among the older inhabitants of the area. You could find little shirts and caps near the burbling water, tokens of thanks left over the years by mothers grateful for the return of their milk supply. Preserved caps, woolen shoes, and baby changing tables are now housed within the monastery. In the sacristy of Collepino's small church hangs a picture with the new mother's prayer, approved by the bishop of Foligno, Monsignor Nicola Crispigni, by decree on December 19, 1875.

But the most interesting legend of the spring tells its origin story. It is said that long ago, there were no springs near the San Silvestro monastery. Therefore, the poor friars had to walk downhill to fetch water from the Monastery of Vallegloria Vecchio. Here a rich spring gushed, a boon for the nuns that lived in this monastery.

Every morning, right at dawn, a young friar hiked down the valley with special containers. He'd carefully fill them with help from a novice nun. Then the monk walked back uphill to the Monastery of San Silvestro, laden down with the spring's water.

One day, over the filling of water containers, a friar and a nun established a slight understanding. Little by little, day after day, that understanding became a serious and profound feeling. But the feeling did not simply end there. After some time, the nun realized she was pregnant.

At first, they felt only desperation, but then they began to believe that their love could withstand any backlash. Above all, they realized that giving birth to a small creature could not be a sin when it was the fruit of true sentiment and honest will.

After more than a few organizational difficulties, they finally fled their religious homes. Both abandoned the monastic habit and together they strove to build a secular family far from Spello and far from their two respective monasteries.

News, of course, travels quickly. Especially when it greedily feeds people's morbid curiosity. The event would be sensational news even today, in the middle of the 21st century … let alone in the deep, dark Middle Ages!

When the good head of San Silvestro learned of this news, he flew into a rage and addressed the Lord with a reproachful air. Brandishing his staff, he violently hit a rock below the monastery, pronouncing these words: "My God, my God! If there had been a spring here, we would have been spared this shame!" The good Lord, more tolerant than the friar, replied: "The water you were looking for, here it is. It has generated a life, and so it will be miraculous water for pregnant mothers and protection for their milk." Water poured from rock, right where the staff struck. The very water that became imbued with legend for mother's seeking milk for their infants.

Of course, this isn't the only legend linked to springs or fountains. Water is elemental. Its presence and conservation are rooted in popular imagination as a work of divine intervention—once pagan and superstitious, then later, Christian and medicinal.

As for the Monastery of Vallegloria Vecchio, it lies in a pitiful state of neglect and decay. What a shame! Such an important historical and cultural asset, first reduced to a poor farmhouse, then an unattended shelter for animals, until today it has become prey to thieves searching for wood, glass, doors, and windows.

When the nuns abandoned it, they built a New Vallegloria

Monastery in Spello's Piazza Vallegloria, in perhaps the second half of the year 1000. The beautiful new monastery preserves among its rich art a painting by Cesare Sermattei, who painted the miracle of the spring on the rock at the Old Monastery (1584-1688).

Balbina and the blessed Pacifica lived in the New Vallegloria Monastery between the end of the 12th century and the middle of the 13th. Balbina, daughter of Offreduccio of Count Offredo Monaldo d'Ottone from Spello, took her vows there in 1192. Niece of Santa Chiara, she enjoyed the protection of Pope Gregory IX. In 1213, Saint Francis preached at the New Vallegloria Monastery, and in 1219, he gave his cloak to the nuns. Balbina was abbess of the convent as it passed into the Franciscan order. Dedicated to Santa Chiara, the nuns of the convent became known as "Clarisse."

Still, two further interesting notes remain to be told about the monastery of San Silvestro. The most beautiful detail is the underground crypt, whose stone vault is supported by three columns, all with different capitals. It is therefore a crypt called *triastilia*, which is a rarity. Another similar example is found in Assisi in the crypt of San Benedetto's church—the same mountain, the same rare architectural detail.

Furthermore, the altar was built before a very heavy sarcophagus. It is said that this sarcophagus contains a secret treasure that the ancient friars accumulated over time. The front of the sarcophagus is unusually beautiful. It dates back to the ancient Roman era and reproduces the Greek-inspired bas-relief theatrical masks—one tragic, another comic.

That's all well and good, I hear you ask, but what happened to the friar and the nun?

Personally, I have always wished them the greatest luck and happiness in this world. And legend, also, sides with the lovers, as the end of the story tells of their happily ever after.

People, in their fable-like imagery, are akin to children. Initially, they love difficulties, fears, frights, and dangers, but then they want everything to be resolved in the best way. They crave good over evil, love over hatred, a fraternal embrace triumphing over the many hostilities of daily life. A happy ending always provides relief, pacifying the soul.

This story—like many others—contains content, various annotations, and my personal commentary on the historical truths underlying legendary events. I feel this is necessary to correctly frame the stories and make them more understandable, both in their mythical assumptions and in comparison to the realities they reference.

The same, or almost the same, happened in Homer's mythical tales (Iliad, Odyssey) and of the other singers of the time, the famous "aedi." They composed as they sang and could continue for hours on end. The words seemed to emerge from their lips like enchanting magic, singer and audience linked by a psychological relationship borne of profound sharing.

This phenomenon happened between me and my Zia Faustina. I like to imagine it now, between me and all of you possible readers. It can only happen if each of us believes that without the complexity of our ancient roots, the Modern World (as the fruit of the invented or of reality) loses reason and feeling, dream and truth, history and poetry.

THE GRIFFIN OF BUOZI PALACE

At the entrance to via Giulia, on the left corner starting from the Tribbio, is the ancient Buozi palace, whose origins date to the dwindling of the sixteenth century.

The owners descended from the ancient Buozi family, historically one of the wealthiest of Spello. The Buozis owed their prosperity to their many farms, as at that time, peasant families gave their landowner half of all their crops and products—wheat, wine, olive oil, fruit, vegetables, livestock (cattle, pigs, sheep, and other farmyard animals, along with their products of milk, cheese, eggs, et cetera). Certainly, agriculture also incurred expenses such as fertilizer, machinery rental, purchase of seeds, and the payment of additional laborers in periods of particularly hard and prolonged work.

Thus, landowners and farmers were in continual contact. But while the landowner was educated (as an engineer, doctor, lawyer, notary, surveyor, accountant, et cetera), it was different for the farmer, who had not gone to school and often didn't know how to read. As a consequence of this disadvantage, a showdown between landowner and farmer always led to the poor peasant's defeat. To pacify a landowner following a dispute, workers often offered already rich landowners valuable family heirlooms—wedding rings, gold and silver necklaces, rings and bracelets, pearl or coral necklaces. The matron sealed these gifts in a massive carved wooden trunk, locking it well with a large key she carried on a chain around her waist. That chest, which contained real treasure (with an estimated value of around one billion Lira), came to be called "the griffin." People discussed the griffin with respect, admiration, and a lot of envy. It became a true symbol of wealth and power! Fables and myths are born from such a contrast between the extreme wealth of a few and the poverty of many. These stories reflect tiers in living standards and varying social, civil, and political conditions in all parts of this world of ours.

The griffin of our story was commonplace in the years preceding the first conflict, between the first and the second World Wars, and in the aftermath.

Many decades earlier, in the 19th and 20th centuries, via Giulia was connected to the Arco di Augusto by two or three steep, cobbled alleyways. Along these alleys lived poor people who often borrowed from a nearby landowner to support their large families. Over time, the poor families became so indebted, they had to hand over their homes to settle their debts. The landowner got so many of these homes, he closed the access point to the alleys, privatizing them for his own use and consumption. In fact, today we can still see the barrier gates in wood or wrought iron. The power of money!

But returning to our Buozi palace, there are two more stories, one linked to very ancient times, the other more recent. In 1500, 1600, and 1700 (centuries of ferocious rivalries between various noble families), some palaces were equipped with barbaric systems to secretly annihilate their enemies. It is said in the Buozi palace, there was a deep well lined with sharp knives. The family covered the trap with a light carpet. Then they could, with some deception, invite an enemy to the palace and have him cross over that treacherous carpet. In just a few moments, they could permanently eliminate that enemy without leaving even the slightest trace. They called the contraption, fittingly enough, the "mysterious well of death." The assumption that such a well could be found in the Buozi palace enlivened the collective imagination of Spello.

The second story is relatively recent. We are now in the years 1943 and 1944, during the Second World War. British and American troops, along with a threatening partisan resistance, chased the German army up the Italian peninsula. Knowing enemy armies, especially fleeing armies like the Germans, often smuggle home stolen and precious objects—money, gold, and paintings—the property-owning families of Spello asked the matron of the Buozi palace to stash their valuables in her numerous large underground rooms. As a result, the basement overflowed with treasures, with every possible entry to these secret rooms hidden and walled over.

Since that time, the entire Buozi building has been divided into six apartments and sold. The entire underground complex was skillfully restored and is now used as a space for cultural activities, especially for exhibitions of artists of considerable critical, national, and international renown. This space was given a particularly evocative name, "shadow corner." Meanwhile, the apartment on the main floor remains heavily frescoed and the largest and most panoramic apartment on the top floor is currently owned by an American gentleman from Miami.

In one large building, one of the most important in Spello, there are many, many stories to tell. Stories that shift between myth and legend and history, passing from one century to another, from one war to another, between wealth and poverty. You can understand the soul of a country and the character of the people who lived there. But imagine how much more walls and stones might say...if only they could talk!

And today we ask ourselves certain questions. Is it really true that there was a well of death? How many illustrious characters lie pierced and sunk within? Have all the hidden valuables in the basement been unearthed? Have some been lost to looting, as so frequently happens in wartime?

So many fantastical questions, all unanswered.

You see, mythology masks, transforms, and even disguises the popular culture that itself represents and explains the darkest folds of identity—its time, its place, its particular dependent situation.

And this is well articulated by the Uruguayan writer Hernàndez Felisberto (1902–1964), when he states that mythology "...strikes the perfect amalgam between the every day and the fantastic...often pervaded by a naive humor, a grotesque and surreal intertwining, sometimes tragic or even comic."

I fully agree.

LA SBECCICA

You must know that between Spello and nearby Foligno, there has always been an ancient, deep, parochial rancor. This discord dates back to the sixteenth century, when two forces competed for political and military power in the Umbrian middle valley—the Baglioni family of Perugia and the Trinci family of Foligno. Between these princedoms, continuous battles, and even regional wars, raged.

Neither army found the position of Spello, located on a hill that buttresses the valley, particularly favorable. The astute Spellani, who prized their independence, made a diplomatically expedient choice. They rejected the protectorate of the Trinci of Foligno, because they would have constantly had their master's breath on their neck (Foligno lying just five kilometers from Spello). Instead, they accepted the protectorate of the Baglioni of Perugia, at least thirty-five kilometers away. Thus, they safeguarded their freedom.

The Baglioni family thanked Spello for their faithful alliance by sending their great painter, Bernardino di Betto (a pupil of the great Pietro Vannucci, who also taught Raphael), also known as "il Perugino" or "il Pintoricchio." In those artistically rich years, there was no higher honor than bestowing a commission of art.

Bernardino gained fame among Renaissance artists and created several notable works during his stay in Spello. The most famous of these can be found in the Baglioni Chapel, or Cappella Bella, of Santa Maria Maggiore. Bernardino, funded by his commission by the Baglioni family, stayed in Spello for the two years it took to complete this work.

Meanwhile, the battles between Foligno and Perugia raged on. The Folignati tried several times to conquer Spello, but thanks to the Perugian militias supporting Spello's resistance, they fought in vain.

Finally, sometime between the eighteenth and nineteenth centuries, Spello and Foligno overcame their divisions. However, the Folignati could never stomach their lack of success at possessing the much smaller Spello. That residual intolerance, born of their shared history and passed down through generations, has remained in the hearts of both towns.

Enter la Sbeccica, a figure of the holy Mother that became a symbol of both love and hatred between the two communities. Here is the story:

In 1483, San Bernardino of Siena donated a wooden statue of Maria Incoronata to the people of Spello. Years earlier, in 1438, San Bernardino began his preaching in San Lorenzo (built in 1120) by introducing a cloth to separate men from women during religious services. The statue of the Madonna is now housed in the Incoronata chapel of San Lorenzo, a space that was renovated and decorated in 1931 at the behest of the parish priest, Don Bernado Angelini.

The Madonna became particularly dear to the Spellani, who paid homage with a celebration the Tuesday after Easter called "la Sbeccica." The word *sbeccica* comes from the Umbrian dialect. It could derive from the Latin *speciosus*, which means beautiful, splendid, magnificent. Or it could mean "who looks at us," again from the Latin *specere*, to observe or look.

In the local dialect, *sbeccica* can also be a derogatory term, which references a small, ugly, insignificant woman. This mocking usage is not appreciated by Spellani but encouraged by Folignati who, lacking an image as precious as our most holy one, nicknamed our Mary by calling attention to her rather irregular facial features. With one eye more closed than the other, Folignati deemed the statue *sbeccicasse*, like a person who squints one eye when he directs his gaze into sunlight.

Spellani reject this insult and continue to venerate and offer generous gifts to the Crowned Virgin Mary. Over time, devotees have adorned the sacred image with precious objects—gold necklaces and bracelets, various rings, and strings of pearls and coral. In this way, the small statue, insignificant in itself, has taken on a particular value and religious prestige.

Every year, for the feast of the Incoronata, Spellani families, friends, and bands of youngsters gather in the shelter of olive trees and meadows and groves to camp, joke, sing, and play. On this occasion, Spello and belongs to her people and they celebrate with *porchetta*, sweets, our excellent local Vernaccia, and good mature wine.

For the feast of the Incoronata, hundreds and even thousands of people from Foligno flock to Spello: a sort of peaceful invasion under the guise of great religious passion. What wasn't possible with weapons becomes simulated with devotion. Too many times the sacred mixes with the profane, and the Angels go for a walk with the Devil. According to common conception, spiritual faith can very well coexist with superstition...miracle with sin!

So what happens?

When it is evening, toward sunset, the nomadic population of Foligno make their way home. Given the close distance, they usually walk. But many of the boys, energized by the alcoholic fumes of the abundantly-drunk Vernaccia, harass the Spellani girls along their way.

Here is the moment of uproar! The boys from Spello do not willingly accept this outrage ... so endless quarrels begin, with threats and insults turning to kicks and blows. During this period, the road between Spello and Foligno was paved with gravel, so you can imagine the stone-throwing battles waged by both sides until the Folignati retreated past the town border, that is, at the bridge crossing over the Chiona stream. The reported bruises were many and some even serious. Thus, in the name of a never-dormant rivalry, La Sbeccica often ended in a brawl, despite the shared devotion to the wooden statue of the Madonna. Fist fights and toasts; then, a date for the following year.

With the passing of the years after the second World War, interest in the annual ritual waned. As is common, our cultural touchstones fade in the face of other kinds of entertainment and a heightened interest in economic, social, commercial, and consumerist concerns.

Adults, the elderly, toss past events into the abyss. However, perhaps out of nostalgia for lost youth, they do not completely sever this link with their history. They'll remember an anecdote in some half-serious moments of regret, though these retellings rarely convey emotions or particular moods. Meanwhile, young people, unfortunately, distance themselves from everything they do not consider relevant to themselves.

Our commitment to a shared history has been disrupted by the media, purging one's future from the legacy of past generations. People crave affirmation of their civil rights, as long as this guarantees them management of their choices: religious, political, sexual, ethnic, social, of their thought, and of their body.

I say this is unfortunate—not because seeking civil rights is wrong. On the contrary, it is a great good! But we could pursue our rights while still maintaining a firm bond with the healthier roots of the past. Tradition, the non-enslaving, non-prejudicial, and non-racist kind, is the cultural and popular basis that can ensure, tomorrow, a better world for all.

Never forgetting that: *"It took the madmen of yesterday to allow us to act with extreme clarity today. Everyone should aspire to be one of those madmen to have the courage to invent the future."*

LEGEND OF THE POMEGRANATE

In other times, the pomegranate did not produce fruit.

Back then, a farmer lived with his wife in a country house. He was rude, brutal in character, and he very much wanted to have a son, the honored "heir." Since his wife, poor thing, hadn't been able to give him a child despite the many years since their wedding, he continually mistreated her.

It should be known that in ancient times, according to a sick, prejudicial custom, a sterile woman was worth little more than a dishtowel. And so the farmer equated the value of the fruitless pomegranate with his poor childless wife. Thus, he never failed to insult his wife, to deprive her of food and provisions, just as he refused to fertilize and water the pomegranate tree.

As a result of the farmer's behavior, both the woman and the pomegranate wasted away more and more. His wife became frighteningly thin and emaciated, just as the plant withered and visibly yellowed.

Since it is often the case that feelings of affection and mutual support arise among the weak and the humiliated, the two poor dejected ones met at night, while the brutish farmer slept. The woman sat at the foot of the tree, and there each of them mourned their miserable fate.

Finally, a wonderful idea occurred to the woman. She brought manure and water to the plant until the pomegranate began to produce new tender leaves, rich in nourishing cellulose, which the plant gladly offered the poor woman.

Before long, the woman's cheeks filled out and acquired a pleasant rosy glow. At the same time, the plant became luxuriant, rich in buds, flowers, and berries. The husband noticed these transformations silently, wanting to understand.

The wife ceased tolerating her husband's bad behavior. She reproached him for his brutal ways, even as the pomegranate, which had once fearfully lowered its weak branches when the cruel man passed, now raised its new strength and vigor to the sky.

The farmer grew more and more amazed at his household's transformations. Like all arrogant people—prisoners of whim and superstition—he attributed the metamorphosis to a spell. Until the day came when the truth became clear as glass.

The tree grew heavy with colorful fruit, and his wife was finally pregnant.

Thus, a great and simple truth became clear to him. He realized that bad manners never produce fruit, neither animal nor vegetable, because only love has the great power to fulfill our greatest desires and generate the miracle of life.

No doubt, this is hardly the first myth you've heard about the pomegranate tree. Stories have sprung up everywhere around this tree native to Persia (today's Iran). These stories often highlight the fruit's ability to avert harm or evil, and the corresponding significance of the tree. In each version, the story shifts to accommodate local characteristics, such as climate and local customs.

Here in Spello, we tell the story of the farmer and his wife to explain the ubiquitous presence of pomegranates. Newlyweds are often gifted jewelry shaped like pomegranates or with pomegranate motifs, and every country house or suburban garden boasts a pomegranate tree. When the month of ripening arrives, it is always a good omen to display at least three fruits in plain sight near the entrance of your home. Why three? Because three is a universally agreed auspicious number.

Symbolically, we understand that the roots of legends around pomegranates lie in pagan superstition. Over time, with the arrival of Christianity, representations of the fruit entered religious iconography, as did many ancient traditional forms of popular culture. For example, in the Old Sacristy of Spello's church of Santa Maria Maggiore, you can visit the Pintoricchio Chapel I mentioned in the last story. There you'll find a beautiful wrought-iron gate—a true work of art—all adorned with decorations representing the pomegranate fruit.

It is helpful to know the very root of the word *melograno* (Italian for pomegranate) expresses ideas of great significance to our people. Indeed, *grano* (grain) is the cereal that, thanks to its widespread cultivation, represents our fundamental nourishment. Moreover, *mela* translates to apple, one of the most typical fruits of our countryside, with biblical overtones. Therefore, within the pomegranate lies the connection between our need for earthly sustenance and our moral debts.

We can expand this into a rather complex concept that unites, even in a contradictory sense, the Christian opposites of evil and good. Respectively "apple," object of original sin between Adam and Eve, and "bread," a grain product used in Mass, when the priest consecrates it as the body of Christ.

Obviously, most people don't explore the underlying bases of myths and legends. Luckily so, otherwise every scrutinized story would lose its dreamlike allure! However, we must consider that popular fables acquire value and beauty precisely from the outwardly antithetical dichotomies between "happened" and "invented"; "documented" and "imaginary"; "history" and "legend"; "reality" and "fantasy"; "truth" and "myth."

This raises further topics for contemplation and discussion, ushering in fascinating controversies and lively debates between those who, like me, are unwilling to abandon that eternal sense of the "child" that perpetually sustains me in adulthood, and those who, like my great esteemed friend Marco Damiani, professor of Anthropology and Sociology at the University of Perugia, instead bring concepts of measurement to oppose my belief.

But let's not sully the story with distracting dissertations.

THE NOTTOLINA

M y Zia Faustina told me this story many years ago, so the story is blurred by her early feminist philosophy. At the time, I myself was in my adolescence, when the impulse for free will lights the soul with a thousand nonconformist flashes. This was when she told me of the Nottolina.

We were driving along the road between Collepino and San

Giovanni, in the so-called "smooth" stretch, as my Zia Faustina pointed out the "cliff of the Nottolina." This overhang of about 60 meters pitches down from the road's edge to the bottom of the narrow valley where the Chiona stream flows.

The arc of this legend will elucidate what led me to storytelling. In memory of the Nottolina, a character too poor and lowly for someone—in modern times, anyway–to dedicate even a few lines, I want to usher her from the forgotten chronicles to take her rightful place in living legend.

The Nottolina lived in a rustic hut on the low slope that descends from San Giovanni toward the small lake of the grain mill. Thus, the story is steeped in the rural Umbrian-Apennine landscape, between the first and second half of the nineteenth century. The Nottolina lived alone, always, and in this way resembled her given name Piera. No one called her Piera, thinking she didn't deserve a name that meant "stone." Generally, she was just the Nottolina, and that was enough.

She didn't know many things, but early on, she learned to survive. She knew that Italy existed, but not much beyond that, nothing beyond her little mountainous area. She wasn't unaware that there was the World, but she didn't pay much attention to it. No more than the World concerned itself with her. Her travels had never gone beyond the town of Spello, and that not more than three or four times. However, she knew everything about her finite space, having learned from experience its limits and horizons, advantages and dangers. She understood how to use what surrounded her and knew when to grow wary.

In the mornings, she mostly slept. In the afternoon, she took care of her few tasks. Above all, she provided food for herself and her mule, a vital mode of transportation that allowed her to move freely at night along the mountain's paths and sheep tracks. In fact, the mountains and the night were her favorite place and time, when virtually her entire life took place. The past? A vague, faded memory of her grandmother, who had never spoken of Nottolina's mother, thus depriving the child of any rudimentary memory of affection. But Nottolina had never been able to—and, oh, how she wished she could—forget the taste of the warm bread her grandmother baked every week. That bread was the singular unifying object binding their solitary coexistence, for the short time it lasted.

At that time, many Abruzzese shepherds led their flocks to the valleys and plateaus of Subasio between autumn and winter. They lodged in tents and huts, always on alert for the wolves and robbers who plundered their herds. An uncomfortable life, made up of poverty, interminable silences, hardships, and insecurities. However, there was no lack of adaptability, nor the spirit of compensation, and even, at times, delight.

At night, the Nottolina visited the shepherds, making her intentions clear. She lent her warm, intimate company, consoling them in their solitude, far from their homes and families. For those men, otherwise limited to abstinence or the sin of Onan, or even copulation with sheep, Piera's presence was a pleasant pastime, a distraction, which everyone could afford with little money and without too many problems.

Yes, mostly these relationships were fleeting and transient. At other times, the meetings became more frequent, and the Nottolina became a confidant, a welcome respite for talking and spending time with another person. So it happened that a shepherd, Salvatore, no longer very young, fell madly in love with her.

Because Piera, you see, was beautiful. She knew how to laugh but never cry. Indeed, she had no memory of ever crying, always being forced to replace pain with indifference. But she knew how to laugh, and how! How her laughter flowed, spontaneous, crinkling her generous mouth.

And she lived her mystery. She winked, lied, withheld herself, gave herself, thought, and did not think, all with those extraordinary, mercurial brown eyes, capable—more capable than words—of expressing the emotions and contradictions of her soul.

Enigmatic, available, elusive, passionate, or icy, the Nottolina embodied the natural conception of femininity. The true kind, an alchemy rare enough to imprison and kidnap, but always offering the immeasurable.

Beneath her seemingly simple and unpretending exterior, wrapped in shapeless overcoats of wool and felt, from which emerged only her resigned and tired face (befitting a woman tried by life), the Nottolina restlessly personified a complexity difficult to grasp.

Piera and Salvatore spent their nights together in his tent, cutting off all relations with the other shepherds. They were rarely spotted during the day, only down at a creek known as Anna's ditch for the mule's watering, or perhaps when the flock returned to the compound before dark.

At first, the Abruzzese regarded the couple with a wicked eye, somewhat jealous and mocking, given that the shepherds had lost a valuable diversion. Over time, Salvatore's exclusive holding of Piera, like the loss of a toy or a meaningless cheap thrill, turned the mountaineers nasty. They cast sour comments toward Salvatore and Piera, casting heavy judgment on the duped shepherd and assuming the worst of the Nottolina, our miserable character, cursed by fate.

For Nottolina and her shepherd, at first all was lively and fun, a cheerful and shared love. Affection and passion overcame everything and made them forget their particular situation (though nothing mattered more). But then Salvatore broke from their shared outlook. As a plain, rude commoner, he grew jealous and possessive, expecting Piera to forget her past. He demanded she follow him back to his country, where he planned a hasty wedding.

Piera did not immediately understand her new situation, torn between her thoughts and her feelings, the former combative, the latter painful. At first, she found Salvatore's proposal honorable and exciting. The idea of a new and different life captured her enthusiasm. But the rapture didn't last. As the days marched on, doubts grew, and with it, dissatisfaction and her instinctive distance.

La Nottolina tried to talk to her lover about her feelings, but this proved useless. Salvatore hid behind a solid curtain, his selfishness and controlling nature not refined by real instinct, sensuality, and mastery over his ego. In his primitive existence, he did not know, he could not understand. So the woman decided to stay and never leave her home. She would go on living as always, with no need for questions and no obligations to anyone.

On the night before the shepherds planned to depart, she tried once more to explain herself to Salvatore. The lovers' conversation grew stormy, threatening, even violent on the part of the shepherd. Piera rebelled with benevolent tenderness. It was a fleeting and ephemeral moment, outdoors, along the road on the edge of the cliff.

This is a tale with no happy ending.

Their unequal reality and unconscious anguish made Piera and Salvatore unable to communicate. Living close together, often in a limited, solitary space, without the possibility of true understanding, they did not know how to grasp even a semblance of salvation and love. How could they, with Piera's intense searching for the ineffable, like the scent of baked bread, and Salvatore with the harsh and brutal burden of his own bodily character?

It was a warm night, already hinting at the upcoming spring.

At first light, the Abruzzese shepherds and their flocks left the valleys and steads of Subasio. Long white lines meandered through hills and plains, as if disentangling a customary fabric along with a multitude of stories, now lost to time. This migration has been repeated for decades and perhaps for centuries, always the same, in a slow and ritual passage of small, irrelevant situations.

Three days later, a tragic alarm ran from mouth to mouth through the area, between isolated houses and small villages...

The body of the Nottolina had been found on the banks of the Chiona, just below the overhang, smashed along the rocky escarpment, already picked at by rodents and birds of prey. Not far away lay the carcass of her mule in a state of advanced decomposition.

Postscript: For a scant few, a faint memory of this whole affair lingers—vague, uncertain, almost lost. The story is now only a place name, handed down orally by a few transient hunters, some poachers, and a handful of remaining mountaineers.

For me, the characterization of the Nottolina seems almost too beautiful. How she claims the bitter right to be for herself, in that sublime egoism that smacks of myth and mystery.

My story intends to light a votive flame, a dear human memory. It is a personal challenge to confront our convenient prejudice and the too easy oblivion of these days, so casually irreverent.

Despite the stark differences (and I apologize to the reader!), I can't help but compare the Nottolina, in her wholeness, so immersed in human and environmental realism, with two female characters of worldwide fame.

They are as follows:

- One is "Gnà Pina," the fiery Sicilian woman, whom the great Italian writer Giovanni Verga (1840-1922) describes so well in the short story "La Lupa";

- The other is "Serafina," whom the famous American playwright Tennessee Williams (1911-1983) writes as the protagonist in the play "The Rose Tattoo."

It is no coincidence that one of the greatest dramatic actresses, Anna Magnani, won an Oscar (1950) for her role in the film "The Rose Tattoo" (directed by Daniel Mann, with Burt Lancaster); and that subsequently, in Italy, has received clamorous acclaim from audiences and critics for playing "La Lupa" at the La Pergola theater in Florence, in 1965, directed by Luchino Visconti.

These are stories, my sentimental memories and cultural touchstones. They suggest emotional, profound memories that re-emerge as affective places to land. Whether or not all this commentary makes it into this text is of little importance to me, because I can't separate Zia Faustina's rendition of the story from my intertwining with her narrative. It is a single, inseparable whole.

Our shared passion for storytelling created an opportunity to descend from an abstract world into the concrete of human works. Here, history (myth or legend), mixes with fictional inventions, offering a kind of redemption and thus a catharsis.

Perhaps everything I say is only the result of indecipherable fantasies of my own experience!

But ... what if life offers even more imagination than I?

THE WEREWOLF

S till at large, existing between learned culture and popular culture, defined by the supernatural and the magical, stands the werewolf. Called *lupu manaru* in Spello's dialect, the werewolf arises from ancient traditions, possibly from ancient Rome ... no, absolutely from ancient Rome.

Like the Regulus in an upcoming story, the werewolf's mythology has been illuminated by art, particularly that which arises from the sensitive and simple soul of the eternal child. I do not think it is out of place to quote a sentence by a Malagueño painter, Pablo Picasso, which reads: "It took me four years to paint like Raphael, but a lifetime to paint like a child." Child and freedom, child and joy, child and play. If people do not play and express their creativity freely, they become spiritually dead.

The lycanthrope, more commonly called werewolf or wolfman, is a legendary creature from mythology and folklore that over the years has become common in horror literature and cinema. The syndrome forces the sufferer to become an animal, often a wolf, in appearance but more importantly, in behavior. Dramatic examples describe affected individuals craving raw meat and blood, sometimes even from humans. In popularly accepted superstition, this werewolf was a human cursed to turn into a wolf during the full moon.

In our countryside, there are still those eager to tell stories featuring this monster as their protagonist: "I have never seen the werewolf, but at the time of my fathers and grandparents, there were those who saw it." Old people tell stories declaring that werewolves, especially when in their most bestial state, could temporarily return to their human form when a drop of their blood touched the ground.

History represents the werewolf as a man with facial features completely transformed, wolf's hair covering the face as well as the body. The afflicted sprouts a long tail and the teeth stretch too long, becoming thick and sharp. Infected people appeared normal by day, but at night, they experienced this ferocious transformation. Especially when under a full moon, on cold winter nights.

Woe to those bitten by the beast, as they were immediately infected with the same disease. Exorcists, such as priests or friars with an aptitude for driving away invading diabolical spirits, provided the only cure.

In a popular story told right here in Spello, it is said that a man met a werewolf at night near a spring. By good fortune, he killed it with a stick. The man ran to a nearby cottage to share the news, but when everyone followed him to the spring, they found not the remains of a wolf, but a dead man. The werewolf had returned to his human form after shedding his blood on the earth.

It used to be difficult to find people in the countryside on nights with a full moon. Everyone felt terror at the prospect of meeting the monstrous wolf, whose mere howl at the moon—even when heard from a distance, safe within the protected walls of your home—made you shiver with uncontrollable fright.

Popular imagination and collective ignorance easily work together to build images and stories that open an enchanted door into a world of amazement and magic.

When as a child I listened to my zia's story of the werewolf (and I often asked for it to be told!), I wanted to be taken in her arms and held tightly, in the intimate warmth of a familiar body, which filled me with the security I so needed.

But one aspect of the story always intrigued me. Why did the pearly splendor of the moon cause identical malevolent reactions on infected people? The question pleasantly surprised Zia Faustina and she responded: "Angelo, you are too curious and you have so many questions. Maybe one day you will answer them to your satisfaction. For now, however, you must know that the moon exerts great influence on earth and men."

She continued to say that farmers and gardeners sow and plant certain agricultural products according to the various phases of the moon—full moon, new moon, gibbous to the east (waning moon), gibbous to the west (crescent moon). Moreover, our moon raises the sea's waves, creating tides, even very high ones on the southern coasts of the immense Pacific Ocean.

And so I fantasized about the moon.

"You know, Angelo," Zia reminded me, "cats must not give birth in the wrong phase of the moon. Otherwise the kittens are at risk of dying."

These explanations did not satisfy me. I needed to wait longer, to mature, before I developed a more evolved understanding. This understanding began when I read Ancient Greek mythology and discovered the twin gods created by Zeus and Leto: Artemis (Diana)—who Homer characterized as the "lady of wild beasts," "sovereign of animals," "lion among women," and "virgin huntress"—and Apollo.

There was no good blood between the twins. In fact, while Artemis was a divinity of the nocturnal moon, Apollo was a god of light and the sun. Artemis remained a virgin, absolutely refusing any amorous relationship and woe to anyone who wanted to propose one to her. Meanwhile, Apollo had many loves, female and male, what today young people call "fluid sexuality." Artemis protected bears and wolves, while Apollo was considered an exterminator of wolves. While Artemis was considered an emblem of eccentricity and peculiarity, Apollo, eternally young, just, wise, and beautiful, was elevated to a high moral and artistic value: *Apollo Musagete* (always followed by the Muses), divinity of the arts and sciences.

Of interest, I learned that in Attica, worshipers in an ancient Hellenic lunar cult disguised themselves as bears and wolves. The moon, and those animals, were bound together under the brand of Artemis.

Eventually, upon entering high school, my childhood and adolescent wonder for our satellite turned into adoring admiration (I already had a lot of hair on my body, so I needn't worry about growing more!).

Countless great poets have sung of the moon, in poetic passages and with verses that have remained immortal, in all the literatures of the world. We can talk about Giacomo Leopardi: "To the moon,"

"Nocturnal song of a wandering shepherd from Asia," and "The setting of the moon." Or we can refer to the Iberian lyricist Federico García Lorca: "Romance de la luna," "Luna y panorama de los insectos," and "La luna pudo detenerse al fin." They are all poems that could be considered masterpieces.

So I love the moon to this day.

When we find a way to dominate fear (individual or collective), we gain the ability to save, or even free, ourselves. Moreover, conquering fear stimulates the regulation of our psychic life. But we need to describe, to understand, *how* to overcome fear.

What could be the secret?

To begin to understand, we can look to our society. We understand the power of peaceful coexistence. We value dialogue free of barriers and schemes, a good dose of courage, and above all, love of neighbor. These can be difficult to define, but we all must learn to make good use of them.

As an antidote to fear, I recommend love. Not the usual easy love—at a good price from a market stall or banal affection on a greeting card. Rather, the most authentic love includes commitment, curiosity, passion, and intellectual and moral tension.

One way to access this kind of love—feel.

The director and writer Fetzan Ozpetek, on the first page of his novel, *Come un Respiro*, represents that certain kind of love with these words:

> "I love you and you don't know
> how it breaks my heart
> the fact that it's all here."
> (*Anonymous Turkish poet*)

"Impossible loves
they never end"
(*from the film Mine Vaganti*)

Squeezed lovingly in my zia's arms, I found the ability to exorcise fear. Here, I enjoyed only the pleasure of fabulous emotion.

At that time, of course, I knew nothing of what I would later learn at school, but I already sensed (ah, how much the wrinkles of the unconscious can tell us in their arcane silence!) that the Moon was my chosen divinity.

I now continue to speak of the Moon. Not only of its magical effects on the werewolf, but on how, in many ways, it solicits the interest of humanity everywhere, across a multitude of arenas.

We Italians well know that Neapolitan music, famous throughout the world, includes in its vast repertoire many songs dedicated to our orbiting celestial body, with fascinating titles such as: "Luna Rossa," "Verde Luna," et cetera.

Americans (from the United States) may remember the 1987 movie directed by Norman Jewison—a film so beautiful I enjoyed it twice—"Moonstruck" with Cher, Nicolas Cage, and Olympia Dukakis, in which the former's excellent acting propelled her to eclipse the previous fame she found alongside rock singer Sonny. Cher received the Oscar for best lead actress, Dukakis for best supporting actress.

Furthermore, we know that the Moon is heavily symbolized in African, Eastern, and Middle Eastern cultures. In fact, there are many Arab/Muslim states that have the lunar image drawn on their national flags: Algeria, Angola, Azerbaijan, Comoros, Malaysia, Maldives, Mauritania, Pakistan, Singapore, Tunisia, Turkey, Turkmenistan, Uzbekistan.

Zia Faustina herself always said: "Angelo, I'm ignorant. I barely finished fifth grade because I had to look after my six younger brothers.

But I want you to study, to learn everything that I failed to learn."

Since I was good at school (and because I could never disappoint her), she always praised me and thanked me for repaying her many sacrifices with zeal and great will.

But now I am thankful for her.

More than the many, many books, scholastic and otherwise, that I have read in my lifetime, my most beautiful, interesting, and formative source was you.

So I am infinitely grateful to you.

Thank you, dearest Zia Faustina.

THE DEVIL'S SINKHOLE

In the plains of Spello, close to Cannara, there stand two towers. Both towers rise from a square base and are called the Acquatino Tower and the Quadrano Tower. The military once used these as watchtowers to control and defend our territory.

Near the Acquatino Tower, there is a place called the "Devil's Sinkhole." It is a small lake of modest size, very cold and very deep, with a thick reed bed, ferns, and other vegetation forming a marsh around it. It is a kind of oasis in a desert, entirely wild. Its origin and the origin of its name are lost in the mists of time.

The local people, particularly some old peasants, say that years ago, it was forbidden to carry out fieldwork in the summer days of greatest heat and excessive mugginess. The prohibition protected both the dry nature of the soil, as well as the health of man and beast. This forced rest sprung from a natural necessity, but also from divine edict. In pagan times, the goddess Ceres, who protected the land and country-side mandated the pause. In Christianity, it was Saint Anthony who oversaw the care of beasts, particularly heavily worked field animals.

On one of these rest days, just as all the peasants stopped in sacred respect, a farmer began working in the fields with tools and cattle. His fellow farmers watched as he disregarded the common rules, contemptuous of good traditional customs and careless of revered, centuries-old habits.

At that point, supernatural forces punished the farmer's misbe-havior in two ways, as if to show the peasants the consequences of ignoring sacred rules.

God, being the force of good, limited his intervention to making the sky cloud over, sending torrential rain and strong wind. But the stubborn peasant refused to give up his labors. On the contrary, he cursed the sudden bad weather as he continued to spur the oxen, beating them until they bled.

Then Satan intervened. Being a force of evil, he enacted a ter-rible curse. In fact, Satan was so furious that he caused a frightening conflagration with thunder, lightning, and bolts of hellfire. This dev-astated a large area of land. But Satan did not stop there. A strong earthquake, accompanied by a terrible roar, rent a very deep hole in the ground. Into this void sank the plow, the oxen, and the stubborn farmer. The hole then filled with frigid water, so cold that even now, no fish can live there.

The pond is reportedly bottomless. No one has measured its depths because this sinkhole exerts a fatal force of attraction toward the center of the earth. Anything thrown into that water, even objects as light as wood or paper or fishing bobbers, are swallowed into the mysterious depths, relentlessly dragged down by abrupt eddies.

In addition, anyone trying to immerse themselves in the diabolical pond risks freezing to death in icy waters.

Some call it the "cursed pond." Nowadays, its legend inspires feelings of fear and disquiet. So much so that even skeptics prefer to avoid it.

As far as I know, no one has ever attempted to research the pond's mysteries. Therefore, we don't have a ready explanation for why the water is so cold, so deep, without fish, and why it cannot be used in any way.

We do know that Monte Subasio, which dominates Spello's plains, conceals large natural caves within its limestone depths. These caves fill with water in autumn and winter. Veins of water flow from these geological "cisterns," abundantly filling Spello's artesian wells and springs.

It is also true that in the surrounding area there is a wide diffusion of artesian wells in which water is naturally effluent. In fact, groundwater reaches the surface without mechanical aids, since it rises, gushing, up to the height of the piezometric line (often located above the ground level). With these pressurized aquifers, one can avoid traditional pumping systems, which are necessary for other types of wells. These artesian wells are characterized by a smaller width, but by a greater depth than more common aquifers.

So our local water systems may explain the water in the Devil's Sinkhole. Then all the rest is mystery and remains wrapped in the popular collective imagination, as it has been handed down for centuries and centuries.

Years ago, I taught in a school close to Acquatino Tower. All the schoolchildren spoke to me of the sinkhole with amazement and wonder. Unfortunately, they refused to accompany me to the famous pool. Their learned prejudices created an impassable blockade. Filled as they were with a sacred terror, my skepticism annoyed them. Curious to say, but this obstacle still exists today and the Devil's Sinkhole remains a harsh popular testimony that we should not disrespect the rules of nature. Even less when those rules are further sanctioned by bonds of religious faith.

Only one individual shrugged off local lore. He was an old man who lived nearby, isolated in a hut within a grove. His name was Fiore. No one spoke to Fiore, and he himself avoided everyone. Viewed as a derelict, the poor man became alienated from the world. With difficulty, I approached him, asking about the famous sinkhole. Immediately, he made the sign of the cross three times, and in a stentorian voice told me something very interesting. According to him, the Devil had absolutely nothing to do with the sinkhole's formation. Rather, he blamed the sinkhole on the magic of a bad woman who wanted to punish a farmer for harvesting unripe grain.

Who knows the origin of his story?

Perhaps it distantly, and unconsciously, references the pagan goddess Ceres, a severe patron deity of agriculture and crops. After all, we know that Ceres tirelessly guarded nature and the environment.

Fiore himself could have created that version of the story. He was considered not only a misanthrope in his rejection of people but also a misogynist, as he nurtured an innate distrust of women. Indeed, he had no wife, only two sisters, called the *Stefanette*, perhaps from the surname. He rarely interacted with them.

The Stefanette farmhouse, located a short distance from the Devil's Sinkhole, is particularly well known in Spello for the very useful presence of two large artesian wells that still provide abundant water, coming from those Subasio reserves to the public aqueduct.

I mentioned that Fiore shunned any form of human contact or community life. We can consider him a true (and generally harmless) man of the wilderness who preferred to live in complete solitude. However, my pupils insisted that while they had difficulty understanding his loud speech, he was skilled at communicating with birds. His rich repertoire of avian calls allowed him to communicate with virtually any species of bird. He emitted the various whistles and the particular bird answered him with its specific tune.

Based on this, I have always imagined Fiore as a modern Pan. Instead of a flute of reeds, Fiore used a whistle from his human voice, sometimes modulated by blowing on the carved shinbone of a sheep.

We know well how folk tales become embedded into ancient memories, where religions blend to create conflicting beliefs and rituals. Thus it happens that the profane mixes with the sacred and the divine lives strangely within superstition. Ultimately, the beautiful thing is that popular mysteries remain. They enhance the thousands of unusual and curious things in our existence. In this way, stories are a bit like salt or sugar, elevating our nourishment.

What continues to intrigue me in the story of the Devil's Sinkhole is the tunnel that connects the Acquatino tower and the Quadrano tower. There can be no doubt that the tunnel exists, so why not uncover such a useful archaeological find?

Probes and drilling operations have searched for the underground tunnels, but without results. But private citizens organized those attempts, with more conviction than actual resources.

Everyone knows Heinrich Schliemann (1822-1890), the German archaeologist and fanatical assertor that every myth outlines real fact. From his passionate reading of Homeric texts—particularly the *Iliad*, which recounts the city of Troy's history and its destruction by fire—he formed the unpopular opinion that Troy really did exist. Not only did it exist, but it existed precisely where Homer described it, in Turkey, on the strategic heights that dominate the Dardanelles.

Amid general skepticism, Schliemann took advantage of his accumulated wealth to privately fund extensive research. Hiring workers, technicians, and friends, he went to the village of Hissarlik and, after several unsuccessful attempts, he finally located nine settlements, the oldest dating back to 3000 BC.

In this way, Schliemann discovered more than Troy. He showed us that mythology gives us not only inspiration and poetry, but also suggests archaeological delights hidden beneath our feet.

Homer's poetic myths have made history.

THE LION AND THE SLAVE

A beautiful Spellani legend is that which tells the history of our amphitheater and a slave named Androclus.

Gamekeepers brought African lions to Spello for gladiator games and also for the bloody theater of battles between slaves and beasts. Among these lions, one was particularly strong and ferocious, considered invincible. The gladiators of Spello's amphitheater considered this lion the greatest of terrors.

One day, the infamous lion broke through its cage, fleeing into the countryside. No one could find it, much to the desperation of the amphitheater's keepers and to the terror of the entire population, who feared ambush by the liberated, ferocious beast.

Meanwhile, in a patrician villa in Spello, a young slave named Androclus, tired of being mistreated and insulted by his master, broke free of his chains and fled. He hid anywhere he could in his quest to escape the guards who would put him back in chains.

Just then, the escaped lion ran through the undergrowth, stumbling onto a large thorn that lodged in its paw. The pain and loss of blood slowed the lion, and it took refuge in a cave just below the western walls of the city. These caves still exist (though landslides have made them dangerous) and are called "Grotte di Filena" because Filena owned a shop in front of the caves, along via Centrale Umbra. All of this happened near our modern Centro Sportivo, or sports center.

But let's return to our legend.

The poor young slave, who had run away from his master, also wandered around in despair. Fearing capture, he, too, found himself within the caves. He heard yelps and, gathering his courage, he soon found himself before the enormous, wounded lion. The slave's first instinct was to flee, but he noticed the poor beast bleeding and suffering. The lion's gaze was not aggressive, but rather begged for help. Androclus took pity. He considered that perhaps it was better to die in the lion's jaws than to fall back into the suffering life of a slave. So he tentatively approached the beast, delicately took its paw, and plucked out the thorn. Androclus thoroughly bandaged the wound and the great lion brought its snout to Androclus, licking the hand that treated him. Thus, a great, affectionate friendship was born between the slave and the lion.

Time passed.

One foul day, the keepers of the amphitheater captured the lion. Shortly afterward, the slave suffered the same fate, as he was captured by patrician guards. The master decided that, as a punishment, he would give Androclus to the amphitheater to be fed to the most ferocious of beasts. Many people arrived for the arena's grand show. First came the gladiatorial games, then an exhibition of various ferocious animals, and finally the unfortunate slave Androclus was brought to the center of the amphitheater.

At that moment, the gates of the beasts opened, releasing the ferocious lion. Instinctively, the lion pounced on the poor man, but as soon as he recognized Androclus, an extraordinary thing happened. The animal, instead of biting and tearing the slave to pieces, approached him affectionately, licking him in gratitude. The lion even tenderly rubbed its thick mane on the body of his reunited friend. What an exceptional surprise for everyone!

The cruel master, sitting in the stands, spurred the beast to devour the man. He called the gladiators into the arena, but the lion attacked them and then looked upon the master, lifting his threatening paws.

The Spellani public, caught off guard by emotion, wanted to reward this great example of friendship. So they granted both Androclus and the lion their freedom.

It pleases us to believe, in our vast imagination, that both still live. Even if no one has ever seen them again.

When I was a child, I went with some of my neighbors down through the ruins of the old walls, to Filena's caves. In us beat a spirit of adventure, a vague sense of fear, and a great deal of innocent curiosity.

Folktales have an imaginative foundation that arises from the need of people to put mythical meanings to their own story.

It is very evident that the fantastical element of this legend is based on the eternal search for a fraternal relationship between man and animal, a symbiosis of life in the face of every contradiction and difficulty. Here, these feelings are intensified by the similarly impoverished conditions of the protagonists, who, in the end, use strength and love to overcome slavery and abuse. Together, they achieved what matters most—the benevolence of humble and ordinary people.

In any case, the entire legend is based on real and documented landmarks—the famous caves, often a refuge for those without a decent home, and Spello's amphitheater, the Roman era's largest monumental complex. Not all Roman cities could boast an amphitheater. Let's go into a very brief history of Spello's ...

Romans built the Amphitheater of Hispellum outside Spello's walls, on the via dei Sepolcri. Nearby was the Theater, and beyond that, the sanctuary where the current Villa Fidelia now stands. All around, there were patrician villas of rich and powerful families. We could consider the area a luxurious urban suburb, a place to celebrate civil games and religious rites, theatrical performances, and bloody fights.

The presumed height of the Amphitheater can be approximated as 16 meters, with two sets of bench seating. The major axis of the arena is 59.20 meters, while the minor one is 35.52 meters. From a sufficiently reliable calculation, the Amphitheater could seat about 15,000 spectators. The Spellani Amphitheater, which must have represented a truly stupendous work of architecture and functionality, can be dated, based on the masonry and various historical considerations, to about the middle of the 1st century AD.

THE BANDIT CINICCHIO

The city of Spello, as well as that of Assisi, lies on the southwestern slope of Monte Subasio, which belongs to the pre-Apennine mountain range. These so-called Sibillini Mountains derive their name from the Sibyl, an ancient fortune teller who lived here, in a deep cave. Sibyl could predict the future and read the signs of the past and present, so many travelers journeyed to consult with her.

Until recently, Sibyl's cave was open to the public on the eponymous Monte Sibilla, a 2,175-meter mountainous relief located in the municipality of Montemonaco and partly in Montefortino. The area belongs respectively to the provinces of Ascoli Piceno and Fermo, and the whole territory lies within the National Park of the Sibillini Mountains.

Traveling along these paths (best with the help of a mountain guide) to la Grotta della Sibilla, or Sibyl's cave, stirs powerful emotions. In fact, some believe Monte Subasio itself embodies the magical, the extraordinary. Its allure is such that the great poet Dante wanted to represent it in the 11th verse of Paradise in his *Divine Comedy*.

Even the name *Subasio* has mystical origins. Some believe the name refers to the God Subbazio, a pagan deity of plant life eventually assimilated into Bacchus, god of wine. Others maintain the Latin etymology derives from *asio*, a word that indicates a field or a large area of uncultivated land, like the ridge of Subasio, which has always been arid and left as pastureland. If the grassy dome of the mountain was called *asio*, the whole underlying part would be *sub asio*.

The larger, northern territory of Subasio belongs to the municipality of Assisi, while the southern section is located in the municipal area of Spello and has always been called Monte dei Poveri. Prehistoric populations inhabited these mountain slopes, making homes in caves that open onto the rocky terrain.

Right in the most inaccessible part of the mountain (the rocky areas of Sasso Rosso, Renaro, Gabbiano), one of Subasio's many shallow caves lies about three meters above the ground. This natural cavity is famously known as the favorite refuge of the bandit Cinicchio, also known as Cinicchia.

His real name was Nazzareno Guglielmi, born in Assisi on January 30, 1830.

First of eight children of a farm worker named Giovanni,

Cinicchio inherited his nickname from an ancestor, who was similarly short and overbearing. During Cinicchio's childhood and early adolescence, he worked with his father in the fields before devoting himself to bricklaying. In 1854, he married Teresa, with whom he had a daughter, Maria.

His aggressive and irritable temper, combined with the widespread poverty of that time, soon led him to the life of an outlaw. In November 1857, police in Assisi imprisoned Cinicchio for theft. Apparently, Cinicchio asked permission to meet with his mother first and then, while embracing her, bit her ear, reproaching her for not educating him better. On April 20, 1859, he escaped from prison and went into hiding. Thus began the myth of the brigand Cinicchio.

It is said that his revenge could be cruel. When the gendarmes of the Papal State arrested his wife and dragged her to Perugia's prison, Cinicchio dressed elegantly and, sitting down in a well-known café in the Umbrian capital, threatened to set fire to half the city if the police did not immediately release his wife.

Historians attribute numerous crimes between Marche and Umbria—the territory once part of the Papal State—to Cinicchio. One famed exploit actually comes from his earlier bricklaying days, when he worked on renovating Count Fiumi's house. A laborer stole a ham from the site and the building's owner blamed Cinicchio. For this, he was tried and sentenced to prison. But Cinicchio beat the jailer and fled, taking refuge in nearby Marche. Here he joined a band of thieves and smugglers. Jailed again in Jesi, Cinicchio tried to organize his escape but was discovered and taken to the prison of Ancona. Here he made a hole in the cell wall and, once again, escaped. He returned to Umbria and for some time sowed panic among the inhabitants of Morano, Valfabbrica, Gualdo Tadino, Nocera Umbra, and Valtopina. Probably his most notorious crime was the famous murder of Officer Cesare Bellini on October 21, 1863, at the "bridge of the cross" in Pianello.

His escapades earned him a kind of infamy, which led to this local proverb: "You have done more than Cinicchio." Locals still use this expression to imply depravity in another, though most people don't know its history.

But some called Cinicchio "the gentleman bandit." Peasants and shepherds respected him, as he gave away part of the wealth he stole from the lords. Perhaps the very same lords who exploited the poor.

After he assassinated Officer Bellini, Cinicchio felt a circle closing in around him and his exploits diminished. With a fake passport, he embarked to Civitavecchia before expatriating to Buenos Aires in 1863. There he resumed his old occupation of construction.

From a letter written to his relatives we know he was still alive in 1901. After this point, we lose all trace of him. In all probability, he never returned to Italy and no locals ever saw him again. Nothing more is known about him, other than our collective memory of fables, legends, ballads, and theatrical representations.

Since the details of his life remain shrouded in mystery, his myth is being lost with the passage of time. Almost all we have left are the beautiful sentiments of poor shepherds in Gabbiano and Renaro who offered Cinicchio protection, faithful and affectionate friends until they conspired with the papal guards who relentlessly pursued him.

Then again, there is his cave on Subasio, rumored to have hidden Cinicchio away during his time as a bandit on the run. How nestled and safe Cinicchio must have felt in that tucked-away cavity, camouflaged among bushes and shrubs. Perched high in the rocks, the cave required a tall ladder to access the entrance. Once Cinicchio climbed through the small opening, he retracted the ladder.

With this legend, we see that Monte Subasio gave birth to two opposite characters. On one hand, a "saint," Francis, and on the other a "thug," Cinicchio. Can we then say that our mountain has two faces? That of good and holiness, that of evil and crime? In faith, as well as popular belief, the sacred and the profane often rely on the same explanations and justifications. Indeed, they are sometimes woven into the same myth. After all, a myth is nothing more than a way of telling, a way of thinking. As products of the human imagination, myths have the strength and charm to elucidate hidden aspects of reality.

Even a slight understanding of their stories reveals similarities between Francis and Cinicchio. St. Francis, emblem of Christian holiness, embraced poverty. On the slopes of Subasio, he found a warm welcome for his love for nature, drawing closer to God and all His creatures. Cinicchio, emblem of banditry, on that same mountain (though in a different cave), found a refuge from earthly justice. The pale memory of Cinicchio describes him as a fantastic, courageous guardian of oppressed people.

So we can say that for both Francis and Cinicchio, the rich hated them both, and the poor loved them both. Both figures are bringers of justice. I hasten to add that I mean the popular kind of justice, rather than that of the courts, where today, unfortunately, corruption and crime are often either overlooked or unjustly influential (oh, that wretched balance!), in their moral and social, civil, and political gravity.

THE CRONE OF THE CROSS

Like all cities, Spello evolves with the times. Back in the 13th and 14th centuries, the city was divided into three distinct *terzieri*, or neighborhoods: *Pusterula*, *Mezota*, and *Porta Chiusa*. Each night, townspeople stretched chains across the roads to divide one neighborhood from another. In addition, every six months, twelve Boni Homines elected a *Podestà,* whose *Priori* directed Spello's town army.

With pressure exerted by warring factions in Spoleto and Perugia—behind these, the forces of the Papacy and the Empire, respectively—Spello experienced intense internal and external struggle during this period. Furthermore, Spello felt the tensions of numerous wars against our neighbor Foligno (as I outlined in the *La Sbeccica* chapter) as well as Assisi.

Around 1238, Emperor Federico II destroyed Spello, setting fire to the Church of San Lorenzo. The Ghibelline party (loyal to the emperor) prevailed, but soon after, with the Papacy's return, the Guelph party (loyal to the Church) triumphed. Whether a city was Ghibelline or Guelph could be ascertained by a visual search of the battlements above the entrance gates. Towns loyal to Ghibellines demonstrated their affiliation with forked crenellations, a notch cutting the tooth-like shape. The Guelph battlements had no such cut. These signs still remain above some city gates.

We therefore find ourselves at the center of a historical period full of tensions and violent clashes, during which it was difficult to safeguard one's life.

A precise chronicling of the period and detailed historical reconstructions can be found in the epoch's characters, dates, and special events. But alongside history, legend always arises. It ignites the popular imagination, which, in its own way, reinvents the facts and mythologizes the characters. In this way, ordinary people become our protagonists, at times even offering the most correct explanations of events.

This brings us to the famous "Crone of the Cross." Let us now take ourselves to the exact setting of this story.

In front of the Urbica gate (at the intersection of Spello's via Centrale Umbra and via Guerrino Bonci) stands the Church of San Ventura, a medieval church, recently restored. Within the church, interesting features include a fragment of a 13th-century fresco, the sarcophagus of the major altar (from perhaps the 12th century), and a fresco of the Umbrian school (late 16th century) recounting the legend of the "Crone of the Cross."

The legend begins in 1346, when three little shepherds prayed for peace. Soon after, a blood-red cross appeared above the piazza's tower, accompanied by countless lights. In the face of this miraculous event, the bloodily warring factions of Spello's three neighborhoods—stirred up and fomented by a certain old woman—immediately laid down their arms and made peace with one another.

At the base of that painting in the Church of San Ventura, there is a four-line stanza, written in hendecasyllable (eleven syllables) verse, which reads:

Malvagia vecchia a fera pugna accende
questa di Spello gioventù feroce
ma la placa e concorda accesa croce
Che improvvisa in ciel sopra lei risplende

In modern Italian, we translate the stanza as: "An evil crone sows strife and discord among the youth of Spello, but suddenly a luminous cross shines in the sky, calming the violence and restoring peace."

And what of this "crone" who sowed discord? The endings of folk tales often depend on the spirit and agenda of the speaker, and therefore how they imagine their characters. Sometimes the speaker's need for vengeance prevails, culminating with an ending of revenge and punishment (a pessimistic and tragic sense of existence). At other times, the storyteller's impulse toward forgiveness and reconciliation triumphs (an optimistic and feel-good sense of life). Perhaps, then, it is not surprising that there are three distinct endings to "The Crone of the Cross."

The tale of punitive vengeance tells that the crone was taken prisoner amidst popular uproar. A stake was raised in the large piazza, just below the tower of power, and there, in front of the public, the old woman burned. This satisfied the people in their unconscious thirst for justice and calmed the masters' fear of subversion. As the fumes rose into the sky, spells and conflicts disappeared from the city of Spello. Back then, some believed that peace can only be achieved by sowing death—violence against violence. Unfortunately, some still think this way!

The tale of feel-good forgiveness tells of the crone suddenly coming to her senses. In this version, the crone herself reunites the warring factions, organizing a large party around songs and dances, including the *saltarello*, a characteristic ancient dance from Spello. Revelry and merriment rang the whole night long, and future days brought only tranquility and happiness. Even back then, some preferred to resolve conflicts using reason and diplomacy, overcoming the barbarism of violence and war by activating the strength of conviction and the art of understanding. If only this could always be the way!

Now, there is a third ending. This one says that the crone, breaking convention, rose to power in the city by establishing a short period of *al femminile* governance (a forerunner of feminism), thus limiting male privileges and ushering in a welcome form of popular justice. But the difficulties and conspiracies hatched against her suddenly led to her disappearance (...perhaps she was slain under mysterious circumstances...with none the wiser!). In this version, we note how profoundly the populace distrusts the deputies of power, and observe people's incurable resignation in the face of systems, particularly political ones.

Though we can find the story of the crone throughout Spello's documentation, it is nonetheless perpetually shrouded in mystery.

The three endings with their associated commentary come from my many conversations with Zia Faustina, so rich in memories and so ripe with particular comparisons between present and past. She, already an early fervent feminist, favored the third version. I have always harbored a suspicion that she herself authored this ending.

In popular culture, tenacious stereotypes persist through time, resisting decay. In humanity's dark origin story, even without concrete documents, anthropology speaks to us of a first, long phase of matriarchy. Then, a rise of patriarchy when "woman" was no longer afforded consideration. On the contrary, she was often the object of curse and damnation (the Amazons, the Witches, the Erinyes, et cetera). "The crone of the cross" was seen as a witch, bringing malevolence upon the people of Spello. The myth thus echoes our ancient roots.

And it is a myth that dwells within our historical context of fratricidal and merciless wars between two great male powers—the imperial and the papal. There are concrete symbols and signs of these skirmishes, right here in Spello.

Firstly, there are the Guelph and Ghibelline battlements on top of the medieval city gates. A medieval traveler would instantly know which power dominated Spello. Therefore, he could avoid compromising himself by announcing his political sympathies, a circumspection that may have saved lives.

Secondly, we can spot those heavy iron chains which once divided Spello into three neighborhoods. Long ago, men pulled chains across the road each sunset, barring nighttime passage into the neighborhood. Woe to he who crossed over the chains! Guards assumed the trespasser intended harassment of one or the other of the neighborhood's women, therefore the violation could spell immediate death. In the morning, men unhitched the chains and let them fall to their dangling position down the corners of the walls, where you can find them now.

The evolution of the sociopolitical system between matriarchy and patriarchy, the miraculous legend of the crone of the cross, the still-remaining symbols of ancient centuries not entirely buried in memory—these are ideas that inspire our wonder and lead me to a reflection by the great English poet Percy Shelley (1792-1822). Not very unlike the Uruguayan poet Hernàndez (already spoken of elsewhere), Shelley questioned the relationship between documentary representation and the designs of the imagination. He eventually denied that the aridity of reality can stand against the creative force of dreams, of prophecy, of utopia.

How I share this view!

THAT POOR MONSTER REGOLO

Myths feed dreams. They also create fears when imagination takes the wheel. To guarantee a certain credibility, stories must link to relatable situations—listeners then "take the bait," either by innate carelessness, by an inborn desire to believe the improbable, or by an unconscious desire to immerse themselves in mystery and the paranormal.

Our local peasant tradition, as in other predominately rural economies, is rich with legends. One of the most popular is the story of the Regolo. This mythical figure belongs to the gigantic collection of fables and symbologies that have always animated medieval Umbria. Indeed, one can find evidence of those myths in reliefs, sculptures, and the ornamental bas relief of our Romanesque cathedral facades. A careful observer of columns in Assisi, Foligno, Bevagna, Spoleto, Todi, and, to some degree, Spello, will note snakes, basilisks, and wolves disguised as lambs alongside the standard fare of otters, locusts, and rams. Marble workers in the Duchy of Spoleto valley carved these images between 1100 and 1200, a time when the Renaissance of the Counter-Reformation often restrained this kind of stonework.

Ideology often lags behind the reality that constructs it. This is reflected in a tendency toward conservatism and adaptation in traditional faiths and beliefs across time. In this sense, we observe how Christian tradition is full of symbols referencing animals that have become woven into the poetry, art, and often also theological elaboration of the age. The lamb and the good shepherd, the fish, Jesus of the catacombs and the first apologists, the dove identified with the Holy Spirit, the myth of the tempting serpent—these are all motifs that are now fixed aspects of Christian doctrine.

The beast we know as Regolo is constructed from these well-worn motifs, an arrangement of features capable of frightening anyone unlucky enough to meet him. A snake with a truncated tail, a stocky and swollen body, very dark skin with a greenish iridescence, a ram-shaped muzzle from which two large eyes, wide open in the darkness, gleam because the Regolo always comes out at night. He is invisible in the dark, if not for the glare of that fixed, chilling gaze. Moving with the utmost silence, only a very slight rustle of leaves hints at his presence. But that is precisely the moment in which he attacks with deadly bites and lethal tail-lashings.

The Regolo lives in cultivated fields, vineyards, and orchards, but prefers to dwell in vegetable gardens within town walls.

It should be known that Spello, inside its ancient Roman and medieval walls, has many gardens, created where houses collapsed during earthquakes or the destruction of invading enemies. The owners of the adjacent houses, over time, have adapted these spaces into gardens for growing their own produce—tomatoes, artichokes, lettuce, carrots, onions, potatoes, celery, rosemary, green beans, and eggplants. Gardeners take care to water and fertilize the gardens, producing excellent fruits and vegetables for our local cuisine.

At one time, many people believed in the existence of the Regolo, hiding in ravines, among the thick hedges, in the caves, among the ancient ruins, amid the rubble of half-demolished houses. How many of the beasts purportedly existed in Spello is difficult to say. Perhaps as many as a dozen, varying only in size. Some report a glimpse of the Regolo and say it was one meter long, some spoke of a monster of at least three meters. Some depicted it as very short but with enormous body mass. Yet no one reported being attacked by the beast. Somehow, the Regolo aroused great terror without causing deaths, injuries, or even bruises!

Another peculiarity is this: Regolo sightings occurred only when produce was ripe and ready for harvest. Further, they were mostly spotted in unguarded gardens, those most accessible to intruders. In other words, reports of Regolo sightings increased when thieves most wanted to enter gardens, particularly vulnerable ones. But the terror of meeting the monster stalled those countryside plunderers, who hesitated to enter those abundant and ill-defended gardens. Interestingly, being a reptile, the Regolo hibernated in the winter, just when—by chance!—gardens no longer boasted anything worth stealing.

But what is the origin of our monster? He has at least two creation myths. The simpler, and more credible version comes from our knowledge that a snake can survive even when its tail is severed. One origin story of the Regolo posits that a snake thus mutilated develops abnormally to adapt to the amputation. Thus condemned, the animal devotes the rest of its life to frightening and attacking men, avenging the evil it suffered, not being able to (among other things) mate or procreate. We could define this version of the story by its naturalism. This Regolo arouses a certain veil of pity toward that poor, wicked creature.

I want to note that for me, even as a child, the Regolo prompted more compassion than fear. Forced by fate to forever live alone— abhorred, persecuted, and despised by all—the Regolo seemed condemned to suffer a grave penalty without having committed any sin. In short, I saw the Regolo as an innocent victim, cast aside by society.

I believed that the Regolo, so ugly, mutilated, and cursed by everyone, emerged from its den only at night not to gain the element of surprise, but rather out of shame. Poor Regolo. Chased away and banished by all.

My childhood musings were perhaps the first evidence of my particular rebellious spirit, always driven to support the mistreated and oppressed. Incidentally, I should add that, unlike many, I have never despised reptiles. On the contrary, I've always admired their sinuous and elegant bearing, their discreet and majestic comportment. Not to mention the undoubtable animal charm that they manage to unleash. One of the many reasons why, between St. George and the Dragon, *I* have always sided with the latter ... poor beast!

The other version of the Regolo's origin story is more complicated and elaborate. This story includes a variety of signs and symbols that connect superstition and faith, within the controversial field of popular belief.

Thus it was said that, after the expulsion of Adam and Eve from Paradise, the famous serpent, patron of sin, suffered a similar fate.

Cast onto Earth, the serpent carried the sins, curses, and mutilations of its history. Here is, therefore, the beautiful reptile of Eden transforming itself into the frightening miscarriage that is the Regolo.

If Adam and Eve faced suffering after their fall from grace as penance for their original sin, the serpent faced a general state of abomination and universal shame.

At least our two biblical ancestors have retained the beauty of their heavenly conception. How wonderful it is to admire them in the Brancacci Chapel in Santa Maria del Carmine in Florence, now restored to their full beautiful nakedness, as Masaccio wished to masterfully represent them!

Unlike Adam and Eve, the Regolo assumed—according to fervid and bigoted popular imagination—the face and the earthly symbol of fear and of evil, his form illustrating the eternal conflict of man and beast.

Snakes themselves are often despised. Only in very few populations of Central Africa, the Far East, and among the Native Americans and the Ancient Egyptians do we find rituals honoring reptiles. In some of those regional ceremonies, such as weddings, the consecration of reptiles bestows well-being upon the communities, with fertility, fecundity, and peaceful coexistence.

We have long known that man continually strives to balance inherent animality with learned humanity. People have grown adept at exorcising their own instinctual bestial origin, that intractable prehistoric heritage. In doing so, they invent monsters with which to project their ancestral demons.

Even so, there were men who feared not the Regolo, either out of courage or skepticism. For instance, the town of Spello frequently hired my maternal grandfather, Crispino, to hunt the monster (and also to keep the werewolf away). This was an actual job, in which two or three "avengers of the night" patrolled the streets to ensure our safety. Armed with rifles, they orchestrated a kind of hunt against the Regolo, and in doing so, fought away that which was different, and therefore criminal.

My grandfather actively took part in those nocturnal sorties, fortified with a good flask of wine to keep morale high and confer boldness. I imagine the assembled men felt glad of their chivalrous company as they searched to capture the fabulous monster. Such a dramatic celebration of man over beast, of courage over fear, as hero emerged victorious over enemy.

But every round ended the same. Though they frequently sighted the beast, leading to furtive stalking and even dangerous clashes, each morning dawned with empty hands. No actual killing, or even capture.

That failure, though, it didn't matter. Deep fear lingered in the mystery of Spello's collective unconscious and the capture program fed our need for protection, easing the tensions of our all too human weakness.

Spello paid the hunters for their efforts (after all, my grandfather had to feed six children!). Since money was scarce, their reward included only a little, but the hunters did receive gifts. The most important rewards, to my mind, come in the figure of that brave hunter, the population's guarantee of tranquility, the safety of our spaces from imagined nocturnal danger, the permanence of an ancient myth, and the preservation of a popular cultural custom that to this day, in some respects, persists in the collective imagination.

What remains of all this? Little or nothing!

Many young people would not recognize the fantastical animal we're discussing. They show little interest in knowing its history and deeds. What is worse? They are indifferent to knowing the past, even the recent past. Perhaps out of fear, or more likely out of insecurity borne out of addressing one's roots. Or else from the inability (this one ... yes ... moral and social inability, I would add a lack of civic maturity) to shoulder responsibilities that concern not only the future or the present, but everything that preceded them.

If society neglects memories, history distorts events. Then, the politics of power mystifies the facts. Fortunately, the customs, popular culture, and common beliefs that reflect a shared experience, maintain and preserve our memories.

Thus, the story of the Regolo lives on in expressions such as "terrify like a Regolo," "mean as a Regolo," and, *"Mamma mia,* you are uglier than a Regolo." Now, all can be expressed with a nice and reassuring pinch of irony.

PORTA VENERE AND TORRE DI PROPERZIO

Here we enter one of the most evocative places in the history and culture of Spello. Before we begin, let me offer some details, as a sort of preview or preamble to my *zia*'s fable.

We are at Porta Venere, the most beautiful and imposing of Spello's many entrances. It is built in a traditional manner—three arches with decorated Doric pilasters interposed between one arch and another.

In the upper section of the edifice, a lintel runs along the entire length of the gate, a unifying motif providing compositional harmony.

Porta Venere is equipped with a *cavaedium*, a fortified building with a double door. Long ago, this entrance also housed a heavy portcullis which closed vertically. In addition, Porta Venere is flanked by two imposing dodecagonal towers, with large windows on each of the twelve sides. The towers may once have been equipped with battlements, as indicated by old images. One of the most important of these renderings, made by the Zuccari brothers, can be found in the hall of the same name in Vecchio Palazzo Comunale, our historic town hall.

The construction of the gate dates back to the Augustan age, while the towers are believed to be from the Middle Ages. By ancient tradition, those towers have been linked by name to Properzio, a Latin poet.

Sesto Properzio, born in an uncertain place between Assisi and Spello in about 50 BC and died in Rome in 15 BC, is considered one of the greatest poets of the Latin language. He devoted most of his prolific literary works to his passionate love of a beautiful and cultured woman named Hostia. Because of Properzio's burning adoration for his beloved Hostia, he continually elevated her into the realm of ancient fables by giving her the pseudonym Cinzia. This name recalls the two Greek divinities Diana and Apollo, often called Cinzia and Cinzio in reference to their presumed birthplace on Monte Cinto, in the middle of the islet of Delos.

The birthplace of Properzio has been the subject of a centuries-old dispute between Assisi and Spello. Our city bound the poet to our identity by attaching his name to the two splendid towers that flank the gate and thus complete the complex of Porta Venere.

The gate, on the other hand, was dedicated to the deity Venus, goddess of beauty and love, because the road descends from the grand entrance to a large shrine with a small temple dedicated to her, on one end of what is now the garden of Villa Fidelia. Let's talk for a moment about that area. At one point, this was an important tract of land, with a shrine for religious celebrations and a theater for classical demonstrations. Now, only a meager, barely-discernible ruin remains. The eye more easily finds the leavings of the great Roman amphitheater which hosted gladiator games, fights between slaves and ferocious beasts, and other bloody fights favored by ancient Romans. Unfortunately, today, in certain parts (which I cannot, nor do I want, to say!) there are still atrocious customs such as cockfights, dog fights, and bullfights.

Thus, this land of shrine and battle, in addition to its historical, artistic, and architectural value, carries an aura of love magic: it inspires and breathes emotion from every stone.

If we then add the aforementioned prison of Orlando, where he held his sighing amorous talks with his unhappy sweetheart from the window, the atmosphere of mystery is charged with further sentiment and charm.

The weaving together of these disparate stories has given rise to a beautiful fairy tale. It is said that anyone with a love problem, heart complications, emotional dissatisfaction, doubts or desires, broken expectations, or unfulfilled hopes, must undergo the following test.

One must walk downhill, toward Porta Venere. As they approach the fabled gate, they must slow their steps and close their eyes, freeing their minds from all thought to concentrate only on their love request, whatever it may be. They must cross the arch through the gate, and then return to their initial position, taking care to not tell anyone the secret of their desire.

It is said that if this task has been well carried out, the coveted secret wish will be satisfied within two years. It sounds fanciful, but some claim to have found success by following these instructions.

Who knows? I don't believe it, but I must confess that, whenever

I walk under Porta Venere, I cannot fail to perform the mythical test and ... all in all, in love I can perhaps consider myself lucky enough.

Sometimes the strength of the myth wins and overrides any more practical sense of harsh reality.

Besides, you know, love is blind and seems to prefer to kiss those who trust it, while snubbing skeptics and all those who do not trust its magical power.

Often the classical Greek fables speak of Venus's son, Cupid—the young, capricious god, always armed with a bow and arrows with the power to make others fall in love—who often shoots at random.

I happen to have been pricked by several of Cupid's arrows. For this, I love the Porta Venere and its majestic Towers of Properzio. Several arrows, several loves. In the Platonic sense and otherwise, with the soul or with the flesh, because Eros (Greek name of the Latin Cupid) is life and must be sought, imagined, drawn. In our daily lives, we find Eros most often in dreams (even invented ones), wrapped in the warm arms of Morpheus, the enchanter.

In the three administrative legislatures of the Municipality of Spello, as councilor for culture, many times I have served as a guide to the beauties of my city. As such, I have taught numerous classes of lower and high school students, accompanied by their respective teachers. Obviously, among the many stages of the tours, there was never a lack of opportunity to visit Porta Venere and the two Towers of Properzio. Here, my speech, after the historical-artistic explanations, moved on to the legendary tale. Well, it might seem incredible, but all the students listened to the fairy tale with growing interest and, one after the other, experienced the magical landscape under Porta Venere.

But there is more.

The teachers, without exception, were not immune to the charm of the spell and they too wanted to try those ten mythical steps of

Spello's love gambit.

Strength of the myth? Not at all ... I rather believe in the energy of love which, even if you already have it, is never enough to feed our soul, elevate our spirit, and support the world.

BEAUTIFUL, POOR, UNHAPPY PALMA

This story, like that of "The Nottolina," is not a product of popular imagination, nor a personal one of my aunt, but corresponds to a chronicle of lived human history.

Nonno Crispino, my zia's father, was left a widower at a young age, having prematurely lost his wife Assunta who died after giving birth to a large family. Zia Faustina was the oldest of all the brothers and sisters. Nonno, just over fifty, was a man of pleasant appearance—not quite handsome because of his large nose—strong-willed, of medium height and well set. He fit the type now referred to as jocks, full of a certain masculine charm. In short, he was a man who "liked women." And he liked them all equally. His love affairs were frequent and quite varied—married and unmarried women, younger or older, it didn't matter. He rarely needed to pay his many lovers, even the younger ones.

In those days, you see, with such rampant poverty, some women lent themselves to certain lovers out of need of money. Meanwhile, other women did it purely because of their heightened sexuality. The latter were labeled as *donnacce*. There is a funny expression my aunt used to describe those women of fluid morals; she said, "they are women with loose elastic on their panties." Though I was only a little boy, I was mischievous, laughing aloud at that expression even while I was fond of those women.

My aunt obviously denounced similar behavior in her father and saw a betrayal of her mother's memory, as well as a grave lack of respect toward the whole family. But Nonno paid no attention to his daughter's disapproval. He was young and lively and could not deny himself certain male needs.

Zia Faustina, who was very good at making *fritelle*, once made a nice plate of the fried dough balls. The next day, she noticed a lot of them had gone missing. Clever as she was, she immediately assumed that grandfather had given them to some of his little women. Zia Faustina said nothing. After a week, she once again made a batch of *fritelle*. This time, she did not mix in the usual natural ingredients, but instead passed upholstery filling through the batter and then seasoned the inedible lumps with honey and white icing sugar. Once again the same theft occurred, grandfather stole some and ... imagine their surprise when he and his woman ate furniture fibers instead of *fritelle* made with good flour, sugar, and other typical flavorings!

Among his many loves, at some point, Nonno met Palma. She was married, a young woman of just over twenty years. Coming from a very poor family, she had joined in a marriage of convenience and necessity with a certain Giuseppe, called Peppe—elderly (over sixty years old), ugly among other things, a little skinny, and also noticeably humpbacked. But he was wealthy and could guarantee Palma a life of well-being and dignity. Ultimately, even if he couldn't fulfill Palma's dreams of love, he at least ensured her secure future.

It seems that Palma, before marrying Peppe, had been engaged for a few years to a boy, the love of her heart, but after a long period of engagement, he had left her, seduced and abandoned.

So she, disappointed and betrayed, had given herself in marriage to the first old man who had the fortune to ask for her hand. You see, in those days a girl abandoned after a long engagement was dishonored in everyone's eyes. This was especially true in the disinherited classes. Poor Palma used to—in order to survive—give herself for little money to men of low social status, like her, and advanced age. Nonno Crispino was one of them.

But Nonno quickly and sincerely fell in love with Palma. She, despite a body already worn and tired despite her relative youth, and a sloppy and badly-dressed one at that, kept an austere face with a reserved and shy expression. Despite her unfortunate conditions and unhappy fate, Palma expressed a strong human charge, a sweet sensuality of life, which kept her in beautiful feminine dignity. Nonno Crispino loved her with all the strength of his character—rigid, stubborn, of committed anarchist and libertarian faith.

But Zia Faustina was indifferent to all this. She bore an irrepressible grudge against that man who lost his head for a young woman, in spite of his family, widowhood, and respect for his daughters, who were the same age as his sweetheart.

Meanwhile, Nonno, seething with jealousy, forbade Palma from fraternizing with other men. She, perhaps also falling in love, promised fidelity to this "happy," passionate union.

The fact is that for some years the two loved each other, albeit furtively, maintaining at least some contact. Where did they meet? At night, every night. Palma left her home to assist the old mother who lived a few alleys down on a narrow alley of poor public houses called "via della Povera Vita" (Street of the Poor Life), a name that still remains today. There, Nonno and Palma met punctually, in an old agricultural annex—a kind of hut—where Peppe stored his farmer's tools, alongside a vegetable garden, right where people had reportedly witnessed the famous Regolo. So Nonno pretended that hunting the fabulous monster required his presence in this area. No one believed it, much less Zia, who, indeed, would have burned that shed if she could have!

People even maliciously accused Nonno Crispino of befriending the Regolo, who served excellently to "justify" his passionate desires for the beautiful Palma.

Then many things happened. Peppe, Palma's husband, died, leaving her alone. So alone, she carried the coffin herself. The people, out of wary contempt, refused to participate in the funeral rite of a man regarded as "cuckolded and happy to be so." Palma suffered greatly from this rejection and began to harbor strong feelings of hostility toward her neighbors—their preconceptions, their easy judgments and prejudices, and the infamous, gratuitous condemnations of common opinion. She grew harsh and indifferent to the world around her. She no longer hid her love and her relationship with Crispino. Instead, she received him at home. They sometimes even ventured into the cemetery together, bringing greetings to poor Giuseppe, who, in his own way, had known how to understand and love Palma with a purely disinterested sentiment, recognizing her equal right to the thrusts of youthful female sexual pride, which he, poor thing, was no longer able to satisfy. Nonno loved her more and more.

But the reality of life is often far too cruel.

It happened that Palma, the poor girl, fell ill with tuberculosis, an incurable disease at that time (only after World War II did penicillin eradicate that global pandemic). Palma did not last long, a few months of suffering, and in the end, she passed away.

Nonno Crispino's desperation is easy to imagine. Suddenly, he found himself deprived of a great affection, alone and isolated from everyone, as if blamed for her death. At home, all his children shut themselves behind a wall of silence and indifference. This hurt him particularly.

Finally, the church held a funeral for only one mourner. She had lived her love, but at bottom, what had she done wrong? As the coffin left the house, only Nonno followed it. No one else wanted to take part in that sad, pious ceremony.

The priest led the procession, followed by the hearse, and immediately behind that came Nonno. Meanwhile, the faint sound of a bell announced, futilely, the departure of a creature of Christ. The ringing bell had been commissioned by my grandfather. Known as *la cenciarella*, the cheapest funeral bell, it was reserved for the poor, because, damn it, there was even a funeral bell for the rich!

Thus, the sad ritual wound its way up to the cemetery.

But there, an extraordinary event took place. Suddenly, Nonno felt an affectionate hand on his shoulder. It was his daughter Faustina, my dear Zia, who couldn't leave her father alone in that tragic moment of his life. In this way, she offered Nonno the human solidarity of a daughter who, despite all obstacles, never stopped loving her father. Nor did she ever stop esteeming him as a man, beyond every past period of difficulty and misunderstanding.

When my aunt told me all this for the first time (I was perhaps ten years old), I felt a great emotion in my heart. I held Zia's gaze and saw a tear shining in her eyes.

Then she said to me these words, which have become my fundamental principle: "Dear Angelo, you must never hate in this life. Safeguarding hate is the most foolish thing a person can do. If you do not realize this truth, then you will never experience true serenity of mind, because hate is too useful, too indispensable to offer a just and honest life."

OTHER NOTES FROM ZIA FAUSTINA
ABOUT HER FATHER

My zia's tales of her father were not always dictated with an acrimonious attitude expressed in hostile words. Sometimes she presented the stories in a more relaxed tone, simply describing the human traits of Crispino's honest experience. One is this.

Nonno's daring strength was well known in Spello and unanimously recognized. In fact, he was the only Spellano able to cross—even at night—the infamous *macchia scura*. This was, and still is, a dense thicket halfway up the slope of Monte Subasio, on the ridge that descends to the valley from Spello and Assisi, right above the hamlet of Capitan Loreto and along the narrow, steep valley of the Renaro ditch (which once carried water, but is now perpetually dry). On one part of the slope there lies the famous historic Padule castle, vigorously fought over by Spello and Assisi for its strategic position, but now for more than a century reduced to unrecognizable ruins. The local people fear that site because they think it inhabited by spirits and ghosts, which during the day remain hidden, but at night become absolute masters of the gloom and lords of darkness.

Everyone was afraid of this spot, but my grandfather declared it all nonsense. He said that the only thing worth fearing was people. Especially if they were armed.

This reminds me that when the Italian government of Giolitti (together with the Savoy king) attempted to wage war on Libya, thus inaugurating the Italian imperialist campaign, Nonno was called to arms and sent to Libya, against his will. He hated weapons and the terrible possibility of having to shoot and kill an enemy. But war, all wars, do not deal with human values. The powers of Europe and indeed the world had begun a frenzied, shameful campaign of imperialist colonization of African and Asian countries, and Italy refused to be outdone.

Later Nonno, now a veteran of a war in which he had caused so many deaths, and having also suffered multiple injuries, could never be afraid of nonexistent spirits and ghosts in the *macchia scura*.

When his work as a shoemaker demanded that he accept jobs in the hilly areas of Capitan Loreto, he was forced to cross the dreaded bush, often at night, to return home. A cheerful boon of good wine and strong anarchist chants in a resounding voice helped him along: "Goodbye Lugano, beautiful, my sweet land, chasing blameless anarchists away, they leave singing with hope in their hearts ... "

Ah, Nonno Crispino. What an anarchist.

The second short story is completely true, unlike the first (which likely includes some veil of fantasy). So a little historical preamble is needed.

Italy achieved unity only in the year 1861, when the first National Parliament in Turin ratified the unification (at the defeat of the last bastion of the Bourbon army in Gaeta). Only then was the Kingdom of Italy proclaimed on March 17, 1861.

Nonno Crispino was born in the year 1860, before Italy unified into a nation.

His father, Giacomo, worked in the Piedmont with a team of laborers, laying wooden crossbeams during the construction of the railway line from Turin to Alessandria, and then on to reach Genoa. The port of Genoa, situated as it is on the Ligurian Sea, was critical for trade with the Piedmont hinterland. With the construction of this railway, the Piedmont also hoped to emancipate itself and modernize its image, much like Ferdinand of Bourbon, king of the Kingdom of the Two Sicilies, who built the first Italian railway section, the Naples-Portici line (in 1839, by the Bayard workshops, modeled after the first locomotives designed by the Englishman Robert Stephenson in the Newcastle workshops of Londridge and Starbul).

Therefore, when Nonno was born, his father was far from home. But he had asked that his wife register the baby at the registry office with his chosen name of Menotti. A Modenese hero, Ciro Menotti, on the strength of democratic and libertarian sentiments (republican and fervent Garibaldino), fought the Austrian domination in Italy. With other compatriots in the secret revolutionary societies known as Carbonari, Menotti organized a revolt to free the Duchy of Modena and Reggio from the foreign yoke and create a unified Italy. But the revolt was bloodily quelled with the help of Francis of Habsburg-Este, Archduke of Austria. Ciro Menotti was sentenced to hang in the year 1831.

If the invading monarchists called Menotti a terrorist, the republican rebels regarded him as a hero. Garibaldi himself named his eldest son after him. My great-grandfather Giacomo wanted to do so as well, but when his wife took the baby to church to give him that name, she received a clear refusal from the priest because to the Papal State, the hero Menotti was considered a terrorist. The priest fell back on the name of Crispino, as that day was dedicated to this saint.

When he returned home, Giacomo immediately hugged his umpteenth son but, as soon as he learned that his name was Crispino, he flew into a rage. Unfortunately by now, too much time had elapsed, and the insult could not be withdrawn. Giacomo had no choice but to suffer this wrong, though he always called his son "Menotti" and woe to those who called him "Crispino."

Not long after, Giacomo had the opportunity to redress the previous violence. In 1849, a liberal revolt broke out in Rome against the Vatican rule of Pope Pius IX. The pontiff fled to Gaeta and the Garibaldi rioters took Rome, proclaiming a free democratic republic. To Giacomo it didn't seem possible. The moment of salvation had finally, *finally* arrived. In Foligno, he joined a group of young Garibaldians who volunteered to help the young Republic which—go figure—enacted the liberal ideals of universal suffrage, abolition of the death penalty, and freedom of worship.

Feeling powerless, the pope made a strong appeal to the Catholic powers to return him to the Roman papal throne through their military intervention. Ten warships departed from the port of Toulon and landed in Civitavecchia with as many as ten thousand French soldiers under the command of General Oudinot, whose troops were equipped with a very modern type of rifle—the *Chassepot* (named after the inventor), bayoneted and breech-loading, which were used for the first time in the bloody battle of Mentana against the Garibaldini, on November 3, 1867. Since volunteers had left for Mentana from the Foligno area, there is a street in Foligno entitled via Mentana in memory and honor of those heroic episodes.

Despite everything, the republican rebels mounted a long-lasting heroic resistance but, after days and days of fierce bombing and shelling, they were forced to give up, even though the French did pay a mournful war toll: about two thousand dead.

The rioters were forced to leave Rome and, among them, my great-grandfather Giacomo returned to Spello and his son Menotti. All this reinforced Giacomo's firm spirit of atheism, along with a dedicated anti-monarchical and progressive political faith.

Unfortunately, my grandfather had to accept his insignificant name of Crispino, even though he always declared with pride that he felt like a real "Menotti." He, too, inherited his father's rebellious and unconventional spirit.

Here I offer another anecdote illustrating my grandfather's character.

Before the Second World War and up to the 1950s, there were no local bars in Spello, at least not as we think of and experience them today, as a place to enjoy breakfast, a cappuccino, a coffee, a pastry with cream, a gelato. Instead, there were simple taverns with a rudimentary counter that served some alcoholic drinks, mainly glasses of wine. The regulars were exclusively men who met there to spend some free time, drink, but mostly play games on tables scattered here and there. They smoked a lot, especially cigars. Because of the games and the abundant wine, quarrels frequently broke out, some of which deteriorated into real brawls. One day the tension escalated into a genuine bloody event. At a table, four card players were playing in pairs. One of them was a well-known troublemaker, but most importantly, a real cheat.

That day, the cheater tried to fix the game, but his opponent noticed it, accused him of dishonesty and, taking a knife from the counter, stabbed the cheater three times, mortally wounding him. Grandfather Crispino, as well as five other customers, were present, observing everything—both the act of cheating and the stabbing.

But my grandfather was not afraid. When the judge called him to speak under oath, Crispino said plainly that he saw the dead man cheating. This certainly did not exonerate the murderer, but it served as a mitigating factor. The penalty inflicted, instead of thirty years in prison, was reduced to twenty.

When the prisoner finally got out of prison, the first thing he did was knock on my grandfather's door. He hugged my Nonno, thanking him by saying, "Friend Crispino, I am eternally grateful. Your act of loyalty has given me ten years of life!"

Now, when I imagine my grandfather, I picture him as a figure dressed in mythical, knightly clothes. In my naïve, childish fantasy, I have wandered far from any rational evaluation of the facts, from any psychosocial investigation of the human events and involved behaviors. Mine is the typical popular attitude toward the legends handed down through generations, the ancient mythologies of ancient times.

In my adult years, I discovered that by the fifth and sixth century BC, some thinkers already considered the origin of the Universe, sweeping away the constrained residue of fable (Thales in the water, Anaximander in the infinite, Anaximenes in the air, Pythagoras in the laws of numbers).

Studying philosophy, sociology, archeology, and anthropology, I deepened my ideas. So we should not be surprised if the stories that appear to us today without a shadow of a doubt as legends were real events for the older populations and for the people involved. In fact, for today's historian, ascertaining the legendary character of a tradition certainly does not mean setting it aside. Even the legend, as a matter of fact, must be analyzed historically. It is important to understand how it was formed, from what situation it originated, and what it reveals to us about fantasy and collective memories.

In short, for me, Crispino was a bit of Hercules, a bit of Garibaldi, often shrewd and a bit of a braggart, courageous and loyal.

Even if he did not leave me with any actual teachings, his passion for truth was certainly handed down to me.

Many of these characters, and this worldview, I inherited from Zia Faustina, from all her family. These would eventually cause some problems during the Fascist period. But my aunt was never afraid of anything. One of her frequent mottos was this: "Do no evil and have no fear."

Anti-clerical, anti-monarchist, anti-fascist.

I, too, was lucky enough to have been educated in this cultural and social climate. For today and always, I am happy, grateful, and proud of it.

ARTISAN LIFE OF OLD SPELLO

Spello's rural life lies at the edges of all the stories I've told here. Therefore, as a footnote, I want to share my aunt's memories of life in Spello between the fifties and sixties: an important decade for the economic, social, and cultural development of our city. My Zia Faustina's encyclopedic memory offered me glimpses into the worlds inherent within the tailor's, the carpenter's, and the shoemaker's workshops. In these places of business, Spellani found the opportunity to rebuild their identities after the fright and anguish of the Second World War. Three places, among many, where community empowered the ability to rebuild an honest and hardworking "status" of a peaceful, decent life. I hope this background helps to frame the previous sixteen stories.

THE CRAFT OF CARPENTRY

My father, Giovanni Mazzoli, known to his friends as "Nannino," was a carpenter in a workshop located on the ground floor of the Old Town Hall, on the side where Via della Liberazione begins. There were two large, dark rooms, one occupied by my father's carpentry shop and the other by the coal shop run by Pompilio Merendoni. Today, the two premises are home to, respectively, the Communist Refoundation and the Circolo Guerrino Bonci.

Two or three boys worked in my father's shop as apprentices, as part of their training.

Three counters lined the workshop, each about one meter wide but at least three meters long, where the men worked various pieces of wood—boards of different thickness and different lengths, as well as various qualities of wood.

In the back of the shop, items crammed onto tables. Nearby stood a pile of sawdust useful in the winter to heat stoves and hearths and also to clean floors, which were often made of brick. Painters also dusted floors with sawdust to protect them while painting walls.

In one corner of the workshop, a brazier kept glue hot to cement the various wooden planks. On the walls hung tools—hammers, pliers, pincers, screwdrivers, awls, chisels, files (with fine and dense grain), and little spatulas (to fill holes or gaps in the wood with putty, or perhaps to camouflage ugly knots in the wooden planks), as well as various shapes of hand-held saws, hacksaws, and jigsaws.

Then there were the planes, with a wide blade and a thin blade and then a lot of sandpaper to smooth and level the work, the corners, the tips, the edges of tables, furniture, et cetera. Another very important tool was the clamp, which was screwed to keep various pieces of wood in place while gluing them.

Small tools such as screws, nails, fasteners, rings, locks, hinges, and handles filled a cabinet's compartments. The men used these to finish the various furniture, along with many cans of dye and brushes of various shapes for painting, varnishing, and staining to give wood the necessary walnut tint, all of which were stored on a shelf suspended from the wall. To keep the brushes clean and soft, the men washed them in turpentine and stored them in water-filled jars.

The men used sawhorses to place projects horizontally until they completed the work. Typically, the men worked with the following types of timber:

- Fir, for the humblest jobs, and commonly used for projects to be painted, or finished with walnut or enamel.

- Oak, preferred for windows and doors, and also for wine barrels.

- Plywood, light wood sheets for lining drawer bottoms or the back side of cabinets.

- Walnut, very popular for wardrobes, sideboards, tables, and also large and sturdy chairs.

- Mahogany and rosewood, for precious furniture found in halls, bedrooms, and lounges. Only wealthy customers could afford furniture made from these types of wood.

Completing a piece took a long time, sometimes very long indeed. The manufacturing process required considerable effort, but also the craftsmen's rhythms were not set by frenetic timelines, racing against a clock or stopwatch.

Carpentry shops, like other artisan studios, became a meeting point for friends. We would chat about this and that, talking about politics, about the affairs of the country, even gossiping. The workshops were a kind of "people's lounge" where we entertained ourselves for a bit of relaxation and confiding in one another, sometimes even just to have a snack and drink a good glass of wine.

I remember numerous jokes that began in my father's shop, laughing with Checco the guard, Mario the fruit seller, Pompilio the coal man, and Alfio the barber.

Time passed in a pleasant, human way. Certainly, efficiency might have suffered, but the pursuit of productivity did not disturb the balance of a serene and relaxing life.

Then the advent of industrialization turned everything upside down.

The ruthless competition with packaged products began, at lower cost and quicker consumption. Then a whole array of new norms and conditions wiped out the old style of craftsmanship. Some adapted their profession to new methods and fashions, but many could not. Those Spellani workers took the opportunity to emigrate, particularly to France, Belgium, and Luxembourg.

Now, unfortunately, the time of the carpenter is in many ways over. Today no carpenter knows how to make a piece of furniture on his own. Everyone does a part of the job—this worker cuts, that one glues, one hammers while another one paints, and finally somebody assembles it all. Today, the architect is the factory and a worker is just a wheel of the gear in a job that is too often alienating, repetitive, and automated. It's no wonder quality stagnates.

THE SHOEMAKER'S WORKSHOP

My grandfather Crispino Pepponi was a shoemaker. He had his workshop on via Garibaldi, on the corner between the aforementioned street and the beginning of via Torre Belvedere.

It was a very small room, though large enough to accommodate the few necessary tools—awls to pierce hides and soles, hammers with a flat and rounded head, "tirapelle" pliers (a particular kind that won't damage the top part of the shoe) and pincers, scissors of various shapes, the knife (a steel blade, very sharp, without a handle, necessary for cutting), the rasp, the file, the nails of various sizes (called "seeds," of iron, with a wide and flat head, a square shank, and sharp point), twine, needles to pull the sewing threads, a whetstone to sharpen the knives, and assorted brushes, dyes, and varnishes.

The main tool was undoubtedly a particular metal anvil which, in the shape of an inverted foot, rested across the shoemaker's knees. The shoemaker nailed the shoe in need of repair to the anvil, which was interchangeable, in three shapes for full sole, half sole, and heel.

The awl was an indispensable tool for cross-stitching by hand. Made of curved, straight, round, or flat steel, the awl pierced the three layers to be sewn with string. That string had been previously pitched with either a light natural pitch (composed of fir resin mixed with oil) or a black pitch (bituminous, obtained with tar or other organic substances).

Then there was the "desk," a small work table with compartments for nails and tacks of various shapes and sizes. The desk also held a drawer for tools, as well as lots of string and wax to form the thread used for waterproof and elastic sewing.

At that time, shoemakers used hemp twine, thin and doubled and welded with pitch fixed to one end of the pig bristle to push through the holes created with the awl. The craftsmen wrapped their hands with leather to wind the string around their palms and then force-fully pulled the string. The leather also protected their hands from awl-related injuries.

Along with these common tools, my grandfather kept other cobbler's accessories. He had wooden and iron forms akin to foot molds on which new shoes were made. He also had iron *zampe*, half columns with a base on the ground, where the shoemaker worked on samples.

Then there were the modelers, two wooden foot pads that unscrewed and opened as needed to widen shoes or boots, since they sometimes narrowed over time.

To soften leather, workers soaked it in a bucket of water. And wood could be found piled in corners.

The shoemakers sat on stools but kept two or three chairs for friends who dropped by to keep them company with long hours of idleness and chatting. Talk often turned political, and in fact, it was here, in the shoemaker's shop, where the first of Spello's anarchist groups were formed. On the walls, in pride of place, hung a large photo of their ideologue, Michail Bakunin (1814-1876), a Russian political philosopher, universally recognized theorist, and father of anarchism.

To the side hung a smaller photo portrait of Errico Malatesta (1853-1932), an uncompromising defender of anarchism. As the most important representative of anarchism in Italy, he was imprisoned several times and forced into exile. He participated in Red Week in June 1914.

Sorchino—who trained my grandfather and eventually left him the little shop—and my grandfather always wore a black rag around their neck (the anarchist's emblem), or a torn red handkerchief (Garibaldi's emblem). My grandfather later gave me the black rag as a gift, saying he preferred the red handkerchief. My grandfather, like 80% of the population, was illiterate, yet when he became inflamed with political fervor he always repeated his favorite motto: "Anarchy is thought and history goes toward anarchy!"

The Spellani anarchists met in the little shoemaker's shop—five or six men discussing politics while drinking a good glass of wine (perhaps even more than one). The impassioned speeches and the wine were made even more pleasant by morsels of salted herring, broken up on the cobbler's counter.

In the first of the anarchist shoemakers' lively and flagrant protests, they stopped priests during processions. They could only do so since this occurred after the breach of Porta Pia, in a time of strong anti-clericalism (typically Umbrian), and during the diplomatic crisis between the Papal State and the new Kingdom of Italy.

My grandfather divided his days between the shop and periods where he worked in homes throughout the countryside. During the months of agricultural hiatus, when peasants remained at home, my grandfather stopped in for days at a time to remake the shoes of peasants and their families. He ate and slept in their homes and then returned with a little money, or, more often, with his payment made in agricultural products, depending on the season.

My grandfather told stories of his travels, and these are the ones I remember:

- Frequent flooding of the Chiona stream disrupted his visits to the Prato area below Spello. Back then, there were no bridges over the stream (which flowed more like a river in those days), so people could only navigate the waterway if they found large stones for crossing or a tree trunk flung from one bank to the other. This added a level of danger to his work and sometimes forced my grandfather to stop in the countryside for several days as he waited out the persistent threat of flooding.

- As mentioned earlier, when my grandfather traveled to Capitan Loreto and other hilly or mountainous places along Subasio, he often crossed the famous *macchia scura*, or dark patch. According to popular superstition, ghosts, witches, and devils haunted that area. My grandfather, a great unbeliever, did not fear the scary things that terrified his neighbors. Before embarking on the journey home, he would get a good drink going, and, singing at the top of his voice, he returned home in the middle of the night.

- The rich and the poor made up two very different kinds of clientele. The poor came in person to request adjustments, rather than new shoes, since they had to make their shoes last as long as possible. Without surplus income, the poor paid small amounts over time. Shoemakers attended to the rich in their homes and were forced to accept lower wages from the wealthy in order to keep their business. My grandfather preferred poor customers to rich ones, feeling more socially and politically related to them.

My grandfather sourced his hides and leather from Foligno. In slow periods, he assisted shoemakers in this nearby city, perhaps those who had more work than they could handle.

When the difficult time arrived to collect payments from customers, my grandfather passed the task to his children. They (always unwillingly) had to go to the clients' homes to ask for the remaining balance.

My grandfather wore the daily outfit of a large smock with many pockets for holding string, nails, and more. The smock reached to mid-thigh, and was always dirty and stained with wax and grease (the fat that was applied to the skins and strings), not to mention a spattering of the dyes used to tint the leathers. Over the smock, the shoemaker wore a hard leather apron that fell to his knees, tied at the neck and waist with strings.

I remember my grandfather making two particular types of footwear. For the peasants, a coarse shoe called *cioccaroni*. Made of thick wood and bolted-on leather, these shoes held up well in the earthen fields. Children's shoes had to last a long time, even as hand-me-downs, and so he made *ferretti*, bits of iron, which attached under the sole's toe and heel to better resist wear.

Spello had many shoemakers. At that time, class was well defined and shoemakers, as compared to other craftsmen, represented a rather advanced social and political tier. This changed in the sixties, with the advent and development of industry and the expansion of trade. Some little shops remained until the mid-seventies, but now as isolated shops, no longer integral to the community.

Just think that on via Giulia alone, there were at that time at least thirty-six shops: general stores, greengrocers, bakeries, barbers, carpenters, shoemakers, blacksmiths, tailors, delicatessens, tobacco bars, et cetera. Today in Spello, very few of these remain along the entire route of our main streets. The shops mostly sell souvenirs and typical local products for tourists.

Supermarkets have absorbed the citizens' purchasing demands, moving the axis of communications and relations to outlying areas. With this downshift in the city fabric, inhabitants of the historic center can no longer exclusively shop where they live. Fortunately, some services still reside within the center of Spello, including the schools, post office, police station, central offices, municipality, health care center, and a pharmacy, as well as the city museum and the churches.

I long for a change of trend. Imagine the city center's population swelling, especially with young people. We can still find a social life within some central neighborhoods which are popular with foreigners (especially Americans, who return annually to Spello). How important for neighbors to meet, to exchange everyday favors and courtesies!

In the suburbs, these casual meetings rarely happen. Each house is a villa in itself! Houses lie distant from each other and closed behind their often "fortified" enclosures, well-equipped with solar panels and sophisticated alarm systems. Maybe twenty meters past their gates, neighbors don't even know each other.

Meanwhile, back to shoes. Today, Italian footwear is famous and in demand all over the world (due to the quality of natural leathers, great operational capacity, and precision of work). As with tailoring, the so-called "made in Italy" designation is much celebrated and requested and constitutes a significant commercial export market for our country.

Thank God!

This income stream helps offset other Italian economic particularities, which, unfortunately, do not always go so well.

THE TAILORING WORKSHOP · I

I well remember the tailoring workshop of my aunts, Zia Faustina and Zia Astelia, both with the surname Pepponi.

A large hall accommodated the many seamstresses, with a big window that overlooked Foligno and the whole valley (now occupied by the industrial area of Paciana). Down the center of the hall ran two huge tables (at least in my childhood memories)—one for cutting and one for ironing. The seamstresses couldn't do both operations on the same table, since ironing required a thicker and more resistant surface (always made of wood but covered with a sheet of metal and then a clean and reusable cloth). Cutting, on the other hand, required a thinner and lighter surface, very well polished, without stains and without wood grain.

In a lonely corner stood a mannequin for trying on garments. Next to it hung a series of hangers to place the workers' and customers' clothes. Nearby stood a shelf with ready-to-cut fabrics. In a corner next to the window was a fabulous booth of opaque glass squares, edged above and below with fabric squares of colorful roses. Clients changed in this booth to avoid having to strip naked in front of the workers. Within the booth stood a long mirror, slightly tilted to lengthen the figure a little, thus offering the viewer a more slender image. Two armchairs and a small table occupied another corner of the shop, with a small table topped with many popular fashion magazines such as *Anna Bella*, *Donna*, and *Vogue* (the latter came from Paris, then the mythical fashion capital of the world; the Italian capital of fashion at that time was Florence, but soon would become Milan).

My aunts started work before seven and the workers arrived around eight. Each seamstress was assigned a piece of the project based on her skill and what the job required. Thus, the same dress passed through several hands as it progressed toward completion. Junior seamstresses might be assigned the simplest tasks—hems, side seams, and affixing linings. Seasoned workers took on more complex tasks, such as joining sleeves and collars, folds, pleats, and buttonholes. The most complicated and demanding tasks involved matching lines and squares of the fabrics at the various attachment points. The work had to be perfect.

But having particular areas of work did not fragment the girls by skill as in modern industry where everyone solely focuses on their task, ignoring the rest of the work and rendering the worker a crank, a pawn, part of a system in which he ignores the creative and functional whole. For the seamstresses, the work was participatory and fulfilling, absolutely not alienating. In fact, each of them advanced along the progressive stages of the process as they advanced their specialization skills. Generally, within five or six years, each worker either opened her own shop or became a housewife with the skill to make her family members' clothes, though she would still rely on teacher Faustina for ceremonial clothes.

The most important tools for a seamstress were:

- Buttons of every shape and material, well organized in special boxes, along with threads in every color and thickness, rolled up in those cardboard or wooden cylinders that everyone called *simisete* and *rocchetti* (spools).

- Needles of all types and sizes, as well as large and small scissors (both pointed and curved) and thimbles tailored to the middle finger of the right hand of each worker.

- A soft tape measurer, worn over a seamstress's shoulder like a scarf, always at the ready for measuring the distance between buttons, the buttonholes that had to match perfectly, and to measure the hems of the skirts, internal folds and also the addition of ornaments.

- Greyish-white chalk, square in shape with beveled sides, to clearly mark the sewing lines.

- A pad to hold the pins used to hold the various pieces of fabric in place before passing the stitches through them.

- Two or three irons, with the water tank and the white cloth to moisten them, as there were no steam irons yet.

- The undisputed "queens" of the workshop, three sewing machines operated by foot through a special pedal, branded "Singer" and our own brand, a shiny "Necchi."

- A rigid wooden meterstick, similar to those used in the shops that sold the fabrics, that the shopkeeper handed to the customer so that he could, face to face, check the fabric's measurements.

The clientele of our tailor's shop was very, very heterogeneous, since my aunts were never selective of their customers, only for the seriousness of the payments and the respect for the work carried out. Thus they served clients of peasant origin, the middle bourgeois, and the local so-called aristocracy. Similarly, the aunts served people from all political persuasions, though some townspeople considered the Pepponi sisters' workshop a "communist den" and boycotted the shop.

Still, the skill and professionalism of my aunts trumped all provincial nonsense, that baggage of political bigotry. In other realms, that discrimination lasted for so long, it has yet to completely disappear. Remember that back then (in the year 1948, close to the first political elections), posters hung in churches announcing the excommunication of communists and those of similar beliefs. The two parties, communist and socialist, formed a united front with the electoral emblem of Garibaldi on a red star. Thus, the posters of the then Christian Democracy party depicted the basilica of St. Peter with the diabolical faces of Russian Bolsheviks who supposedly ate children.

The aunts' workshop overcame these shifting difficulties, in the face of adversity and opposition. Seriousness, perseverance, commitment, and determination to never give up being oneself are values that manage, in the long run, to prevail.

Back to the clientele—they were all obviously female. Even though the aunts made beautiful baby clothes for boys and girls (Zia Astelia was absolutely the best at this, along with some workers who shared her skill with children's clothes. Who knows why? Perhaps because they had a greater maternal instinct).

My aunts served many Spellani women, but clients also came from Foligno, some from Assisi, and even from Perugia and Bastia. Two or three customers lived in Rome, but they came from Spello and remained faithful to my aunts' tailoring. Some of these customers, especially dear, were Signora Graziella and her three daughters.

On this subject, I want to relay three very interesting and colorful anecdotes.

During the war, and more specifically during the evacuation, the famous literary critic Natalino Sapegno came to stay in Spello with his young wife. She was very beautiful and ambitious, unlike her husband who was elderly. Certainly, he could not have been described as a fine man, but he was very distinguished and, as Zia Faustina said, of a unique class because he was intellectual, yet modest at the same time.

In Spello, Natalino Sapegno had an intense friendship with Professor Giacomo Prampolini, with whom he shared a critical perspective and political thought. Sapegno was a notoriously leftist man, as was Giacomo Prampolini, whose wife Elsa Damiani (originally from a Milanese family) was the first female mayor of Spello at the head of a social-communist political majority.

Natalino Sapegno rented the Marchetti house, right in San Severino square, very close to our home. His wife, Signora Sapegno, ordered clothes from my aunts. They found her elegant, stylish, and demanding. Sometimes her husband accompanied her, and he never failed to exchange a few words with Zia Faustina.

Once, my aunt told the professor how much she admired him. He replied that he worked with the pen while Faustina worked with the needle—how society judged the instruments mattered little. Rather, using their tools with intelligence and honesty, that's what mattered.

Natalino Sapegno was democratic, unlike his wife. He did not possess any superior mannerisms, while his wife had plenty. It should be noted that my zia found any person described as an intellectual particularly fascinating. While Zia Faustina was enchanted by the professor, the workers succumbed to the charms of his lady, whom they saw as a presence from a distant and foreign world. When she visited the tailor's shop for a fitting, she left the salon with an aura of unmistakable perfume. The girls swiftly classified the scent as "Parisian" and thus the pinnacle of charm and snobbery.

As a child, I loved neither the doctor, to whom my zia seemed excessively deferential, nor the beautiful wife whose frivolity was wasted on me. The climate of severe tension created by the couples' entrance to the workshop only annoyed me—the aunts bustling with the clothes, the workers with their heads bowed at work pretending to sew, but carefully recording words and gestures between husband and wife. Later, this provided the seamstresses with valuable material for commentary and gossip.

Later, when I attended the first year of middle school, I discovered Sapegno's true importance and value. It was the year 1950, the war had already been over for five years, but the discriminations of a powerful fascist schema lingered.

My Italian teacher, Gabriella Fittaioli, widow of Lieutenant Angelo Gianformaggio—a partisan who fell fighting with the Cremona Division on the Ravenna front and whose courage proved decisive for liberating the city of Alfonsine on April 10, 1945—directed us to read a beautiful text entitled *Voices of Life* as our Italian anthology. This extraordinary volume introduced us to texts by Antonio Gramsci, Cesare Pavese, Italo Calvino, Charlie Chaplin, Elsa Morante, Alberto Moravia, Elio Vittorini, Renata Viganò, Marina Spano, and more. Many parents from Foligno—probably nostalgic for the past regime— threatened our headmistress, Signora Troiano, who then prohibited us from bringing the text to school. She declared it to be too blatantly communist. Natalino Sapegno edited that very text.

At this moment, I recognized the value of a scholar. I understood my aunt's unconditional admiration for Natalino Sapegno. Moreover, the book spoke clearly to me and thus became my first political lesson. *Voices of Life* became my literary mentor. I keep it on my bedside table and continually reread passages. It is the first object I pack when I set out on a journey.

Another detail: Since the professor called my *zia* by name, he invited her to do the same with him. My aunt objected, replying politely that she could not take advantage of this privilege. The professor smiled and thanked her. But with the workers, my aunt further explained she could not call such a man "Natalino" considering that nearby lived a chatty, gossipy, and shabby old lady called "Natalina." The workers laughed out loud for a long time and every now and then they renewed the joke. From that moment on, the girls began calling the professor's wife "Natalina" among themselves, thus mocking her. This drastically reduced their excessive admiration caused by mythologizing her graceful figure. It is well known that every mythologized figure must pay a price at the hands of the people celebrating them.

Around this time, Natalino's wife left him, fleeing, it seems, with a longtime lover.

Another characteristic episode of the period concerns the villa we today call Fidelia, but was then called Costanzi after the owners. Decio Costanzi (a native of Petrignano di Assisi) worked as a construction engineer, designing and building many important architectural works, including Rome's Termini Station. His wife, a noble countess, owned the villa here in Spello, as well as twenty farms in the surrounding countryside.

The Costanzi family used to spend mid-June to mid-September in Spello. They arrived with their family, four small children, and also a large crowd of friends who kept them company for long periods.

At least a month before her annual return to Spello, the countess notified Zia Faustina of her impending arrival, sending two or three suitcases of clothes with precise alteration instructions. For my aunt, it was a good haul. In the suitcases, the countess included fabrics of great value, along with her measurements, and a series of patterns all branded Dior. From this, my aunts created clothes the countess would try on as soon as she arrived. My aunts then made adjustments and delivered the garments in time for the various parties and receptions the countess hosted at the villa.

The countess held the first major party of the season a few weeks after her arrival in Spello, inviting the Spellani lords and their ladies—the families considered local "noblesse." Each year, those ladies pestered my aunts for information about the countess's arrival so they could arrange for their own beautiful dresses. They booked my Zia Faustina as soon as they could, demanding an exclusive design that would make them shine in the villa's courtyard.

Before the Costanzis arrived, the whole villa swarmed with working men and busy women, the local farmers who gave their days to the master. These workers cleaned avenues, gardens, trees, the racetrack, steps, and fountains. They arranged flower pots and the hundreds of trees in the lemon tree conservatory, called a *limonaia*.

The peasants' wives worked in the kitchen to scrub, wash curtains and tablecloths, clean carpets, shine glass, and polish tables. They rearranged the pantry, the cloakroom, the storerooms, the bathrooms, and the dining and reception rooms.

The first time Zia Faustina brought the countess clothes to sample, a maid opened the door of the grand villa. That maid instructed Zia to climb the stairs to the drawing room, where the countess waited. The staircase had a nice long carpet runner over stairs, which had been waxed to a high shine. My aunt, unfamiliar with both waxed staircases and carpet runners, hesitated to dirty the clean carpet. Instead, she walked up the sides of the stairs, not knowing how slippery shiny staircases could be. She lost her balance, fell, and hurt herself so much that she limped up to the countess. Zia felt too ashamed to mention the incident.

The countess expressed great regard for my aunts' work. Several times she encouraged them to move to Rome, saying their skill would earn them great success in the city. The countess promised her support and even assured my aunts of assistance from the famous Fontana sisters, the height of capital fashion at the time. Even so, Zia Faustina, prudent beyond all means, expressed doubt and reluctance.

Still another typical story that shows their particular way of life:

A girl from the nearby village of Limiti worked with my aunts before her marriage. Once she became a housewife, she maintained her relationships with the girls at the workshop. At her first birth, she bore triplets, all three girls. This marked a kind of tragedy for the family. Three children at once meant overwhelming expenses, as well as time. Also, the owner of the farm didn't approve of girls since he saw field work as dangerous, and therefore not suitable for women.

Zia Faustina stepped in. Knowing that in the farmer's house, his wife wore the pants, that's where she interceded. Then she coordinated the efforts of the girls in the workshop to prepare the equipment for the three little creatures. The workers combined their small earnings as well as their collective time to gather changing tables, sheets, shirts, blankets, handkerchiefs, and also many useful clothes for the mother and, indeed, for the whole family. A fine example of affection and solidarity!

THE TAILORING WORKSHOP · II

The periods of confirmation and communion became vital to the workshop, as whole families donned new clothes for these ceremonies. Little girls wore dresses similar to bridal garments—quite long and white, with capes over their shoulders and veils that fell to their waist. No two girls wore the same dress. That would have been an embarrassment for my aunts' workshop. A kind of competition arose between relatives and friends, each wanting their own girl to wear an exclusive outfit, one more beautiful and elegant than the others.

The godmothers of the children would also order new dresses and sometimes even a bag, an accessory used on a handful of occasions at that time. Since the fabrics—white and very fine—couldn't be cleaned in conventional ways, workers' hands had to be immaculate and washed periodically to avoid marring the fabric with sweat or dust. The girls worked the fabric on white cloths they folded with the garments for storing during breaks.

As mentioned earlier, some of the sewing tasks could only be accomplished by workers with special skills. The most specialized focused on hem stitching, lace embroidery, and ribbons and bows of various designs.

Sometimes, garments required restoration, including repair of unraveling fabric, tears, or holes. Here, the talented workers pulled out the wefts and reconstructed the warp of the fabric. When the girls in the workshop lacked the ability for a particular repair, my aunts called on the nuns of Santa Maria Maddalena. There lived a nun who performed miracles on troublesome fabrics.

My Zia Astelia oversaw these kinds of tasks. All the workers, including Zia Faustina, lauded Zia Astelia's precision so much that they gave her the nickname "fairy hands."

Tailoring took on a delicate complication when the girls menstruated. During this time, the girls could not work on white or very light fabrics, nor could they handle silk, velvet, or wool. All because they believed that the body humors emanating from their hands would tarnish the garments.

Weddings reigned supreme over our household. My aunts locked the wedding dress in a special closet, away from prying eyes. They claimed that just looking at the dress would dirty its whiteness. In addition, we avoided frying food or fiddling too much with sauces, which filled the air with heavy odors and could lead to stains. Only the most experienced girls had the privilege of working on a wedding dress. These privileged few were the most diligent, the most attentive, in short, those ready for a diploma or a tailor's degree. In fact, in order to work on a wedding dress, a seamstress would have already passed the demanding coat-and-suit test. By this point, they had already learned the art of taking measurements, cutting the patterns, and examining the dress on the customer's body to expose defects, shortcomings, and inaccuracies. The work bordered on professional perfectionism, a thousand light years away from today's modern and fully-mechanized parcel assembly and packaging.

Spring and summer meant quick work—light dresses, sundresses, aprons, blouses, and skirts. The workshop also turned out one-piece swimsuits and, for the transgressive, two-piece swimsuits with a well-covering bra and some elastic knickers that often covered the navel. This was many years before Raffaela Carrà scandalized the nation by performing her hit song "Tuca Tuca" with her navel exposed.

Instead, these were the golden years for "Miss Italy." In 1947, Lucia Bosè won the competition (which still occupies a week of television space every year!), famed for its ability to produce stars. Honored figures and box office draws of Italian cinema and the world began with Miss Italy, such as the beautiful Silvana Mangano, whose first performance in "Riso Amaro" achieved immense popularity. In fact, when the film was screened in New York's Little Italy, the famous image of her dancing the boogie-woogie became posters three stories high! Other notable participants in the Miss Italy pageant included Gina Lollobrigida, Sofia Loren, Eleonora Rossi Drago, Gianna Maria Canale, Giovanna Ralli, Rossana Podestà, up to the tragic Marcella Mariani, who in 1956 perished in an airplane accident while traveling from Milan to Berlin to attend a screening of "Senso" by Luchino Visconti.

The seamstresses worked so hard, for so many hours, their only recreation became singing and dancing like those stars of the day. Singing and dancing offered them a kind of liberation. In public dance halls, they reconciled to their lives, even those lives which until now had granted them very little. The workers were all beautiful—so flirtatious, mischievous, and, deep down, so good and pure. The young men around them seemed like bold but lazy bullies, though deep down, so honest and kind. These young people had fun together, entertaining all of Spello.

But Maresa was the most beautiful, the most desirable. On the dance floor, she resembled Eve, the first woman of a new Italy, who bit into the apple of sin. Everyone wanted a taste. For Spellani men, it was the first sensual thrill that runs down your back (they called it the "Mangano" Spellana). It was the antidote to the dark evils of a nation that did not yet know well-being, miserable in the rubble of war, but already daydreaming.

And how you want to realize those daydreams!

So Hollywood stars filled the seamstresses' imaginations. Photos of famous people, both American actors and Italian singers, hung in the working hall (Hollywood films filled the cinematic market while mostly national songs filled the music market). There was a fictionalized photo edition of the film "Ulysses" and the names of some mythical characters were often pronounced funny with wrong accents: so Penèlope was referred to as Penelòpe and Telèmaco could become Telemàco (the champion of curious cripples was Marisa, one of the most cheerful and sympathetic of workers in my aunts' shop).

But then attention must return to the work. Zia Faustina herself used to say: "When you dance you dance, but when you work you work." She demanded maximum concentration, and failures led to severe reproaches. Especially when my zia highlighted a mistake in front of everyone—a cut error, a loosely attached neck, a wrist that did not match, buttonholes not aligned, buttons differently spaced, et cetera.

First came the measurement, then the chalk marking, followed by the most important moment, the cut, a moment of great responsibility since a mistake led to irreparable damage. But Zia Faustina used to say she could identify a real seamstress immediately by her use of chalk. She did not usually boast of her publicly recognized skill, but she did often describe how much she had to scramble to fix the pre-designed patterns she received directly from Milan (as the city began to snatch the title of Italian fashion capital from Florence).

Basting, on the other hand, required less skill. It involved long, stretched stitches with a fairly thick white thread, generically called "cotton." These so-called "slow stitches" defined lines to mark where to pass the sewing machine, making the so-called "small line." After aligning the machine, always entrusted to the mid-level sartorial workers, girls at the beginning of their training removed the slow stitches using the "eye" end of a needle.

This illustrates the aforementioned professional hierarchy, not determined by report cards or time spent in the workshop, but a progressive development of professional merits. As the girls worked, they developed more skills, which lent them more distinction. The group of girls accepted this progression and didn't question my aunts' assessments of their skills. Perhaps small rivalries developed between girls, but, as skills weren't monetized, the workplace environment flowed smoothly.

The last task, before delivering the beautiful and custom-made dress to the customer's home, was ironing. Only very few girls could iron, and in fact, the most precious clothes were ironed only by my aunts. It didn't take much to ruin a masterpiece of tailoring. One moment of inattention could burn fabric beyond repair.

Most of the finished clothes, once well-wrapped in fine paper, were delivered to a customer's home. One of the girls usually carried out this task, which they loved since they almost always received a thank-you tip. My aunts naturally rotated the most generous and the most spiteful customers between the girls, who quickly discerned the "good" ladies from the "lousy" ones.

Once, a lady who thought herself "very high" (as they say, "with a fart under her nose") didn't pay for her garments for more than a year. When my aunt asked for the payment due, the good lady denied it all. Two years later, the same customer returned to my aunts' workshop to ask for another commission. Recalling the past episode, my aunt reported having no availability. The lady said she would pay double for the privilege of a return to customer status. But my aunt dismissed her dryly, with no further comment, by saying, "Dear, I live on work, not on alms."

What a good temper!

We lived in the house adjacent to the church of San Martino, along the beautiful via Torre Belvedere. A vegetable garden ran along the left side of the religious building, divided into two parts—one for growing vegetables and raising chickens in their coop and rabbits in their hutch, and the other graced with a garden and courtyard, shaded by a thick pergola of vines that produced a very good strawberry grape. Here, the girls from the workshop gathered in the summer. They enjoyed the coolness of the shade, a respite from the often unbearable heat. To further cool themselves, they mostly wore a petticoat or skirt and bra.

The scene would now be considered modest, even chaste. But back then, lascivious young men hid themselves along the garden wall to secretly enjoy the exciting, unusual, and forbidden spectacle. That joker Checco would climb over the boundary wall and sneak between the hedges to immortalize the scene with his treacherous camera, making a hellish crash with every shot. The sound released a real cacophony as the girls reacted to the invasion. They shouted and piled around each other, clumsily covering themselves with their hands or any cloth they could snatch. All this made the scene extremely lively and witty. Then the young men gathered their courage to come forward, expressing their sympathies for Checco's outrageous intrusion.

At first, the workers pretended to be annoyed and displeased, but they could not hide their smiles. Checco promised that he would not develop the "scandalous" photos, but shortly afterward presented the photo, immortalizing the protagonists forever in their skimpy clothes. But it shows more than that. It illustrates a vibrant workplace with fluttering fabrics, shirts, threads, ribbons, and hair drifting in the wind.

Zia Faustina offered the boys some sweets and a drop of orange soda or good wine, for the girls lightened with fresh water. She posed severely with the boys and protectively with the maidens, ultimately her "working goddaughters." And the adventure ended, as beautiful and clean as it began. The workers returned to the needle and the thread, perhaps a little reluctantly, but somehow more satisfied with the day. The young men went away with an uncertain step, casting glances of understanding to the girls they favored.

THE TAILORING WORKSHOP · III

My aunt's tailoring workshop was full of life. Here, women established bonds, not so much familial or of a neighborhood, but one of real integration and social cohesion. Their community circle bustled with strong interpersonal relationships. Yes, the workshop served a productive and professional function, but those ten or fifteen girls spent eight hours of their day together from the ages of fourteen to twenty. They shared their experience of growing up together on the chairs of that workroom as they sewed, basted, straightened, embroidered, cut, and ironed.

Every moment of their lives, even the private ones, poured into that workshop. The girls' evolving relationships with their coworkers created a kind of sounding board. Loves, feelings, impressions, emotions, events: everything circulated in the workshop and often became the topic of common affective and supportive participation.

Changes in individual families also became the knowledge and interest of all the girls: a birth, a death, a wedding, a party or any occasion became topics of conversation. As a child, I listened to their stories, some of which have remained etched in my mind in a kind of theater of life.

I remember Anita, whose boyfriend, Armando, emigrated to Brazil to find fortune. His settling into such a distant and hostile country led to a long period of silence. Anita feared the worst, yet never gave up hoping to hear from him. At the time, this reminded me of Puccini's splendid opera, with the poor "Madame Butterfly" and her immortal romance ("A beautiful day we'll see … !"), and later her bitter disappointment.

Another girl was to marry a certain fellow, a young man esteemed and appreciated by her family, but not loved by her. Everything was ready for the wedding—the dress, the wedding rings, the preparations for lunch, the gifts. Her family prepared it all, as she prepared her escape. On the morning of the wedding, she ran away from home with two girls from the workshop as well as my own Zia Faustina, who advised her to listen only to her own heart. The fugitive abandoned the white wedding dress in the workshop but took two traveling dresses. She didn't show up for the wedding day, to the amazement of all and especially of her fiance, and instead stayed for two days as a guest at a trusted coworker's home. Then she ran away with the man she loved, who I believe is her husband today.

A girl called Lina suffered deep mourning. Her father, a hard worker and family man, passed away, with many small children to raise. Lina was a very responsible and active girl, one of the best workers, even while still young and without financial means. That family's suffering became the suffering of all the girls. They united in solidarity to provide help and assistance, alleviating some of the unfortunate family's inconveniences and difficulties.

There were also events of a more social and political flavor.

Everyone knew my aunts were Communists. They declared it openly and volunteered as party activists. They also did not practice Catholicism, having thoroughly inherited the non-believing mentality of their father, Crispino. So when a seamstress from a practicing Catholic family came to work in my aunts' workshop, the girl's mother was called to order by the pious women of the parish of San Lorenzo, accused of sending her daughter to a place of political and spiritual perdition. The times were like that back then. Once, Giuseppina's mother forbade her to return to the workshop. The poor girl stayed at home, crying. She so wanted to return to her friends in the workshop. Her mother resisted those tears and consulted with the parish priest. The priest, mindful of the fact that his young niece had also worked in my aunts' workshop (suffering no injuries, neither political nor spiritual), advised Giuseppina's mother to allow her to return to the "devil's" lair.

In the late forties to early fifties, the so-called "lords" of Spello (that is, the largest landowners in our countryside) disapproved of their subjects' children working, as that led to neglected fields. In short, they wanted children of peasants to also be peasants. Otherwise, who would work the land? Lucia, daughter of one of Mausaleo's sharecroppers, didn't want to be a farmer. She wanted to be a seamstress, and so every morning she arrived at my aunts' house to learn her chosen trade. One morning, Mausoleo watched her walk to Spello very early. He realized he often saw her walking into Spello, clean and without objects in her hands. He suspected her of working within the town and it didn't take him long to discover her apprenticeship with my aunts. The owner pressed on Lucia's family, threatening to evict them from the farm if Lucia did not immediately resume her duties as a peasant girl. And so it was. Because at that time, a family of peasants had to avoid losing their farmhouse at all costs. Even at the expense of relinquishing a daughter's professional dreams. Someone in Lucia's family told Zia Faustina the girl abandoned the craft of sewing of her own free will. My aunt accepted this justification, even though she knew otherwise, given Lucia's excellent, natural inclination for work and the great passion she put into it. Soon after that, Lucia came to her, confessing the truth and imploring my aunt to keep it a secret. My aunt promised, though she thereafter refused to make clothes for that landowner's wife, despite her being an excellent customer. Several times the wife asked for a reason, but Zia Faustina declined to provide one. Nor would she back down from her firm stance. The wife insisted on an explanation and finally my aunt could not resist any longer. Summoning all her authority, she said to the good lady, "If my profession is not fit to be taught to Lucia, who wishes it to be her own future, then, my dear, it is not good for her either that your husband decide for her. So tell these words to your husband, because I no longer have anything to add." After a few days, Lucia showed up at the shop, accompanied by her mother who, satisfied and grateful, returned the young aspiring tailor to my aunt.

This became for me another example of how a strong character and words spoken in the right way at the right time can overcome seemingly insurmountable obstacles.

Sometimes the number of girls working in the shop swelled to twelve or even fifteen, a considerable number no matter how you look at it! Nonetheless, no matter how large the group became, they formed a body, an organic whole, a small society. They became accomplices to each other in a way that created a membership to their shared belonging.

The following case is emblematic of what I mean. During the period of the anti-fascist partisan struggle and liberation, some young anti-fascists deserted the call-to-arms ordered by the regime. So two young comrades, Silvio and Dario, took refuge in our home for two or three months, hidden in a small bedroom (little more than a closet) to escape fascist gangs' reprisals. During the day, when the girls worked, the men remained hidden. They left the house only in the evening, early in the morning, and in the dark of night. It's impossible to over-state the danger of this situation. There was an enormous risk of dis-covery with unimaginable repercussions for our whole family. But resisters committed to the struggle—in the mountains, but also in cities, even when it jeopardized our own safety.

Despite the many people coming in and out of our house, no spy betrayed us. The girls, of course, all knew, but bravely kept silent. The fact that no one discovered the hideaways shows how the girls deeply felt a spirit of solidarity. They respected their unspoken oath of alle-giance, keeping the secret at any cost. Together with the tragedy of the war, there was a great desire to rebuild the common good. The girls' faithfulness shows how these young workers, who hoped to become "it girls," who read *Bolero* and *Grand Hotel*, who daydreamed about a future with wide-open, naïve eyes, these girls already carried within them values, seriousness, honesty ... what would become the foundation of tomorrow's Italy.

Regarding accepting customers, it should be no surprise that my aunts never discriminated. As long as they felt confident that the cus-tomer would remit the correct payment punctually, they accepted the work. But that payment needn't be cash. Zia Faustina often said that without her work in the countryside during the war, our home would have been hungry. During the war period, when one used tickets for food, basic necessities became scarce. The peasants Zia Faustina worked for repaid her with fresh vegetables, poultry, wheat or flour, cured pork products, milk, various legumes, potatoes, seasonal fruit, oil, and wine. My aunt felt indebted for everything that came to her from the peasant class.

As a family seamstress, she was often invited to ceremonies, such as baptisms, confirmations, communions, and weddings. When those occasions occurred during important agricultural periods such as beating or husking, she arrived home so loaded with stuff she had to walk her bicycle, as the handlebars were too laden with bags packed with every good thing! We welcomed these wonders, nice and delicious to eat.

In the "dead season" for city customers, the seamstress could, for a few days, go home to mend, shorten, lengthen, and rework the personal wardrobes of customers, especially those out in the country.

A particularly curious and illustrative incident occurred at a country wedding. It had been raining for several days and the dirt road to the bride's farmhouse was untraversable by any means other than the ancient *treggia*—a kind of wooden sled, with two long side beams topped by a platform. Oxen pulled the *treggia* through the mud to transport objects. So the bride, dressed all in white, had to climb this *treggia* and, due to the ever-present danger of mud splashing the long, pristine dress, she stood in the middle of the *treggia* surrounded by two or three women who held white sheets as a protective screen.

On the route to the waiting car on the main road, the whole procession was forced to pause for what were familiarly called *sbarre*, or stops. Neighboring families hosted casual gatherings at their farmhouse, offering a small refreshment to the bride and her family. For each *sbarra*, the bride climbed down from the *treggia*, with wives supporting her dress before lifting the bride, who wore enormous overshoes. Traditional revelry followed, then they set off again. These stops could be numerous, but respect demanded adherence to tradition. Mandatorily and necessarily, the seamstress, sometimes assisted by some of the most reliable workers, had to climb that *treggia* and at each junction, regather the dress, which only expert hands could handle.

One seamstress had the critical job of carrying the veil. This long garment remained wrapped until the bride reached the car to head to church. When the veil and train were very long, little bridesmaids helped, too. A bride might have two or four bridesmaids, girls dressed like newlyweds in their little white dresses, made by the same seamstress who had dressed the bride.

I should note that on the day of the wedding, the family considered the seamstress one of their own. At the wedding dinner, she sat beside the bride's mother with whom she, until the moment of the wedding, had shared the secret of the dress's design. Since the seamstress had made the pure white wrapping that clad the maiden bride upon the day of being given to her husband in the act of marriage, the dress took on a symbolic value. Thus, to have the seamstress absent from the wedding would be an offense to the bride's whole family. More than once, Zia Faustina participated in wedding rites with a high fever.

I loved when Zia Faustina attended country weddings because she came home full of food prepared by not just family cooks, but well-known chefs from Spello. One of these famously good chefs was Giuseppina Castellani, called Peppina de Mortalitto in Spellani dialect. I will never forget her duck and goose sauces with their giblets! Sometimes Peppina, a big woman of almost 90 kilos in weight, sang folks songs called *stornelli* in the local dialect and performed the wild *saltarello* dances. Incredible! When she danced, she turned into a dragonfly. The movement lightened her body, her legs and arms soaring in harmoniously supple movements. To me, as a child, this transformation seemed impossible, and I admired Peppina all the more.

Later, as an adult, I traveled to the Andalusia region of Spain and the Peloponnese region of southern Greece. In those places, I discovered confirmation that the rhythm of folk dances, especially when performed by women (even better if elderly), makes the dances light and solemn, regardless of the dancer's physique. Unforgettable and exemplary, I'll never forget the flamenco dances of Seville (a bewitching blending of the *cante hondo* with gypsy elements), and in Kalamata and Crete the performances of *sirtaki* (which the maestro Mikīs Theodōrakīs popularized across the world with his soundtrack for the film *Zorba the Greek*, directed by Michael Cacoyannis in 1964).

My introductory readings for my cultural anthropology exams taught me that dance was perhaps the first form of linguistic communication for populations in the archaic age. Reading those words, I remembered Peppina. The image took on a strong mythical meaning. Like a miraculous nymph, Peppina lives in my memory as an exuberant, curious, and magical evocation of a prehistoric past, but one which remains unchanging within the soul of popular creativity. Her figure stands at the origins of the world as she who danced for the Gods.

OH, MEMORY!

by Lolita Peppoloni

Dear Angelo,

I thought I remembered only a few things from the past, as our memories become engulfed and transformed by time. But reading your memories allowed me to rediscover certain stories I thought lost.

You have revived a world that no longer exists, with its poverty, its dramas both big and small, but also with its joy.

And at the center of your stories is the magical storyteller, Zia Faustina, the one who told you as a child about demons and witches, magical and monstrous animals, impossible and therefore painful romances.

And these tales, handed down aloud, were your nourishment, and you didn't care, as you still don't, whether they were true or invented.

She spoke and you listened. How wondrous!

I remember that even my children, already somewhat grown up, listened to my stories with their mouths open and begged, "Come on, mamma, tell us a story!" And I would tell them another myth, another story.

Now I think it is rare for a boy to listen to an elderly person, but we must strengthen the traditions that they hold the closest. Because when a people loses contact with its past, when it loses the pride of its culture, it gets worse, it stops creating and living. It disappears.

In the era of technical progress and a cultural orientation toward frenetic economic growth, it is our duty to preserve and enhance our cultural identity, our traditions, and the values of our land.

Nowadays a "new" tradition is consumed, that of Halloween. It is a tradition that does not belong to us, it is not ours, it is American, but now it has taken hold in Italy and young people believe it is an Italian tradition. But it's not in our DNA!

If it is important to preserve nature, to preserve the environment, it is also important to preserve and pass on the memory of our elders' past lives.

You have handed down the memory of traditional local crafts and thus preserved an immense cultural treasure. Keeping track of your own past was as important to you as collecting the memories contained in ancient stories, legends, slices of life, and anecdotes.

Your story, your stories have aroused strong emotions in me; I seem to see your grandfather in flesh and blood, I feel love for poor and unhappy Palma, and I feel great pain for Nottolina.

This book will also be important for tourists, those eager to feel immersed in the place they are visiting; so they too will understand how unique and special this is.

Dearest Angelo, you love the land you grew up in and you love these stories as a living part of you. I want to believe that, henceforth, they can become a little part of everyone.

LOLITA PEPPOLONI was a secondary school literature teacher, and is a personal friend of the Author. She actively participates in the "Magister sine Registro" Association of Spello and has always been attentive and sensitive to the social and cultural developments that affect our city's community.

AFTERWORD

TO SPELLO, ITS LEGENDS, MEMORY, ARTS, AND HANDICRAFTS

By Marco Damiani, Professor of Anthropology and Sociology,
University of Perugia

I n this volume, Angelo Mazzoli dedicates himself to *his* Spello. The first part contains a series of popular legends which lend an epic character to the events and protagonists mentioned in the text. The second part, built from the historical memory of the post-war period, describes a human and political community that has been lost over time.

The stories in the first section are legends known primarily to an audience of elderly people, largely unknown to the younger generations, and never transcribed into written form. These are stories that, in the past, when superstition and fears prevailed over rational reasoning, could interpret the character of a small town in the Italian province, mostly inhabited by sharecroppers and farmers with a low level of education.

Starting from the title of the book, the author declares he has recovered his fables from the tales of "Aunt Faustina," who emerges as a narrator of Spello's collective awareness—its most hidden fears, insecurities, hopes, and illusions produced by the change and transformations recorded over time.

Among the sixteen legends presented in this work, we can

distinguish some constants and just as many discontinuities. Of the constants, first of all, it should be emphasized that all the stories have the city of Spello as a background—the plain and its countryside, Subasio, the houses and palaces of the city center, the landscape, the stones and the streets of the city. Spello is evoked and used as the setting in which the legendary stories of the people who live there take shape, and in this sense, Spello becomes an observation point from which people gain a glimpse of a wider world than the one contained within its narrow walls. The second constant that characterizes the following pages concerns the choice of the narrative style. Mazzoli expresses himself with a simple, direct language, understandable to all, certainly conditioned by the narrative style of "Aunt Faustina" but—precisely for this reason—capable of conveying the features of popular culture and the knowledge learned from life experience. Lastly, the third element that unites all the stories contained in the text is, by admission of the author himself, the intention to give them new lifeblood. And in giving written form to these stories, Mazzoli does not waiver from an approach that is at times ironic and sarcastic, always attentive to the dynamics within the city and, at the same time, capable of self-reflection, reworking, and analyzing the peculiarities of the individual characters, the love stories that develop over time and the signs of sexuality that characterize some of the protagonists encountered in the pages of the book.

As for the differences, it will not be difficult for the reader to group all the legends into three broad categories, depending on whether the protagonists are represented by elements taken from fantasy, from canonical history, or from local events (in part) that actually happened.

An example belonging to the first category can be found in the opening story. In this case, the narrative takes place around *Lo scoglio del diavolo*. The protagonists are the horrid Lucifer and a humble stonemason. The former, widely feared by the whole population, takes on the features of a male human body, seen by some witnesses preparing to quench his thirst near a fountain, then sitting on a rock waiting to take possession of the body of whoever passed through unaware. After many years of terror, during which people avoided going near that fountain, the Evil One is faced and defeated by a brave stonemason, who manages to drive him away thanks to the skillful use of a wreath of garlic and a carved cross. Legend has it that, following those events, that humble craftsman, poor and without any previous public stature, attracts the sympathies and affections of all citizens for having been able to drive out the demonic spirit, reclaiming the regular collective use of the fountain to supply drinking water for the local population.

This story brings with it a recurring literary device within the writings, which allows the humblest fairy tale characters to perform a heroic task for the benefit of the whole community. The legends narrated by Mazzoli return to this concept several times, giving the author the opportunity to make the case that "the common people, always subjects of history, become the protagonists of the fable," thus having a chance at payback, if not in the real world then at least in the epic and legendary one.

The second category of short stories, no less important than the first, but certainly with fewer examples collected in the book, is the one with well-known historical figures as protagonists. Among these are Orlando the paladin, San Silvestro of Collepino, and the poet Properzio. This type of passage provides the audience with the opportunity to take a closer look into the city and its urban fabric, its architecture, the marks of the past left in the streets of Spello. Through these stories, Mazzoli intends to go beyond historical, artistic, and cultural description, imbuing the city with an epic aura testified to by assorted legendary facts.

An illustrative case is that of Orlando, whose exploits are narrated in many literary works, the most famous of which is by Ludovico Ariosto, author of *Orlando Furioso*. The paladin Orlando died in Roncesvalles in 778 AD during a battle fought by Charlemagne's army to stop the Arab advance into Europe. Starting from those facts, Mazzoli describes the legendary presence of the paladin in Spello, citing two examples still known to local citizens. The first recalls Orlando's passage through the city, during which—leaning against a wall—the force of his urine produced a cavity in the stones, still visible and documented with a plaque in memory of the event. The second episode of Orlando's presence in Spello places him as the protagonist of a love story with a local girl. Legend has it that the affair's discovery resulted in great scandal among the population, among whom some young boys tried to beat and capture the paladin. Not without adding his own mischievous fantasy to the existing fantasy, Mazzoli writes that Orlando was subsequently freed by some of the women, who "had been able to enjoy the amorous favors of the fabulous lover." In this category as well, history steeped in legend confers prestige and importance to the city's name, through accounts of its ability to attract such important figures since ancient times.

The last category of stories contained in the text portrays and describes actually existing local protagonists. This is the case of Nottolina, of the brigand Cinicchio, and of grandfather Crispino. In these stories, the author pauses to describe—with particular effectiveness—the harshness of judgment in peasant society, the psychological superstructures of the past, the systems of shame and decency, always in opposition to the individual characters as manifestations of moral dignity, courage, and honesty.

The story of Nottolina exemplifies this perspective. It is about a woman, recorded as being from Piera, who "knew few things, but had learned to survive early. She knew Italy existed, but no further [...]; she was not unaware the world existed, but had no interest in it: no more than the world has ever cared for her." Nottolina, accustomed to traveling at night "along the paths and sheep tracks of the mountain," lived alone in the middle of the Subasio, between Collepino and San Giovanni, in the so-called "smooth" section, where the slope flattens and the road evens out. Here, in the summer, many Abruzzese shepherds undertook their migration with the sheep, staying for months in makeshift camps or huts carved into the rock. It was in this context that Nottolina learned to exchange pleasures and companionship with some of these men, and ended up falling madly in love with Salvatore, with whom she began an intense romance that both tried—in vain—to hide from prying eyes. The relationship between the two continued throughout the summer, until Salvatore, more and more jealous and intolerant of the looks and words of the other shepherds, proposed marriage to Nottolina by asking her to go and live together in the country, in a place unfamiliar to her. When his lover refused, after a stormy altercation, the two separated forever and Salvatore returned to his native lands. It was a few days after that event that the lifeless body of Nottolina and her mule were found, both at the bottom of an escarpment on the bed of the Chiona stream.

This story, narrated in the book with particular pathos, partly true and partly fictional, allows the author to ponder the deeper meaning of the term "freedom," as well as the masculine contours of gender relations, citing numerous literary references on the same topics: from Giovanni Verga's *La Lupa* to Tennessee Williams' *Serafina*, or in Anna Magnani's interpretation of Rosa, which won her an Oscar in 1950 for her role in the Daniel Mann film "The Rose Tattoo."

All the stories presented in the book retain a characteristic no less important than the examples given, allowing Mazzoli to contemplate issues regarding earthly existence, the precariousness of life, and the malignant or benign nature of human beings. All this is accompanied by strong poetic and political streaks (often overlapping), which lead the author to profound considerations of crucial themes such as war and peace, the meaning of life and death, love and hate, all approached through a binary contrast that is a common reasoning method among those who are demonstrably interested in the search for a possible "truth." The author addresses these issues through interpretations that use philosophical, religious, and anthropological elements to support his reasoning, with frequent incursions into ancient history and Greek and Roman mythology via archaeological references, geological and ethological, in an inextricable intertwining of reflection and imagination. This is how he works to better understand—and more effectively explain—the deeper dimension of the events that mark the history of humanity.

The last thing for this introduction to consider is the relationship that places the city and its inhabitants as protagonists.

The author is not slow to declare and express eternal love for his city. A city whose story is narrated with confidence and reverence, a witness to historical events and facts of doubtless importance, populated by people, spirits, and memories that he describes with palpable admiration, as a lover toward his woman. A love, Mazzoli's for Spello, which emerges foremost from the desire not to let the hidden characteristics of the city disappear, its habits and customs, practices, beliefs, the contents of a daily life that are important details of the past as they constitute a source of teaching, and a warning as well, for future generations.

And this is undoubtedly the spirit with which the author intends to conclude the volume, adding a long monographic appendix to the first part, during which he abandons fable and instead gives shape to a story through historical memory. It is a series of writings on the *Professions of Old Spello*, through which the author continues to describe his city. In part emancipating himself from the narrative voice of Zia Faustina, Mazzoli proceeds on a thread of largely autobiographical description, centered on post-war memories of the 1950s and 1960s. Here, the author includes the names and lives of actual people of Spello—friends, workers for the carpenter (the author's father), the shoemaker (the author's grandfather), and the seamstresses (the author's aunts).

In the appendix Mazzoli lets himself be guided by the thoughts and memories retained since his childhood, during which—among those shops, voices, names, and characters—he took his first steps toward adulthood (at the time, an intermediate adolescent phase was not granted to anyone) and toward a distinctly socialist political ideology, which manifests prominently in his narratives. In the final pages of the book, the author decides to continue describing Spello by adopting the point of view of the last (or almost the last) to make a precise choice of field, as he had done previously (more opaquely) by recalling the stories of the stonemason, Nottolina, the brigand Cinicchio, and so on. All this allows Mazzoli to continue to carry out an incessant search for the possible (or perhaps desired) truth, one which is not theological or religious. And it is in this sense that politics appears in this part of the book. In particular, a piece of Italian history emerges from the alleys of Spello: the political elections of 1948, the Umbrian anti-clericalism typical of the social-communist identity, and the climate of social division at the time.

But from the alleys of Spello also emerge Sanremo, the Miss Italy contest, realist cinema, and Hollywood, the twist, and American dances that speak to a world in transition and the desire to escape, through imagination if necessary, from the heaviness and the difficulties experienced in the years following the Second World War.

In this climate, profound divisions were produced between the members of the wealthier classes and those of the less well-off classes, and in all this, individuals' political positions were quite salient. It is for this reason that Mazzoli wastes no time taking a stand, echoing

Gramsci's warning against the indifferent: those who neglect to take a side sit, *à la* Bertolt Brecht, on the side of the wrong.

Within this choice of scope, Mazzoli advances an attitude that assumes strong anti-modern features, aiming to reclaim the profits procured by a certainly unequal society, while preserving the values of solidarity and civil humanism long lost in the folds of the capitalist process of industrial modernization.

Adopting a narrative approach with a strong descriptive impact, in the appendix of the book Mazzoli describes a vanished society, once built on a sense of sacrifice, on community values, on the advantage of living in a world where time moved slower; a society founded on intimate relationships of proximity.

From this arises a depiction of a profoundly different Spello from the one in the third millennium, at the time inhabited and alive in its historic center, full of shops, activities, and the cheerful swarming of people.

A society represented through evaluation categories, with a substantially positive tone, written with the nostalgia-rich memory of youth's best times, experienced by the author in the alleys of a city that no longer exists.

The Spello of the past cannot return—not through popular legend nor through the artisan shops now overwhelmed by large-scale distribution markets—but with this in mind, Mazzoli makes an effort to recompose the stories that have animated the city and the system of social coexistence between its inhabitants, to preserve the long memory of what has been, and to choose with greater accuracy the direction to take and the path forward.

I RACCONTI DELLA
ZIA FAUSTINA

FRA STORIA E FANTASIA,
MITO E REALTÀ

A SPELLO, IN UMBRIA,
CUORE VERDE DELL'ITALIA

ANGELO MAZZOLI

INTRODUZIONE

a cura dell'autore

I miti, le favole, le storie popolari, sono la prima forma di narrativa di cui si abbia notizia.

Non esistendo allora la televisione o varie analoghe forme di intrattenimento, le grandi famiglie patriarcali, di sera, erano use raccogliersi intorno al focolare dove i vecchi raccontavano storie e aneddoti vari; racconti che erano stati loro narrati dai padri ed a questi dagli antenati ... fino a perdersi nella notte dei tempi.

Tutto veniva trasmesso per tradizione orale; i bambini imparavano, a loro volta, le antiche leggende che, una volta divenuti grandi, potevano ripeterle, tramandandole a nuovi attenti ascoltatori, magari arricchite e ampliate sempre più di fantasia, di personaggi nuovi, di avvincenti avventure.

Uno dei più importanti studiosi della lingua italiana, Natalino Sapegno, ha espresso—a tal proposito—questa significativa opinione: *"Il popolo ha la sua cultura, ricca di leggende, racconti, poesie e proverbi che costituiscono un patrimonio letterario e morale di solito poco noto, ma che invece offre un campo interessantissimo, un vero mondo da scoprire, da amare, da studiare."*

Il Sapegno afferma una grande verità, che per me ha costituito occasione di profonde consapevolezze letterarie e razionali giustificazioni, anche di carattere morale.

Nel tempo ho scoperto che questa ampia e profonda cultura è il frutto delle spesse sedimentazioni di una comunità, di gruppi, di aggregazioni, ma è anche espressione viva della conservazione mnemonica e della fervida immaginazione creativa sia di singole persone che di intere collettività.

Ogni mito non è altro che la realtà interpretata sotto vari aspetti, spesso anche nei suoi più umili e tristi particolari e, al tempo stesso, trasfigurata ed elevata a leggenda attraverso un processo di estrema semplificazione ed anche di ingenua rappresentazione (così è per tutta la ricchissima mitologia greca, che tanto ho amato e mi ha affascinato sin dalla più giovane età).

I racconti che qui propongo sono il frutto di una raccolta di narrazioni che mia zia Faustina (venuta meno alla veneranda età di cento anni) mi narrava quando ero piccolo e che poi mi ha ripetuto, io già adulto e lei oramai assai vecchia, fisicamente inferma, ma mentalmente lucidissima.

La sua memoria si era mantenuta sorprendentemente immutata, anzi sembrava precisarsi sempre più nel tempo, tanto che i suoi racconti si arricchivano con particolari riferimenti a fatti reali, personaggi oppure si ampliavano con variazioni fantastiche rappresentate da leggende locali nate in tempi e luoghi diversi.

Il mio ascolto era sempre molto attento e partecipe mente condividevo con la zia i suoi senili momenti di solitudine che diventavano anche i miei; così mi capitava spesso di ricordare quanto il grande filosofo greco Aristotele ebbe a dire su questo argomento: "Più divento solitario e più amo i miti."

Ho letto nel frattempo che lo psicanalista e filosofo statunitense James Hillman affermò: "Qualsiasi cosa vera ha sempre una componente mitica ... vero è solo ciò che è mitico"; ed io ho condiviso tantissimo queste motivazioni.

Analogo pensiero ha espresso il famoso scrittore italiano Cesare

Pavese che, riferendosi alla vastissima mitologia greca, asserì: "Potrei rinunciare a un tal patrimonio di racconti? Certo che no!"

Pertanto sono fermo assertore che non si può, anzi non si deve rinunciare ad attingere a piene mani da questo immenso patrimonio costituito dai miti e dalle leggende perché da millenni fanno parte della nostra civiltà, perché essi costituiscono un'enciclopedia universale di simboli e di storie, di avventure e di vicende del vissuto umano più autentico, rappresentato allo stato puro senza inutili finzioni, mistificazioni di comodo e senza i pregiudizi imposti dal modo di essere dei diversi periodi storici.

In una vastissima quantità di leggende che si sono perpetuate fino ai nostri giorni per costituire una parte molto importante del "folklore" delle genti più diverse, è ancora possibile individuare l'influenza di antichi costumi e di vecchissime pratiche sociali.

Anche il linguaggio è assimilabile a una specie di terreno sedimentario nel quale sono depositate esperienze ed idee che si riferiscono a momenti diversi della storia dell'umanità.

Lo studio dell'origine di una parola, se compiuto con questi criteri, non è meno rivelatore dell'analisi dei resti fossili o dei reperti archeologici.

Cosicché questa completa raccolta di racconti e di novelle popolari rappresenta per me una preziosa eredità di famiglia, uno spaccato sociale di gente comune, di affetti e di affanni: tutte cose che hanno contribuito, in modo alquanto significativo, a costruire le basi di certezza della mia cultura che poi ho cercato consolidare con lo studio, la ricerca, l'educazione e l'azione di vita quotidiana.

Anche nelle storie come quelle che presento in questa raccolta è possibile individuare le ragioni e gli insegnamenti che hanno formato i migliori tratti della mia personalità, favorendo gli indirizzi consapevoli delle mie scelte di vita: private, civili ed anche politiche.

Posso quindi confermarmi personalmente sostenitore che il

mezzo favolistico abbia la funzione di rivelare gli aspetti significativi (altrimenti velati, nascosti, inconsci, negati o addirittura non confessi) della realtà quotidiana; è la proiezione sublimale dell'animo collettivo: una specie di organismo vivente espresso in forma narrativa che affascina e incanta per la bellezza e la magìa che contiene e rappresenta.

Voglio ancora aggiungere che questo tipo di narrazione si incarica anche di offrire un'originale rappresentazione di angoli di natura locale, non sempre conosciuti in modo diffuso, nei loro più autentici sfondi ambientali.

Chissà che, al contrario della storia "ufficiale e documentata" detta "vera" (spesso falsificata e manipolata da interessi di parte), il racconto "popolare" non sappia ricostruire in modo più veritiero alcune particolari circostanze rivendicando il giusto posto alla verità; in tal senso le storie che sono arrivate a noi dai più antichi primordi assumono un vero valore universale, da quelle cantate poeticamente da Omero a quelle contenute nelle straordinarie predicazioni del Cristo, entrambe non scritte dagli autori che, per pura ipotesi astratta, potrebbero essere stati addirittura analfabeti, ma raccolte e tramandate oralmente prima di essere trascritte.

Così mia zia Faustina raccontava ed io ascoltavo.

Raccontare ed ascoltare, in un magnifico rapporto di insegnamento; una relazione comunicativa di emozionante transfert; una rappresentazione teatrale o cinematografica, come avveniva nei ricchi banchetti antichi, nei sontuosi conviti rinascimentali, nei nobili salotti ottocenteschi ma soprattutto (più bello ed efficace) nelle povere case di campagna, intorno al focolare con i vecchi che raccontavano con voce calda e persuasiva e gli altri, rapiti, ad assorbire non solo la storia, ma una vera propria lezione di vita!

Similmente la mia zia Faustina ed io, nel nostro solitario e felice rapporto a due.

Raccontare ed ascoltare, come—purtroppo—oggi avviene sempre

più difficilmente a causa degli attuali sistemi di comunicazione, freddi e impersonali, certo utili per molti versi, comunque distanti e affettivamente distaccati.

Raccontare ed ascoltare: due funzioni vitali fra di loro in intima simbiosi, senza la quale la verità perde il suo apprezzabile valore.

PREFAZIONE

A SPELLO, LE SUE LEGGENDE, LA MEMORIA, LE ARTI E I MESTIERI

di Marco Damiani, docente di sociologia politica,
presso l'Università degli Studi di Perugia

In questo volume, Angelo Mazzoli sceglie di dedicarsi alla *sua* Spello. La prima parte contiene una serie di leggende popolari capaci di dare una veste epica agli avvenimenti e ai protagonisti richiamati nel testo. La seconda parte, costruita sulla memoria storica del dopoguerra, descrive una comunità umana e politica che è andata perdendosi nel corso del tempo.

Quelle riprodotte nella sezione iniziale sono leggende per lo più note a un pubblico di persone anziane, ancorché sconosciute alle generazioni più giovani e comunque mai trasposte in forma scritta. Si tratta di storie che, in passato, quando la superstizione e le paure prevalevano sul ragionamento razionale, hanno saputo interpretare il carattere di una piccola città della provincia italiana, abitata per lo più da mezzadri e contadini con basso livello d'istruzione.

A partire dal titolo del libro, l'autore dichiara di aver recuperato le sue storie favolistiche dai racconti di "zia Faustina", assurta nel caso di specie a voce narrante e coscienza collettiva dell'animo spellano, dei suoi più reconditi timori, delle insicurezze, delle speranze, delle illusioni prodotte dal cambiamento e dalle trasformazioni registrate nel corso del tempo.

Tra le sedici leggende presentate in questo lavoro si distinguono alcune costanti e altrettanti elementi di discontinuità. Quanto alle costanti, per prima cosa, va sottolineato come tutti i racconti abbiano come sfondo la città di Spello, la pianura e le sue campagne, il Subasio, le case e i palazzi del centro, il paesaggio, le pietre e le strade della città. Spello viene evocata e utilizzata come scenario nel quale prendono forma le storie leggendarie delle persone che l'abitano, e in questo senso Spello diventa punto di osservazione da cui muovere per arrivare a scorgere un mondo più ampio rispetto a quello contenuto tra le sue ristrette mura di cinta. La seconda costante che caratterizza le pagine che seguono riguarda la scelta dello stile narrativo. Mazzoli si esprime con un linguaggio semplice, diretto, comprensibile a tutti, certamente condizionato dalla scelta dell'espediente narrativo della "zia Faustina", ma proprio per questo capace di diffondere con maggiore efficacia i lineamenti della cultura popolare ed i saperi appresi dall'esperienza di vita. Da ultimo, il terzo elemento che accomuna tutte le storie contenute nel testo è, per ammissione dello stesso autore, l'intenzione di conferire ad esse nuova linfa vitale. E nel dare forma scritta ai suoi racconti, Mazzoli non rinuncia a un incedere a tratti ironico e sarcastico, sempre attento alla descrizione delle dinamiche interne alla città e allo stesso tempo capace di innestare riflessioni proprie, rielaborazioni e analisi senza rinunciare a frequenti riferimenti riconducibili alle peculiarità dei singoli personaggi, alle storie d'amore che si sviluppano nel tempo e ai segni della sessualità che caratterizzano alcuni dei protagonisti incontrati nelle pagine del libro.

Quanto alle differenze, non sarà difficile per il lettore raggruppare tutte le leggende in tre macro categorie, a seconda che gli interpreti protagonisti siano rappresentati da elementi tratti dalla fantasia, dalla storia codificata, o da eventi locali (in parte) realmente accaduti.

Un esempio che rinvia all'esame della prima categoria è quello contenuto nel racconto di apertura. In questo caso, la narrazione si svolge attorno a *Lo scoglio del diavolo*. Protagonisti sono l'orrido Lucifero e un umile scalpellino. Il primo, ampiamente temuto da tutta la popolazione, assume le fattezze di un corpo umano di genere maschile, più volte notato da alcuni testimoni nel momento in cui si apprestava a dissetarsi nei pressi di una fontana, per poi sedersi sopra a uno scoglio in attesa di impossessarsi del corpo di coloro che, ignari, fossero passati di lì. Dopo molti anni di terrore, durante i quali le persone evitavano di recarsi nei pressi di quella fontana, il Maligno viene affrontato e sconfitto da uno scalpellino coraggioso, che riesce ad allontanarlo grazie all'utilizzo sapiente di una corona d'aglio e di una croce di legno. La leggenda vuole che, a seguito di quei fatti, quell'umile artigiano, povero e senza alcuna pregressa autorevolezza pubblica, riesca ad attirarsi le simpatie e gli affetti di tutta la cittadinanza per aver saputo scacciare lo spirito demoniaco, restituendo la fontana al suo regolare utilizzo collettivo, per il rifornimento di acqua potabile da parte della popolazione residente.

Questa storia porta con sé un'operazione ricorrente all'interno del saggio, che permette ai personaggi favolistici più umili e popolari di esercitare una funzione eroica a beneficio di tutta la comunità. Su questo aspetto le leggende narrate da Mazzoli tornano più volte, dando la possibilità all'autore di sostenere che "la gente comune, sempre suddita della storia, diventa protagonista della favola", avendo in questo modo la possibilità di una rivincita, se non nella vita reale almeno in quella epica e leggendaria.

La seconda categoria di racconti, non meno importante della prima, ma sicuramente più contenuta per numero di episodi raccolti nel libro, è quella che ha come protagonisti personaggi storici di chiara fama. Tra essi si distinguono il paladino Orlando, San Silvestro di Collepino e il poeta Properzio. Questa tipologia di episodi fornisce al Nostro la possibilità di dedicare particolare attenzione alla città e al suo tessuto urbano, all'architettura, ai segni dal tempo lasciati per le vie di Spello. Al di là della sua rilevanza storica, artistica e culturale, attraverso questi racconti Mazzoli intende attribuire alla città un'aurea epica testimoniata da alcuni fatti leggendari.

Un caso esemplare è quello di Orlando, le cui gesta sono narrate in molte opere letterarie, la più famosa delle quali è quella di Ludovico Ariosto, autore dell'*Orlando furioso*. Il paladino Orlando morì a Roncisvalle nel 778 d.C. durante una battaglia combattuta dalla parte dell'esercito di Carlo Magno per cercare di arrestare l'avanzata araba in Europa. A partire da quei fatti, Mazzoli descrive la presenza leggendaria del paladino a Spello citando due esempi tuttora noti alla cittadinanza locale. Il primo è quello che ricorda il passaggio di Orlando in città, dove—appoggiato al muro—avrebbe prodotto con la forza delle sue urine una cavità nelle pietre, ancora visibile e documentata con una lapide in memoria dell'evento. Il secondo episodio della presenza di Orlando a Spello è quello che lo vede protagonista di una storia d'amore con una fanciulla del posto. La leggenda vuole che la scoperta di quella tresca finisca con il destare grande scandalo tra la popolazione, che per mano di alcuni ragazzotti si adoperano per catturare, picchiare e incarcerare il paladino. Non senza aggiungere maliziosa fantasia alla fantasia, Mazzoli scrive che Orlano venne successivamente liberato da alcune delle donne, che "avevano potuto godere dei favori amorosi del favoloso amante". Anche in questo caso, la storia intrisa di leggenda riesce a conferire lustro e importanza al nome della città, capace di attrarre sin dall'antichità personaggi di tal fatta e di tanta importanza.

L'ultima categoria di racconti contenuta nel testo è quella che ritrae e descrive protagonisti locali realmente esistiti. È questo il caso di Nottolina, del brigante Cinicchio e di nonno Crispino. In questi racconti, l'autore si sofferma a descrivere con particolare efficacia la severità di giudizio della società contadina, le sovrastrutture mentali del passato, i sensi del pudore, sempre contrapposti a una manifesta dignità morale, al coraggio, all'onestà di singoli personaggi.

Da questo punto di vista, è esemplare la storia di Nottolina. Si tratta di una donna, all'anagrafe Piera, che "conosceva poche cose, ma aveva anzitempo imparato a sopravvivere. Sapeva che esisteva l'Italia, ma tutto restava lì [...]; non ignorava ci fosse il Mondo, senza però interessarsene tanto: non più di quanto il Mondo si fosse mai preoccupato di lei". Nottolina, abituata a viaggiare di notte "per i sentieri e i tratturi del monte" viveva da sola in mezzo al Subasio, tra Collepino e San Giovanni, nel tratto cosiddetto della "liscia", dove spiana la salita e la strada si fa pianeggiante. In quei luoghi, in estate, molti pastori abruzzesi organizzavano con le pecore la loro transumanza, restando a vivere per mesi in accampamenti di fortuna o dentro capanne ricavate nella roccia. Fu così che Nottolina imparò a scambiarsi piaceri e compagnia con alcuni di questi uomini, finendo con l'innamorarsi perdutamente di Salvatore, con il quale ha inizio un'intensa storia d'amore che entrambi tentano invano di tenere al riparo da occhi indiscreti. La relazione tra i due prosegue per tutta l'estate, finché Salvatore, sempre più geloso e insofferente degli sguardi e delle parole degli altri pastori, propone a Nottolina un matrimonio riparatore chiedendole di andare a vivere insieme nel suo paese, in luoghi a lei sconosciuti. Al rifiuto dell'amante, dopo un alterco burrascoso, i due si separarono per sempre prima del ritorno di Salvatore alle sue terre natie. Fu pochi giorni dopo quell'accadimento che venne ritrovalo il corpo esanime di Nottolina e del suo mulo, entrambi finiti infondo a una scarpata sul greto del torrente Chiona.

Questa storia, narrata nel libro con pathos particolare, in parte vera in parte romanzata, dà all'autore la possibilità di ragionare sul significato più profondo del termine libertà e sull'impronta maschilista dei rapporti di genere, individuando quelle stesse riflessioni anche in numerosi riferimenti letterari: da *La lupa* di Giovanni Verga a *Serafina* di Tennesse Williams, oppure nell'interpretazione di Rosa da parte di Anna Magnani, vincitrice del premio Oscar nel 1950 grazie all'interpretazione nel film *"The Rose Tattoo"* di Daniel Mann.

Tutti i racconti presentati nel libro conservano, inoltre, una caratteristica non meno importante rispetto a quelle descritte finora, concedendo a Mazzoli la possibilità di ragionare di questioni legate all'esistenza terrena, alla precarietà della vita, alla natura maligna o benigna attribuita agli esseri umani. Il tutto non senza una spiccata vena di sensibilità poetica e politica (spesso sovrapposte), che porta l'autore a considerazioni profonde su temi cruciali come la pace e la guerra, il senso della vita e della morte, l'amore e l'odio, sempre considerati in una contrapposizione binaria tipica del ragionamento di chi è evidentemente interessato alla ricerca di una *"verità"* possibile. L'autore affronta queste tematiche utilizzando chiavi di lettura che, a seconda dei casi, mettono a beneficio del ragionamento elementi filosofici, religiosi e antropologici, con incursioni non meno frequenti nella storia antica e nella mitologia greca e romana anche per mezzo di richiami archeologici, geologici ed etologici, in un intreccio inestricabile di riflessione e immaginazione. È così che il Nostro si convince di poter arrivare a comprendere meglio e a spiegare con maggiore efficacia la dimensione più profonda delle vicende che segnano la storia dell'umanità.

L'ultimo elemento da considerare in questa premessa è il rapporto che vede protagonisti la città e i suoi abitanti.

L'autore non tarda a dichiarare e a esprimere amore eterno nei confronti della *sua* città. Una città narrata con confidenza e reverenza, testimone di eventi e fatti storici d'indubbia importanza, popolata da persone, spiriti e ricordi che egli descrive con sentimento di ammirazione, al pari di come farebbe un innamorato nei confronti della sua donna. Un amore, quello di Mazzoli per Spello, che emerge in primo luogo dalla volontà di non disperdere nel tempo i segni nascosti della città, i suoi usi e i costumi, le abitudini, le credenze, il contenuto di un vissuto quotidiano che in tanto sono importanti nella dimensione passata in quanto costituiscono fonte d'insegnamento e monito anche per le generazioni future.

Ed è questo, senza dubbio, lo spirito con il quale il Nostro intende completare il volume, aggiungendo alla prima parte una lunga appendice monografica nel corso della quale egli abbandona i tratti della narrazione favolistica per dare forma a un racconto fondato sulla memoria storica. Si tratta di una serie di interventi sui *Mestieri della vecchia Spello*, che danno all'autore la possibilità di continuare a descrivere la sua città. Emancipandosi in parte dalla voce narrante di "zia Faustina", Mazzoli procede sul filo di una descrizione in larga misuro autobiografica, incentrata sui ricordi del dopoguerra, tra gli anni cinquanta e sessanta del Novecento. In questo caso, il pretesto per continuare a parlare di Spello sono i nomi e la vita di alcuni personaggi della città realmente esistiti, amici, lavoranti o animatori delle botteghe artigiane del falegname (padre dell'autore), del calzolaio (nonno dell'autore) e delle sarte (zie dell'autore).

Nell'appendice Mazzoli si lascia guidare dai pensieri e dalle rappresentazioni personali che egli conserva sin dall'età di bambino, quando tra quelle botteghe, quelle voci, quei nomi e quei protagonisti egli muove i suoi primi passi verso l'età adulta (a quei tempi non era concessa a nessuno la fase adolescenziale) e verso una spiccata socializzazione politica, che appare preminente sin dalla scelta narrativa. Nelle pagine conclusive del libro, l'autore decide di continuare a descrivere Spello adottando il punto di vista degli ultimi, o dei quasi ultimi, operando una precisa scelta di campo, così come più velatamente aveva mostrato di fare anche in precedenza ricordando le storie dello scalpellino, di Nottolina, del brigante Cinicchio, e così via. Tutto ciò permette a Mazzoli di continuare a svolgere un'incessante azione di ricerca della *verità* possibile (o forse auspicabile), fosse anche non teologica né religiosa. Ed è in tal senso che in questa parte del libro compare la politica. In particolare, dai vicoli di Spello emerge un pezzo della storia d'Italia, le elezioni politiche del 1948, l'anticlericalismo umbro tipico dell'identità social-comunista, il clima di divisione della società di allora.

Ma dai vicoli di Spello fa capolino anche Sanremo, il concorso di Miss Italia, il cinema realista e quello hollywoodiano, il twist e i balli americani che richiamavano un mondo in transizione e la volontà di uscire, anche con l'aiuto della fantasia, dalla pesantezza e dalle difficoltà vissute negli anni successivi al secondo conflitto mondiale.

In questo clima si producevano profonde divisioni tra gli esponenti delle classi più abbienti e quelli delle classi meno abbienti, e in tutto ciò non era irrilevante la collocazione politica delle singole persone. È per questo motivo che Mazzoli non tarda a prendere posizione, facendo suo il monito di Gramsci contro gli indifferenti, intesi come coloro che rinunciavano a parteggiare, decidendo di sedersi, à la Bertolt Brecht, *dalla parte del torto*.

Dentro questa scelta di campo, Mazzoli avanza nel testo proponendo una riflessione che assume forti tratti anti-moderni, come a reclamare il beneficio procurato da una società certamente diseguale, ma capace di conservare valori solidaristici e di umanesimo civile dispersi per sempre nelle pieghe del processo capitalistico della modernizzazione industriale.

Adottando un approccio narrativo a forte impatto scenico, nell'appendice del libro Mazzoli descrive una società scomparsa, un tempo eretta sul senso del sacrificio, sui valori di comunità, sul vantaggio di vivere in una dimensione diacronica rallentata; una società costituita su intimi rapporti di prossimità.

Ne fuoriesce la descrizione di una Spello profondamente diversa da quella che si affaccia nel terzo millennio, allora abitata e viva nel suo centro storico, piena di negozi, di attività, del brulichio allegro delle persone.

Una società rappresentata mediante l'utilizzo di categorie valu-
tative, con un bilancio sostanzialmente positivo, fosse anche perché
scritta con la nostalgia del ricordo della meglio gioventù, vissuta
dall'autore tra i vicoli di una città che non c'è più.

La Spello di una volta non potrà più risorgere né nelle leggende
popolari né nelle botteghe artigiane sopraffatte dai mercati della
grande distribuzione, ma con questa consapevolezza lo sforzo di
Mazzoli è ricomporre la trama delle storie che hanno animato la città
e il modello sociale di convivenza tra i suoi abitanti, nel tentativo di
non perdere la memoria lunga di ciò che è stato e per scegliere con
maggiore accuratezza la direzione da intraprendere e la strada ancora
da percorrere.

INTRODUZIONE

di Michelle Damiani

La mia amicizia con Angelo Mazzoli ebbe inizio nella terrazza del Bar Tullia di Spello. Già prima di conoscerlo, diverse persone mi avevano consigliato di contattarlo per prendere lezioni di italiano da lui. Fu proprio il loro sguardo complice ad indicarmi che in Angelo avrei trovato molto più di un semplice insegnante in pensione. Con una piccola gomitata mi sussurrarono: "È quello Angelo!" e così mi girai per presentarmi.

Il suo codino grigio, il cappello inclinato da una parte, alcune sciarpe, e una maglietta decorata con bandiere di tutto il mondo, mi portarono a credere che Angelo fosse una persona fuori dal comune, non certo convenzionale.

Non avrei mai immaginato …

Angelo divenne così il mio insegnante. Poi, in rapida successione, una guida per la mia famiglia, una connessione tra noi e la nostra nuova casa, un esempio di vita franca e aperta, un invito verso un nuovo modo di pensare. In breve, trovai in Angelo un amico fidato, un amico che rende sfumati i confini familiari.

Mi portò all'ospedale quando mio marito ebbe la polmonite e lì mi aiutò traducendo il linguaggio medico dal dialetto folignate in quello, per me più rassicurante, di Spello. Più di una volta, andò a caccia del mio gatto, per poi ritrovarlo a correre fra i tetti medievali del paese. In occasione del loro primo giorno di scuola, si sedette con i miei figli

193

per insegnar loro come chiedere l'uso del bagno.

Una volta telefonò ad un amico per chiedergli come preparare una ricetta di cui ero curiosa e quando terminai di cucinarla ne offrì piccoli assaggi a tutta Spello tanto che, quando passavo, la gente mi gridava "cotiche!". La pelle del maiale. Probabilmente ci saranno cose peggiori per le quali essere conosciuti ma senza dubbio anche di migliori.

Insegnò a Gabe, mio figlio, i trucchi più raffinati per giocare a Scopa e battere gli anziani nella terrazza di Tullia, e, tra questi, anche il fratello di Angelo. Come si divertiva Angelo nel vedere la finta espressione infastidita di Marcello quando perdeva! Spesso ci si dimenticava persino di terminare le nostre lezioni di italiano tanto parlavamo di poesia, spiritualità e di come queste si incontrano in letteratura.

Quindi non dovrebbe sorprendere che quando scrissi il mio *memoir* sul vivere, mangiare e crescere a Spello, Angelo divenne subito il personaggio locale preferito dei miei lettori. La sua saggezza, il suo cuore, trascendono le pagine. Nell'estate in cui lanciai *Il Bel Centro: A year in the Beautiful Center*, Angelo camminava su e giù per via Giulia con un mucchio di miei libri sotto il braccio, suscitando entusiasmo e chiedendo donazioni ai passanti per la festa dell'inaugurazione del libro che si sarebbe tenuta nella piazza principale di Spello.

Una volta rientrata a Charlottesville, in Virginia, Angelo mi mandò, tramite un amico, un video messaggio nel quale lui siede alla sua scrivania in legno, ormai familiare, circondato dai suoi libri, ricordi, dipinti e gingilli vari. Angelo ride chiedendomi come va con il mio italiano e, stuzzicandomi, ricorda il mio rifiuto nell'apprendere il passato remoto. Poi diventa serio parlando di quanto sente la mancanza mia e della mia famiglia, e dice (questa è ovviamente una traduzione, l'inglese di Angelo infatti arriva alle sole parole *"underground"* e *"true love"*, nonostante mi abbia chiesto ogni volta di scrivere una parola inglese nel suo quadernino degli appunti): "Michelle, vedo che non scrivi più della tua vita a Spello. Certo, ora sei in America. Ma, se posso darti un consiglio, inventati qualcosa".

E così feci. Prima scrissi una serie ambientata nel paese immaginario di Santa Lucia, modellato su Spello (il lettore sensibile sarà in grado di rispondere alla domanda che Angelo mi pose quando prese in mano per la prima volta il mio romanzo: "Chissà se ci sono anch'io in queste pagine?" *Oh, sì!*), e poi una serie stile *cozy mystery* (gialli leggeri), ambientata in un altro paese immaginario, chiamato Aramezzo, simile ad Armenzano, che visitai con Angelo poiché riteneva fosse importante per arricchire la mia conoscenza locale.

Come ho spesso ribadito, ognuno di noi ha bisogno di un Angelo. Non riesco a comprendere cosa abbia fatto in questa vita o in un'altra per meritarmi il dono della sua calda amicizia, il suo infaticabile sostegno, la sua generosa saggezza, le sue incredibili storie.

Sono proprio quelle storie e quei racconti che oggi mi inducono a scrivere queste parole. Lezione dopo lezione e, successivamente, nelle passeggiate in macchina, nei giri in barca e durante i pasti, i racconti di Angelo avevano, ed hanno tuttora, il potere di affascinare. Una volta stavamo mangiando una pizza all'Orlando Furioso quando lui ci tirò per le braccia per portarci dall'altra parte della strada a vedere il luogo dove Orlando, celebre soldato dell'esercito di Carlomagno, fece un buco nel muro con il suo violento getto di urina. Ridemmo di questa storia e poi parlammo del suo significato, del perché la storia fosse importante nei cuori e nelle menti della gente locale, del perché la narrazione in sé abbia uno scopo vitale.

Poi, quattro anni fa, quando tornai a Spello, Angelo mi chiese se fossi stata interessata a scrivere un libro con lui, dove lui avrebbe presentato le sue storie in italiano e io le avrei rese leggibili al pubblico di lingua inglese. Accettai la sua proposta ma, a dir la verità, non ci pensai tanto sopra. Quest'uomo non utilizza le email e neanche WhatsApp (non ho proprio idea dove riesca a trovare i telefoni con pulsanti vecchio stile!). Sembrava un'improbabilità statistica che le nostre vite si potessero incrociare per tale progetto.

Suppongo che potremmo dire grazie alla pandemia per le parole che state leggendo. È un bene infatti poter ringraziare la pandemia per qualcosa, no? Sapete, la mia famiglia aveva programmato un altro anno all'estero per il 2020-2021, questa volta un viaggio intorno al mondo, un mese in ciascuno dei dodici luoghi che avevamo scelto, dalla Scozia alla Bosnia, dal Giappone all'Argentina. Ma la pandemia ha deriso la nostra ipotesi che la gente si sarebbe potuta muovere facilmente da un posto all'altro con il solo passaporto aggiornato. Ah!

Mentre i muri intorno a noi si chiudevano, ci rendemmo conto che, grazie alla cittadinanza italiana di mio marito e dei nostri figli (acquisita durante la prima permanenza a Spello), le porte dell'Italia erano per noi ancora aperte. Nel momento in cui l'idea divenne un'opzione reale, non sembrò più un premio di consolazione bensì una vincita alla lotteria. Con mio figlio più piccolo che combatteva il Long COVID (si risolse una volta atterrati in Italia, do credito alla Nutella e al sole italiano!) e quelle che prima erano semplici cose da fare, come comprare la carta igienica, e che ora richiedevano uno sforzo erculeo, nessuno di noi voleva neanche pensare di viaggiare qua e là. E' difficile piangere la perdita di qualcosa che non vuoi più. A Spello avremmo avuto un anno diverso, ma con il supporto di una rete sociale, una lingua con cui potevamo arrangiarci e un sistema sanitario che era ormai familiare (grazie all'esperienza di quell'attacco di polmonite).

Angelo si presentò al portone subito dopo il nostro arrivo e mio figlio fece salti di gioia all'idea di imparare italiano con lui. Avevamo perso molta della nostra abilità linguistica durante gli ultimi sette anni e Gabe, che studiava a casa, fu molto contento di poter riprendere lo studio dell'italiano.

Angelo mi chiese se me la sentissi di lavorare insieme su quel libro e gli risposi di sì, mentre pensavo tra me e me "È una bella idea, ma c'è una pandemia e quest'uomo di ottant'anni ha fin troppi impegni." Quindi fui sorpresa e risi quando mio figlio tornò da una lezione di italiano con una manciata di noci e alcune pagine battute a mano (le *n* un pò tremanti di quella macchina da scrivere antica) di una storia che parlava di una gallina gigante che viveva nelle grotte sotto a Spello.

Effettivamente il mio italiano non è molto buono. Di certo questo non era un segreto per Angelo il quale alla fine, ricordate, dovette rinunciare ad insegnarmi il passato remoto perché si rifiutava di entrare nelle spesse pareti del mio cervello. Allora, chissà perché Angelo lo chiese a me? Dopotutto, ci sono molti residenti di Spello che possiedono la doppia competenza linguistica e che avrebbero potuto tradurre la sua opera senza alcun intoppo.

Credo che la risposta si trovi nel corvo.

Molto tempo fa, durante il mio primo soggiorno a Spello, quando Angelo ed io parlammo di letteratura, condivisi con lui una mia poesia, *Un Corvo*, che ritenevo fosse di poco conto ma che a lui piacque molto, così trascorremmo un'ora divertente a tradurla insieme, parlando del ritmo, della cadenza e del significato che ti colpisce al cuore. Angelo si appoggiò indietro sulla sedia e mi fissò. Il momento fu carico di emozione, un respiro tra due narratori, due amanti delle parole, due esseri umani con il cuore aperto. Condividiamo una sensibilità, Angelo ed io. E mi piacerebbe pensare che questo è ciò che lo ha indotto a chiedermi, quattro anni fa, di lavorare insieme a questo progetto.

Mentre mi sentivo onorata che Angelo si fidasse di me per i suoi racconti, quelli che aveva imparato sulle ginocchia della Zia Faustina, non sapevo però da dove cominciare. Una traduzione diretta poteva essere ottenuta attraverso il traduttore Google. Iniziai lì, giocherellando con parole che sapevo significavano qualcosa di diverso per gli spellani. La traduzione andava a rilento e in ogni caso mi resi conto che non affascinava quanto le storie di Angelo.

Ho imparato, parlando con altre persone che cercano di tradurre le parole dei loro cari familiari, che non sono sola in questa esperienza. Gli anglofoni raccontano le storie in modo diverso. Una traduzione diretta delle parole italiane che girano intorno fino ad arrivare alla conclusione confonderebbe gli anglofoni, abituati invece ad una progressione più lineare. Gli anglofoni preferiscono una voce attiva, che crei uno stile di narrativa più conciso. Un lettore anglofono si perderebbe nelle convenzioni di una scrittura diversa e fallirebbe nel catturare la magia delle storie di Angelo. Iniziai a comprendere che non potevo fare una traduzione diretta senza che suonasse male. Non ci sarebbe stata una cadenza armonica, né un'allitterazione... nessuna poetica.

Allora chiesi a mio figlio più grande, Nicolas, di tradurre il primo passaggio. All'età di ventitré anni, aveva già studiato abbastanza italiano in un anno di scuola pubblica e in altri tre di lezioni private tanto da ottenere 5 su 5 all'esame dei corsi avanzati di italiano (Advanced Placement). Lui, inoltre, adora Angelo, quindi avrebbe rispettato le parole del suo maestro. Nicolas ha fatto ancora meglio, cercando le fonti di riferimento citate da Angelo per inserirle nel contesto, mettendo in evidenza dove una parola potesse avere più di un significato.

Quando dissi ad Angelo che Nicolas avrebbe fatto la traduzione diretta, Angelo ne fu contento e si rilassò. Era chiaro che Angelo non mi aveva scelta per tradurre le sue storie in inglese per le mie straordinarie abilità (rido sotto i baffi!), piuttosto si fidava di me per le sue storie a causa della sua fede nella tradizione orale.

Le storie tramandate da generazione in generazione non sono identiche in ogni racconto. L'ordine della storia potrebbe cambiare, o il colore dei capelli, oppure le parole usate per esprimere un cuore spezzato. Parole specifiche non sono il vero punto.

La storia, la *storia*, è il punto.

E io credo che lui si fidasse di me, da narratore a narratore, della mia capacità di entrare in quelle leggende e in quei miti che hanno vissuto così a lungo dentro di lui. Credeva che io sarei riuscita a commuovere un anglofono nel sentire le sue storie come le sentiamo noi. C'è un sentimento quando ti siedi davanti alla scrivania di Angelo, ascoltando la sua attenta cadenza e osservando i suoi occhi che danzano dietro i grandi occhiali, decorati con pezzetti di carta di alluminio per renderli suoi.

È quel sentimento, quell'Angelo, che io presento qui. Più che una traduzione letterale, sono qui per tradurre la sua voce, il suo cuore.

Dopotutto, Angelo sarebbe il primo a dirvi che il modo in cui una storia è raccontata dice molto del narratore, tanto quanto delle tradizioni popolari presenti in ogni racconto. Quindi, in queste pagine imparerete a conoscere le usanze, le tradizioni e le storie di un paese nel cuore d'Italia e apprenderete anche come un uomo è arrivato ad accettare quelle storie, come le ha usate per capire la sua stessa vita, per creare una finestra, una lente attraverso la quale vedere il mondo. Leggendo il mio adattamento delle sue parole, spero potrete vedere il mio Angelo, con l'occhio della vostra mente, che salta su una roccia per indicare dove il diavolo una volta danzò, o che sterza la macchina e si ferma per alzare gli occhi dove la Nottolina incontrò il suo tragico destino. Spero che le sue storie portino l'uomo che è dietro di loro in piena luce. Angelo è unico, sia come spellano che come essere umano. Dopotutto, quanti uomini conoscete che possono citare poeti turchi e nello stesso respiro parlare con entusiasmo del film "The Bodyguard", che lui guarda ogni volta che viene trasmesso in TV?

Il mio compito è quello di portare sia le storie di Angelo che Angelo stesso a voi, lettori anglofoni. Spero che leggendo i racconti vi sentirete incantati come lo sono io quando mi siedo davanti alla sua scrivania di legno in una stanza piena di magia. Spero che ogni storia la sentiate come un dono così come lo è stato per me, trasportata dalle mani di mio figlio con l'onnipresente manciata di noci. I disegni che Angelo ha realizzato per accompagnare ogni storia, considerateli come un ulteriore dono della sua narrazione.

Mentre vi offro qui la mia visione della visione di Angelo della sua visione della Zia Faustina, è importante per me includere l'originale: le parole di Angelo. Studiosi d'italiano, vi invito a leggere la narrativa di Angelo, libera dall'intervento della mia revisione. Ci sono parole che non hanno l'equivalente inglese ma che diletteranno coloro che studiano l'italiano. *Animalaccio* è un esempio. Se il vostro significato è simile alla mia versione, lo considererei centrato.

E in effetti, non è quello il punto di imparare una lingua? So che quando sto in fila dal *fruttivendolo* chiacchierando con una vicina, non posso soffermarmi troppo su una parola sconosciuta, altrimenti rischio di lasciar correre la conversazione e perderne il senso. Piuttosto, è diventata una pratica abituale attenuare il suono delle parole lasciando che ondulino intorno a me, per rimanere presente con la signora che mi sta dicendo quale tipo di erba di montagna è la più dolce.

Come potete immaginare, mi sento onorata ed emozionata per la fiducia che mi è stata data nell'affidarmi queste storie. Conosco tanti paesi di cui non sono mai state annotate abbastanza le tradizioni ed ora le loro leggende sono perdute, come Angelo direbbe "nelle nebbie del tempo". Siamo fortunati che Angelo sia stato cresciuto dalla Zia Faustina, una grande narratrice. Siamo fortunati che Angelo amasse le sue storie così tanto da farsele ripetere più volte di seguito. Siamo fortunati che Angelo abbia vissuto una lunga vita, lunga tanto da incrociare un periodo storico nel quale è vivo l'interesse per i racconti del passato.

Spero noterete quante di queste storie siano simili alle leggende antiche con le quali siete cresciuti. Angelo ci mostra che i temi di queste storie, che continuano a ripetersi, sono gli stessi che risuonano in noi. In questo modo, possiamo comprendere che le nostre vite sono *roba da leggenda*. Ascoltando e raccontando cosa c'è nei nostri cuori, ci teniamo ancorati alla riva.

Abbiamo bisogno solo di un occhio estroso, un orecchio curioso e una passione per la narrativa per rendere anche le nostre vite degne del titolo di leggenda. Forse queste storie risveglieranno in voi curiosità per le tradizioni della vostra famiglia, ispirandovi a sfogliare le pagine di un vecchio album di foto. In quella testa inclinata, con aria un pò di sfida, forse vedrete un flash di Zia Faustina, nella ruga di un occhio forse il nonno irascibile di Angelo, sempre a caccia del Regolo.

Mi chiedo, quali racconti di famiglia tramanderemo? Quali storie diventeranno la nostra stessa leggenda?

Gentile lettore, questo è tutto ciò che ho da dire, spero di suscitare curiosità non solo per le mura rosate di Spello ma per il cuore battente della narrazione intorno a voi. Spero che, leggendo questi racconti, sentirete Angelo e i sussurri della storia che tiene nel suo cuore. Sicuramente e decisamente come una manciata di noci, pronte da gustare.

E ora, proprio come quando Angelo ed io condividemmo il microfono tanti anni fa, mentre leggevo la mia poesia ad un pubblico e lui leggeva la traduzione italiana, passo il microfono ad Angelo e lascio che la sua narrazione continui da qui.

Traduzione a cura di PAOLA MAMMOLA

I RACCONTI DELLA ZIA FAUSTINA

Zia Faustina

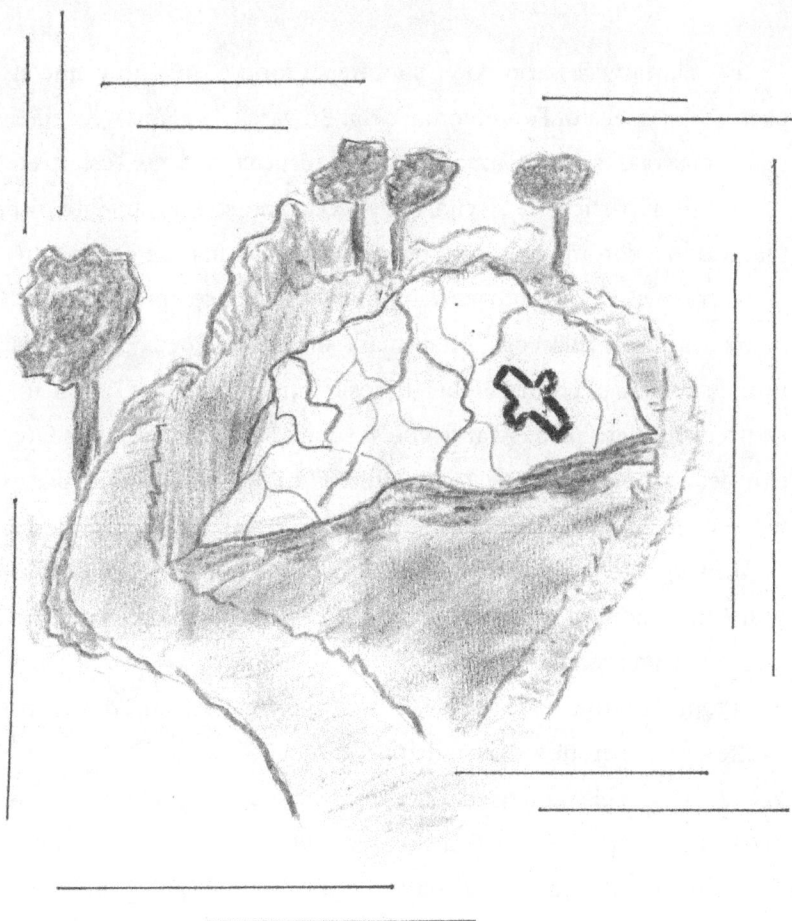

LO SCOGLIO DEL DIAVOLO

Al tempo in cui le civili abitazioni non erano servite dal servizio idrico, era molto importante avere a portata di mano una comoda fonte da cui potersi rifornire di acqua.

C'era sì l'Acquedotto Romano, ma spesso non era sufficiente a soddisfare il fabbisogno generale degli abitanti del nucleo urbano di Spello, per non considerare poi che non tutte le case v'erano collegate.

Era allora necessario poter contare su fonti e sorgenti vicine al paese; c'era quella di Fontemonte, della Bulgarella, di Fontevecchia e qualche altra di minore importanza che tuttavia, durante l'estate ed in periodi di particolare siccità, si disseccavano completamente o si limitavano a portare un misero rigagnolo, giusto qualche goccia!

C'era invece una fonte particolarmente ricca e sempre rigogliosa; si trovava fuori della Porta Montanara, oltre viale Poeta, poco più a nord dell'inizio di via degli Olivi (la cosiddetta Stradetta di Assisi), un tratto di sentiero pianeggiante che si snoda lungo la costa collinare, con vista panoramica sulla vallata umbra: un ottimo luogo per piacevoli e salutari passeggiate fuori porta.

La sorgente si trova all'interno dei visceri della collina; l'acqua freschissima affiora in superficie dopo aver percorso un lungo cunicolo ricavato dalla roccia.

Proprio di fronte alla bocca della fonte si erge, per circa due metri di altezza, lo sperone roccioso detto "Lo Scoglio".

Questo scoglio emerge dal crinale aspro e pietroso, che contrasta decisamente con la consueta dolcezza del paesaggio del versante del Subasio, quello dal quale, oltrepassata Spello, si può guardare la sagoma rosata di Assisi stagliarsi a circa una decina di chilometri di distanza e che attraversa gli uliveti più caratteristici delle nostre zone, con le piante di moraiolo ben distribuite in ordine sui terrazzamenti strappati alla collina a colpi di piccone, consolidati da una incastellatura di muretti a secco fatti con sassi di pietra rossa che, eufemisticamente, la gente del posto chiama "pianette".

Vecchie leggende popolari individuano proprio qui, nella Verde Umbria, nel cuore della terra di Francesco, la dimora del Diavolo.

Nelle notti più fredde e tempestose, in molti giurano di averlo avvistato, a dispetto della santità del luogo, accovacciato sul suo scoglio che si erge davanti alla sorgente (da cui l'etimo "Scoglio del Diavolo "), nell'inutile tentativo di impadronirsi dell'anima di qualche sventurato..., che dovesse transitare per attingere acqua oppure soltanto per dissetarsi.

La leggenda è questa.

La sorgente era contesa tra gli abitanti di Spello e quelli di Capitan Loreto, una frazione di Spello che segna il confine con Assisi.

Qualche abitante di Capitan Loreto aveva messo in circolazione la "voce" secondo la quale, vicino alla fonte, era stato spesso visto comparire il Diavolo il quale addirittura usava bere acqua fresca alla fonte maledetta per poi riposarsi tranquillamente sullo scoglio, come fosse un trono.

Al rapido diffondersi di questa novella, non c'era più alcuno spellano che volesse recarsi alla sorgente, intimorito dalla sciagurata possibilità di vedersi comparire il demone da un momento all'altro.

A causa di questi timori molti abitanti di Spello soffrivano per la scarsità di acqua e questo comportava seri problemi sia per l'alimentazione ma anche sul piano della salute e della pubblica igiene.

Occorreva trovare presto una soluzione! Ma quale?

Un bel giorno si presentò al cospetto dei maggiorenti della comunità spellana un anziano scalpellino che viveva solo ed aveva un aspetto piuttosto malandato, tuttavia era molto apprezzato per la sua particolare bravura nel saper lavorare sulla pietra con lo scalpello ed il martello. Il poverino, non avendo nulla da perdere, visto che era sempre affamato e senza alloggio, si presentò ai governanti formulando questa proposta, a suo dire ragionevole e risolutiva:

"Io non posseggo nulla; la mia fine sarebbe comunque misera per cui, se mi verranno dati come compenso un piccolo alloggio e una modesta somma di denaro necessaria per mantenermi in vita per il resto dei giorni che mi tocca ancora stare al mondo, vi garantisco che libererò la sorgente e lo scoglio dalla presenza del Diavolo ".

I rappresentanti del popolo spellano accettarono di buon grado la proposta avanzata dallo scalpellino accogliendo tutto quanto da lui richiesto a titolo di compenso e gli chiesero di esser ragguagliati sui particolari del piano che pensava di attuare per raggiungere lo scopo prefisso; l'artigiano, senza scomporsi, rispose che tutta l'operazione che intendeva porre in essere era un segreto di lavoro; tuttavia, con atteggiamento serio e professionale, consigliò a tutti di stare tranquilli e fiduciosi circa il buon esito del suo intervento particolarmente inusuale e delicatissimo.

A questo punto è necessario spiegare che il povero scalpellino aveva avuto una nonna molto saggia che faceva anche l'indovina la quale, quando lui era bambino, gli aveva raccontato tante storie sul Diavolo, sulla sua forza, ma anche sulla sua debolezza ... Un sistema infallibile per far fuggire il demonio è farlo trovare di fronte a due cose: una collana fatta con i capi di aglio e, soprattutto, una croce.

Ottenuto il benestare dei governanti di Spello, di buon mattino, il povero scalpellino si mise intorno al collo una lunga "treccia" di aglio, sicuro che avrebbe allontanato il Diavolo alla prima vista e al primo odore, quindi prese gli attrezzi di lavoro, martello e scalpello e, dopo aver bevuto un buon fiasco di vino per darsi coraggio, uscì da porta Montanara diretto allo Scoglio e alla Sorgente.

Arrivato che fu allo sperone roccioso, in tempo utile riuscì a scolpire sulla pietra una bella croce, prima che il sole tramontasse e facesse notte. Appena ultimato il lavoro, all'improvviso, ecco apparire la spaventosa figura del Diavolo, il quale restò immobilizzato vomitando lunghe lingue di fuoco, scagliando intorno lampi accecanti e ammorbando l'aria circostante con dense cortine di fumo sulfureo.

Satanasso tentò subito di gettarsi sul pover'uomo, ma il puzzo dell'aglio lo fece inesorabilmente arretrare; subito si riprese e con una sferza fiammeggiante provò a bruciare lo scalpellino, tuttavia le fiamme illuminarono la "sacra croce". Ed è lì che avvenne il miracolo. Il Diavolo fu costretto ad arretrare, emise un urlo terribile che tutti gli Spellani riuscirono a sentire, bruciò molti ulivi lì tutt'intorno e ...

lasciandosi dietro una densa scia di fumo nero e di cenere melmosa fuggì da quel luogo, ormai per lui non più adatto.

Da quel giorno il Demonio non apparve più in quel posto!

La gente di Spello, pian piano, prima timorosa, poi sempre più rassicurata e alla fine pienamente tranquillizzata, riuscì finalmente a ritornare alla fonte per attingere acqua fresca, copiosa e sempre corrente.

Come promesso, il povero scalpellino ebbe assicurata una vecchiaia serena e dignitosa fino agli ultimi giorni della sua lunga vita: apprezzato, stimato, rispettato, benvoluto da tutti e quasi venerato come un santo.

Quando avvennero questi fatti? Qual era il nome dello scalpellino? Esistono discendenti e parenti?

Tutto resta avvolto nelle nebbie del tempo e del mistero. Sono necessariamente gli ingredienti che conferiscono senso concreto e quasi credibilità storica a tutte le fiabe popolari.

Tre cose però sono vere e documentano realisticamente il mito:

- la sorgente, oggi purtroppo chiusa con uno sportello metallico, per impedire che ci si possa inoltrare nel pericoloso cunicolo, che penetra all'interno del terreno per oltre 50 metri;

- lo scoglio che si presenta come un rosso dente di pietra;

- e soprattutto sulla parete una visibilissima, perfetta croce scolpita sulla viva roccia.

Chiunque ancora oggi si avventuri sul luogo, raggiungibile, passata porta Montanara in direzione di Capitan Loreto, dopo appena quindici minuti di strada, non può fare a meno di indicare con le dita i solchi incisi dei bracci della croce, pensando così di compiere un gesto in grado di allontanare, se non la fiabesca figura satanica, almeno le tante cose demoniache che spesso, nostro malgrado, possono accaderci, per le vie del male lungo la nostra non sempre fortunata esistenza.

È un semplice atto apotropaico, di augurio e di speranza.

Tutte le volte che ripenso a questa leggenda provo sentimenti di benevolenza per il povero scalpellino che ha sempre rappresentato per me un felice simbolo di umanità e di solidarietà sociale e civile.

Finalmente il salvatore non era un cavaliere d'armi, un principe, un valoroso guerriero, ma una persona umile, che mette sulla bilancia della sua misera vita soltanto il coraggio personale per garantirsi dignità e rispetto.

Finalmente un individuo semplice che diventa eroe ... anzi un uomo, tutto terreno, che conquista, in mezzo alla gente, il proprio valore di santità.

IL PALADINO ORLANDO:
LA MINZIONE E LA PRIGIONE

Il re dei Franchi Carlo Magno, uomo molto potente, già padrone di gran parte dell'Europa Centrale, scese in Italia per andare a Roma allo scopo di farsi incoronare Imperatore del Sacro Romano Impero da papa Leone III.

Tutto cominciò quando papa Leone III si vide costretto a fuggire da Roma in conseguenza di una insurrezione di rappresentanti dell'aristocrazia che lo incolpavano di essere spergiuro e di aver assunto comportamenti immorali. Dopo aver imprigionato il Papa nel monastero di Santo Erasmo, i ribelli volevano cavargli gli occhi e tagliargli la lingua, come era in uso durante l'impero bizantino quando ci si voleva sbarazzare di un eminente personaggio senza insozzarsi del peccato di omicidio.

Il Papa Leone III venne però scarcerato da due inviati dei franchi e condotto a Paderborn dove lo aspettava Carlo Magno, al quale raccontò l'ennesima bugia: gli insorti gli avevano strappati gli occhi e la lingua ma, successivamente, grazie a un miracolato operato da San Pietro era stato sanato dal male fisico che gli era stato procurato. Avvenne però che, poco tempo dopo, sopraggiunse presso la corte di Re Carlo una rappresentanza dei cospiratori che negò l'effettiva esecuzione delle mutilazioni.

A questo punto Carlo dovette investirsi del ruolo di giudice per dirimere l'ingarbugliata matassa; dopo aver interpellato il fedele Alcuino, il sovrano ordinò che il papa venisse riportato a Roma insieme ad alcuni funzionari da lui designati allo scopo di verificare la fondatezza delle accuse formulate dai suoi oppositori.

Dopo alcuni mesi la questione non venne chiarita ma Carlo Magno decise comunque di assolvere Leone da tutte le accuse che gli erano state mosse e deliberò di reinsediarlo sul soglio pontificio.

Anche per questa ragione, quando Re Carlo arrivò a Roma il 24 novembre dell'800, venne accolto con tutti gli onori da Leone III che gli dedicò uno sfarzoso cerimoniale.

Il 1 dicembre Carlo Magno aprì i lavori del Concilio che avrebbe dovuto pronunciarsi definitivamente sulle accuse rivolte al papa: alla fine dei lavori l'assemblea confermò che nessuno era in grado di giudicarlo o di dimostrare l'effettiva colpa della sua persona:

"Noi non usiamo giudicare la sede apostolica che è alla testa di tutte

le chiese. Infatti siamo noi ad essere giudicati da essa e dal suo vicario, mentre essa non è sottoposta a giudizio alcuno, secondo l'antica usanza".

Il giorno di Natale dell'800, per riconoscenza dell'enorme favore fattogli dal sovrano, il pontefice lo incoronò con un cerimoniale alquanto estemporaneo e che prevedeva anche l'unzione con l'olio sacro. Il popolo acclamava a gran voce Carlo Magno con il titolo di imperatore e Augusto e tutti i fedeli romani esclamarono all'unanimità per tre volte e con voce altisonante: *"A Carlo, piissimo Augusto, grande e pacifico imperatore dei Romani, coronato da Dio, vita e vittoria".*

Prima di scendere in Italia attraverso itinerari del tutto sconosciuti, strade incerte e pericolose, paesi e città insicuri, luoghi primitivi abitati da popolazioni ostili, Carlo Magno pensò bene di inviare, in avanscoperta ed esplorazione conoscitiva, un nucleo di suoi soldati scelti, guidati dal paladino Orlando chiamato anche Roland.

Questi ebbe i suoi natali a Sutri, almeno così si tramanda, da generazioni, di padre in figlio.

La leggenda della nascita di Orlando a Sutri affonda le sue radici nel IX secolo dopo Cristo. Più di mille anni fa. La tradizione popolare vuole che il Paladino Orlando sia nato in questo luogo all'interno di una grotta.

La madre di Orlando si chiamava Berta, sorella di Carlo Magno. La donna si invaghì di Milone, un condottiero privo di umili origini ma che godeva fama di essere molto valoroso. Carlo Magno non accettò la tresca tra i due e li bandì dalla corte. Milone si mise in verso Roma pensando di chiedere al papa un atto di intercessione verso il re. Da queste vicende l'arrivo a Sutri della coppia di amanti ed il luogo dove Berta partorì il piccolo Orlando.

Il bambino crebbe in questo luogo e subito si mise in evidenza per la forza fisica, la destrezza ed il coraggio.

Carlo, vittorioso sui Longobardi, decise di recarsi a Roma per assistere alle celebrazioni delle festività pasquali del 775 e incontrare papa

Adriano. Durante il suo viaggio in direzione di Roma Carlo Magno transitò per Sutri dove il giovane Orlando, vestito da umile servitore, si introdusse furtivamente nel convivio di corte e rubò—con la velocità della folgore—la coppa riservata alle libagioni del re.

Re Carlo non si incollerì per l'azione subita, anzi sfidò il giovane a ripetere l'impresa il giorno successivo. Orlando non ebbe difficoltà a ripetere l'azione furtiva ma, mentre tornava a casa, venne fermato dagli uomini del re che riconobbero la madre Berta e intercedettero verso il sovrano per la riconciliazione con il fratello. Così Orlando entrò nelle grazie dello zio che lo portò al suo seguito e lo impegnò nelle più importanti battaglie contro i mori in imprese ardimentose che costituirono terreno fertile per il suo mito.

L'eroismo di Orlando toccò il culmine nella battaglia di Roncisvalle dove trovò la morte stremato nel suonare l'Olifante, il corno potente che avvisò la retroguardia di Carlo Magno dell'arrivo dei mori ma non la salvò dalla disfatta.

L'esistenza reale del paladino Orlando è documentata storicamente da numerosissime rappresentazioni sparse in tanti luoghi italiani ed europei, e qualche importante testimonianza si trova anche a Spello.

Certa è la sua morte eroica nella famosa battaglia di Roncisvalle (778) presso i monti Pirenei fra Francia e Spagna.

Nella speranza di arrestare l'avanzata araba in Europa, re Carlo inviò una spedizione militare guidata da Orlando; purtroppo si trattò di una catastrofica disfatta dove cadde morto lo stesso paladino.

La "Chanson de Roland ", celebre manoscritto di Oxford, anteriore al 1800, celebra le sue esaltanti avventure.

Matteo Maria Boiardo (1441-1494) ha composto il poema "Orlando innamorato", dove si canta l'amore del paladino per la bellissima Angelica, principessa del Regno del Catai.

Ludovico Ariosto (1474-1533) invece nel suo poema cavalleresco

"Orlando furioso" narra dello stato di follia dell'eroe, quando scopre che Angelica è innamorata non di lui, ma di Medoro.

Il mito di Orlando nacque facilmente da tutto ciò.

Era un uomo imponente di statura, fortissimo, coraggioso, baldanzoso, spregiudicato fino ad essere scandaloso.

Portava sempre con sé una spada dotata di poteri straordinari, detta "Durlindana", una lama fatata che si narrava fosse appartenuta al mitico eroe troiano Ettore; con essa era capace di spezzare macigni e di procurare voragini.

Cavalcava il focoso cavallo "Baiardo".

Ogni comunicazione importante fra lui e re Carlo, avveniva attraverso un corno da caccia ricavato dalla zanna di un elefante, l'Olifante appunto, il cui suono era capace di attraversare mari e monti (prodigioso antenato dei moderni telefonini portatili di ultima generazione!).

Le tracce della leggendaria presenza di Orlando qui a Spello, sono riscontrabili almeno in due luoghi.

Uno è presso la Porta Urbica, di fronte alla Chiesa di San Ventura, e lungo le imponenti mura romane, che da lì si dipartono verso la Porta Consolare in Piazza Kennedy.

Infatti poco dopo la porta, fatti appena alcuni passi e a due metti d'altezza dal piano stradale, è presente un "foro", nel bel mezzo di una pietra, abbastanza profondo e ampiamente levigato; ebbene trattasi della famosa "pisciata" di Orlando.

Il paladino, proprio in quel punto, avendo un estremo bisogno di mingere (*ictu mingendi*, in latino) si appoggiò al muro a circa un metro da terra e orinò tranquillamente.

Tanta era la sua energia vitale e prorompente virilità, che la spinta del suo getto di urina provocò quel buco legato oramai simpaticamente agli annali della storia locale.

Questo "reperto" è onorato di lapide e bassorilievo in cui sono elogiate le avventure eroiche e le gesta straordinarie di Orlando, invitando le generazioni a venire a tenervi debito conto e comportamento esemplare. (L'incisione sembra sia stata fatta eseguire da tal Taddeo Donnola, erudito cultore di storia spellana vissuto nel '600).'

Trovandosi a Spello, in quei pressi, non è da perdere un'altra impronta meravigliosa di Orlando.

Nei pressi della Porta Urbica, lungo le mura, si rileva ancora una sporgenza che indica l'altezza delle spalle del cavaliere: tre metri; due incavature ovali contrassegnano l'altezza dei gomiti: un metro e sessantatré centimetri; a circa un metro d'altezza è stampigliata l'orma del ginocchio... Tutto attestato con lapide nella chiesa di San Ventura.

Sempre lungo il muro romano, verso destra, si può ben osservare, in evidente rilievo, un simbolo fallico; pare che anche in questo Orlando fosse dotato.

Certo notiamo, con ironico piacere, quanto negli eroici tempi feudali "queste cose" venissero prese molto sul serio!

Per concludere, facciamoci guidare dalla descrizione che lo storico Giulio Urbini ne dà nel saggio "Le opere d'arte di Spello":

"Della mirabile cerchia romana, da assegnarsi probabilmente all' epoca d' Augusto, ora non rimangono che alcuni avanzi. Un bel tratto, lungo circa centodieci metri e assai ben conservato, comincia dinanzi al campo della fiera, ed è formato, con perfetta esecuzione, di piccoli parallelepipedi di calcare subasiano, disposti a strati regolari, d'un'altezza che varia dai quindici ai trenta centimetri, e commessi con pochissimo cemento, ma assai tenace. Da piedi, due o tre strati, sportando un po', formano come uno zoccolo, a cui, nove file sopra, fa riscontro un altro strato che aggetta allo stesso modo e che verso il Borgo, presso i miseri avanzi di una torre quadrata, va a combaciare col detto zoccolo, il quale segue la salita della strada, corrispondente perciò all' antica anche nella pendenza. Nel tratto di fronte alla chiesa di S. Ventura è scolpito un distico allusivo alla

leggenda d'Orlando, secondo la quale l'incavo alto da terra oltre novanta centimetri, sarebbe stato prodotto dal focoso Paladino, ictu mingendi (sarà bene dirlo in latino), o indicherebbe, secondo un'altra versione, l'altezza del suo ginocchio, come le due fossette ovoidali, a un metro e sessantatré, quella de' gomiti, e come quella del collo si troverebbe, a circa tre metri, in una sporgenza di forma allungata, presa invece da altri per 'un gros phallus de pierre' (la candida lettrice non ne chieda la traduzione), il quale deve aver suggerito al Carducci, nella Prefazione al 'Furioso', l'accenno a Ruodlando 'gigante e peccatore a Spello'."

— Giulio Urbini, "Le opere d'arte di Spello" Archivio Storico dell'Arte, 1896.

Si può facilmente immaginare quanto questo complesso groviglio di reperti fantasticamente connessi possano suscitare curiosità ed interesse nei turisti; la qual cosa ha indotto un astuto ristoratore rocale ad aprire in quei paraggi un ristorante e a chiamarlo "l'Orlando Furioso"; oggi questa attività commerciale riesce a trarre buoni profitti non soltanto per l'ottima cucina e per la gradevole ambientazione ma anche grazie alle leggendarie storie legate al prode Paladino che inducono i turisti a fare una piacevole sosta ristoratrice.

Dopo esserci a lungo intrattenuti sul luogo che richiama la gigantesca corporatura del nostro eroe, arriviamo al secondo luogo spellano, che ci racconta ancora delle avventure del paladino, non guerresche però, ma ingaggiate col gentil sesso e per le quali ebbe non poco a patire.

Abbiamo già detto che il nostro campione era forte, coraggioso ma c'è sfuggito di ricordare ch'egli era anche molto bello, particolare quest'ultimo che di certo non guasta. Orlando, pur se tradito dalla splendida Angelica, a Spello sembra abbia fatto strage di cuori femminili: donne giovani, nubili ma anche signore maritate, madonne raffinate e sode contadinotte ruspanti.

Agli uomini spellani questa frenetica pratica amorosa svolta ai loro danni faceva venire la mosca al naso! La gelosia rodeva nel profondo i villosi petti dei maschietti spellani! Onde per cui la sua presenza nei paraggi era malvista ed osteggiata—in assoluta discrezione—con ogni possibile mezzo poiché il loro rivale era il paladino del grande re Carlo, che da lì a poco sarebbe passato per la nostra città, e così le intemperanze di Orlando venivano *ob torto collo* subite e mal sopportate a malincuore, certo più per paura che per rispetto.

Tra la fitta schiera delle concupite emergeva però una fanciulla di bellissimo aspetto e dal cuore tenero, con la quale Orlando aveva intrecciato un profondo e sincero rapporto d'affetto, fortemente contrastato dalla severa famiglia di lei.

Fatto sta che questo sentimento cresceva di giorno in giorno e mentre esso più si ingigantiva gli incontri segreti fra gli amanti si facevano sempre più frequenti e riservati: queste cose, in tempi di pieno medioevo, erano severamente controindicate ...

Ma proverbi famosi ammoniscono che l'amore è cieco e al cuor non si comanda, in qualsiasi secolo ci sia dato di vivere e in qualunque periodo valgano regole di comportamento che prevedano vincoli per pudori e rossori.

E ancora un proverbio ricorda che *"c'è limite oltre il quale la pazienza cessa di essere una virtù"*, così venne accuratamente ordita una congiura da parte di un nutrito gruppo di giovani uomini spellani che, ben armati, assalirono furtivamente Orlando e, legatolo saldamente con delle funi che ne impedivano ogni minimo movimento, riuscirono con non poca fatica a rinchiuderlo in una stanza semibuia ricavata in una delle due Torri di Properzio, quella più addossata alle mura, non prima però di averlo ben servito a suon di bastonate, calci, pugni, sputi, sproloqui ed insulti, così da poter vigliaccamente sfogare la rabbia accumulata per troppo tempo a causa dei tradimenti subiti ad opera dell'impavido, affascinante seduttore.

La cella era ben sigillata da una pesantissima porta e poteva essere rischiarata, nelle ore centrali del giorno, da un flebile filo di luce appena filtrata da una minuta finestrella guarnita di inferriata spessa e saldamente legata con piombo fuso alle salde pietre della torre.

Nessuno potrà mai immaginare le sofferenze patite dal povero giovane recluso, abituato a vivere liberamente, in grandi spazi aperti, ben adatti alla sua enorme, esuberante, atletica statura corporea.

Molti furono i giorni che dovette passare come larva in quella prigione: solo e disperato.

Una consolazione tuttavia gli era riservata: nottetempo, la sua innamorata si recava sotto la finestrella, richiamava la sua attenzione discretamente battendo con un sasso un secchio che si trovava presso la vicina fontana e, una volta entrati in contatto, si scambiavano parole e frasi d'amore interpuntate dai lamenti appassionati del giovane e dai languidi sospiri della fanciulla.

Ci piace oggi pensare che le pietre di quella torre conservino ancora tanti echi di quelle voci del cuore attraverso le quali si esprimeva un bisogno universale di libertà individuale e di amore, oltre ogni limite imposto e al di là di ogni condizionamento sociale.

Orlando fu liberato? Sicuramente sì; almeno al momento in cui re Carlo arrivò ed occupò la città.

Questa sarà la storia, ma la leggenda riferisce un'altra versione di questo episodio.

Si racconta infatti che a liberare il bel paladino sia stata proprio la stessa sua dolce innamorata, aiutata da alcune altre amiche sue complici che, tutte avevano potuto godere dei favori amorosi del favoloso amante. Con questo atto le donne spellane che ordirono la fuga di Orlando ricambiarono grazia al loro amico e resero di nuovo, questa volta immaterialmente, "becchi' i propri fidanzati oppure i propri mariti.

Dice proprio vero il detto popolare: *"Quando le donne ci si mettono, ne sanno sempre una più del diavolo".*

Sembra che per molto tempo a seguire la povera fanciulla innamorata continuasse a recarsi presso la vecchia torre, rimpiangendo i giorni felici del suo perduto amore ... e sembra anche che, qualche notte (se uno ne ha voglia) può recarsi lì appresso e magari, se è proprio fortunato, potrà capitargli di sentire, nel profondo del suo stesso cuore, i dolenti sentimenti della fanciulla e le incoraggianti parole del suo amato.

Chiunque soffre di mal d'amore può sempre provare ... tanto non costa niente.

ARCE DEI CAPPUCCINI
E LA GALLINA DALLE UOVA D 'ORO

L'arce era il punto più elevato della città di Hispellum ed era l'ultimo baluardo difensivo e di resistenza in caso di assedio, sia in epoca romana che medievale.

I romani chiamavano arce la parte più alta e fortificata delle loro città come l'acropoli veniva chiamata la parte più alta delle antiche città greche.

È possibile scorgere ancora evidenti tracce delle fortificazioni difensive dell'arce di Spello lungo il fianco del palazzo Preziosi che costeggia la sottostante via: sono grossi blocchi di pietra che sembrano appartenere ad una poderosa cinta di mura perimetrali.

L'arce, detta anche rocca, è la parte più alta della città (circa 310 metri sul livello del mare); in epoca romana vi si accedeva attraverso una porta—detta appunto porta dell'arce—oggi chiamata Arco dei Cappuccini. Questa porta risale probabilmente al periodo preaugusteo; il rudere (il nudo arco doppio—con intercapedine per la saracinesca—ed i piedritti) è parzialmente interrato e recentemente è stato accuratamente restaurato.

Accanto c'è il Belvedere, da cui possiamo godere uno dei panorami più belli dell'Umbria. Da questa terrazza si vedono, girando lo sguardo in senso orario, Montefalco, la pianura fino ai colli di Bettona e di Perugia, Santa Maria degli Angeli, Assisi e il fianco ovest del monte Subasio, mentre sotto di noi si scorgono i ruderi dell'Anfiteatro Romano, la chiesa di San Claudio, la villa Fidelia con i suoi cipressi.

Nelle immediate vicinanze, verso destra, c'è la Torre Santa Margherita, con i ruderi dell'ex monastero e le mura medievali, con una Porta Chiusa.

Dietro le nostre spalle c'è una torre Albornoziana, occupata dal Convento dei Cappuccini e dalla chiesa di San Severino, una delle più antiche della città, le cui origini risalirebbero al I secolo.

L'edificio attuale è del sec. XII, ha l'interno a croce greca, ma ha subito radicali trasformazioni: infatti l'ingresso originale era dalla parte dell'orto dei frati, dove vediamo una bellissima facciatina in puro stile romanico, a fasce di pietra bianca e rosa, con un originale ed elegante rosone di rara tipologia (nel cerchio sono inseriti, uno dentro l'altro, un rombo dai lati ricurvi, un quadrato e una croce).

Oltre il giardino di casa Preziosi (detta anche casa Venanzi), c'è una bella torre medievale di forma cilindrica, ben visibile anche da via Giulia, dai cui spalti si gode un meraviglioso panorama verso la sottostante zona di Prato e verso Foligno.

Alla Fortezza, in epoca medievale, si poteva giungere anche provenendo dalla via Giulia, poco dopo aver imboccato la via Arco di Augusto, per la stradina che si chiama appunto via Borgo della Fortezza, dove sono parzialmente visibili due torricioni cilindrici, proprio ai lati dell'inizio della stradina.

Si racconta che questa fortezza avesse delle uscite segrete sotterranee che defluissero a valle verso l'anfiteatro e la sottostante campagna.

Alcuni ipotizzano che il passaggio uscisse dalla parte delle così dette grotte di Filena, accanto al palazzo detto dell'Osteriaccia.

Queste grotte, oggi quasi intransitabili a causa dei numerosi crolli interni che ne hanno seriamente compromesso la stabilità, erano grandi cavità naturali dalle quali di diramavano anche diverse gallerie artificialmente ricavate nella roccia.

Si favoleggia allora che il sotterraneo percorresse la roccia collinare e che all'interno avesse una grande cavità, o stanza centrale, dove dimorava una gallina che covava le uova d'oro: la gallina era mostruosamente grande e le sue uova, pesantissime, avevano straordinari poteri magici.

Intanto chi osasse profanare il passaggio segreto doveva affrontare le potenti unghiate e le feroci beccate del "mostro" che difendeva da ladri e nemici le favolose uova d'oro che costituivano il tesoro nascosto e segreto della città.

Chi poi, in via del tutto ipotetica, fosse riuscito ad avere la meglio nella lotta con la "gallina", difficilmente avrebbe potuto portar via le pesantissime uova che, fra l'altro, erano anche di dimensioni molto più grandi del diametro delle gallerie da utilizzare per la precipitosa fuga al fine di mettere al sicuro la preziosissima refurtiva.

Solo gli artifici e le parole magiche di una vecchia strega—che albergava in una cavità più interna che si trovava proprio perpendicolarmente sotto il terrazzo della Rocca—avrebbero potuto permettere l'eventuale riuscita del furto e del trafugamento delle uova preziose e miracolose.

Solo in quel caso la città sarebbe stata derubata del suo immenso tesoro e tutti gli spellani sarebbero morti o fatti prigionieri dal nemico.

Ma questo non è mai finora successo; così si presume che il "gallinone" e le sue favolose "uova" debbano ancora stare al sicuro ben protette e nascoste, per la fortuna e buona sorte di noi tutti.

Alcuni altri poi favoleggiano una rappresentazione, tramandata di bocca in bocca e perciò sempre più arricchita di varianti ed aggiunte sulla base di personali suggestioni e fantasie, che descrive la favolosa "gallina" come una creatura dai tratti in parte aviformi ed in parte serpentini essendo il prodotto di un incrocio con una specie di drago, per cui la sua cresta sarebbe stata smisuratamente grande ed irsuta, dai suoi occhi sarebbero usciti bagliori raggelanti ed il suo enorme becco avrebbe esalato spaventose lingue di fuoco.

La strega infine può configurarsi come una reincarnazione locale della molto più famosa "sfinge greca".

Nel mito di Edipo la Sfinge custodiva l'ingresso alla città greca di Tebe, in Grecia. Per consentire il passaggio ai visitatori sottoponeva loro un indovinello cui si doveva rispondere correttamente pena la morte.

La Sfinge greca chiedeva a tutti i passanti quello che forse è il più famoso enigma della storia: "Chi, pur avendo una sola voce, si trasforma in quadrupede, tripede e bipede?"

Il mostro strangolava o divorava chiunque non fosse in grado di rispondere.

Nel mito Edipo risolse l'enigma rispondendo "l'Uomo, che nell'infanzia striscia a quattro zampe, poi cammina su due piedi in età adulta, e infine utilizza un bastone in età avanzata".

Al pari della Sfinge la strega spellana proponeva a quanti volevano accedere alla Rocca e proseguire nell'impresa di impadronirsi delle uova d'oro sottraendole alla coriacea gallina, criptici indovinelli; la pena riservata a chi non era in grado di rispondere era quella di essere scaraventato in un buio pozzo senza fondo, un vero e proprio sotterraneo antro infernale.

A QUESTO PUNTO È IMPORTANTE COLLEGARE UTILI ELEMENTI STORICI CON UN FATTO SPERIMENTATO COME GIOCO A LIVELLO SCOLASTICO.

Quando Spello era posta sotto assedio da parte dei nemici che, sfondando le porte d'ingresso alla Città la mettevano a ferro e fuoco, solo alcuni fortunati riuscivano a salvarsi rifugiandosi entro la rocca alta del paese, detta appunto "Arce", ultima difesa per la popolazione superstite.

Talvolta la rocca resisteva, ma altre volte anch'essa veniva conquistata, allora chi poteva scappava, attraverso il sotterraneo, raggiungendo così di nascosto l'aperta campagna e dandosi alla fuga.

Solo in quel caso i nemici potevano impossessarsi della gallina gigante e delle sue uova d'oro, riuscendo così a diventare anche i nuovi padroni e signori di Spello.

Quello della divinità protettrice delle città è un mito che affonda le radici nella notte dei tempi; infatti, secondo la leggenda, durante la guerra di Troia, gli Achei seppero da Eleno, figlio di Priamo, che la città non sarebbe stata conquistata fin tanto che il Palladio, simulacro ligneo della dea Atena, si trovasse in città.

Ulisse e Diomede si travestirono allora da mendicanti ed entrarono nella città, presero l'immagine della dea e, scavalcando le mura, la portarono nel loro accampamento: questo avvenimento viene considerato come una delle cause della sconfitta troiana.

Questa leggenda spellana, fra le più affascinanti, ha spesso indotto alcuni giovani avventurieri a fare sondaggi sotto il muro del terrazzo Belvedere dei Cappuccini nella speranza di trovare tracce del famoso cunicolo anche perché la cosa potrebbe non essere del tutto priva di fondamento in quanto in molte città, dalle fortificazioni venivano realizzate segrete, possibili via di fuga da usare in caso di impossibilità di resistere ulteriormente alla pressione degli assalitori.

Forse, con il passare del tempo, a causa di terremoti che hanno provocato, franamenti, cedimenti del terreno o smottamenti sulla roccia calcarea, tutto o gran parte del percorso sotterraneo sia andato oramai perduto.

Sta di fatto che le uova mantengono nelle usanze spallane popolari un significato un po' magico e religioso.

Basti pensare che la mattina della Pasqua ogni famiglia religiosa chiama il sacerdote per fare la "benedizione" delle uova sode, insieme ad altri cibi caratteristici della ricorrenza.

Oggi nessuno crede più che la "gallina dalle uova d'oro" esista ancora, nascosta e protetta nella sua ampia ed impenetrabile grotta sotterranea.

Io comunque ricordo che da bambino non erano poche le donne del mio vicinato che credessero fermamente alla presenza della gallina e che, di conseguenza, si avvicinavano a quel luogo con una certa prudenza e cautela.

Ora, a distanza di molto tempo, penso che quella ingenua credenza fosse una cosa molto, ma molto bella; sicuramente non vera, ma il "non vero" riesce spesso a colorirsi di "verità" all'interno del nostro mondo di fantasia e di emozione, che ha bisogno di fuggire dal vero delle cose brutte.

Alcune insegnanti di Scuola Materna, mie amiche e colleghe, quando seppero di questa leggenda, vollero raccontarla ai loro piccoli scolari; il racconto provocò grande attenzione, curiosità e meraviglia.

Allora decisero di fare questo esperimento educativo e scherzoso.

Comperarono molte uova, le fecero bollire per renderle ben sode, eppoi le colorarono dipingendole con la porporina dorata.

Dopo queste operazioni preliminari, abbiamo messo a punto la perfetta organizzazione di tutta la rappresentazione.

Le insegnanti hanno registrato su di un nastro magnetico inserito in un apparecchio telecomandato il verso tipico della gallina: "CO, CO, CO ... COCCODE'"; forte, un suono acuto che metteva anche un po' di emozione nell'ascoltarlo.

Il giorno avanti abbiamo distribuito le numerose uova dorate in tutti gli angoli del boschetto sottostante il terrazzo Belvedere; intanto il registratore sonoro era stato ben nascosto fra gli alberi.

Le inseganti avevano nel frattempo distribuito a ciascun bambino un cestello per la raccolta delle uova.

Chi avesse trovato più uova, avrebbe avuto in premio una gallina e una corona dorata, perché sarebbe stato lui il nuovo padrone e signore di Spello.

La mattina stabilita tutti gli alunni erano già pronti per vivere questa insolita avventura.

Al verso della gallina: "CO, CO, CO ... " via tutti di corsa per la raccolta del maggior numero di uova possibile.

Di lì a poco, così avvenne.

È difficile descrivere l'entusiasmo e la gioia di quei piccoli mentre partecipavano al mitico gioco che, per loro, era il compito scolastico migliore!

Alla fine ci fu il premio tanto sperato.

Le insegnanti mi hanno poi detto che per tanti altri giorni gli alunni parlarono di quel gioco... ma guai a dir loro che era solo un gioco non corrispondente a verità; assolutamente no! Per loro la leggenda era vera e tutta la rappresentazione era stata la ricostruzione di una vicenda storica che apparteneva alla città di Spello.

Due o tre anni dopo mi trovavo per acquisti in un supermercato, quando sentii un bambino che, tirando la gonna della mamma verso di me, le gridava forte: "Mamma, mamma, guarda, è lui; il maestro della "pulla!"

Dovete sapere che nel dialetto spellano la parola "pulla" è la traduzione della parola gallina, forse un modo dialettale di porre al femminile il sostantivo maschile pollo.

Subito ho pensato, fra me e me: "Povero me! Dopo tanti anni di insegnamento impegnato essere ricordato come 'il maestro della pulla' forse non è il massimo!"

Ma poi, riflettendoci meglio, mi sono detto: "Per quel bambino, ciò che vale non è certo l'ortografia delle parole, piuttosto il contesto educativo, emozionale vissuto nella situazione."

E allora ho pensato che la definizione di "maestro della pulla" era piuttosto un titolo onorifico, un riconoscimento di un lavoro importante, una specie di "laurea ad honorem".

Ho baciato quel bambino e l'ho ringraziato con tanto entusiasmo e gratitudine: tanto, a quell'età non c'è alcuna percezione dell'esagerazione!

SAN SILVESTRO E VALLEGLORIA VECCHIO

Il monastero di San Silvestro, i suoi ruderi della parte caduta nel tempo e la parte nuova recentemente restaurata, è uno dei posti più caratteristici dell'area compresa all'interno del Parco del monte Subasio.

Mantiene ancora tutto il suo fascino carico di storia e di quiete ambientale, grazie ad una piccolissima comunità di suore che l'abitano per tutto l'anno, lo mantengono e lo arricchiscono nel suo splendore.

In alcune "cellette" ospitano, per brevi periodi, persone che vanno lì a cercare pace interiore; si attengono alle regole dell'ordine monastico e per lo più lasciano cospicue donazioni, trattandosi di persone facoltose; io personalmente ebbi modo di fare la conoscenza con la signora Susanna, sorella dell'avvocato Gianni Agnelli—per tanti anni alla guida della FIAT—che ogni primavera era solita trascorrere dieci giorni di tranquillità nel monastero.

Il monte Subasio, in epoche remote, era abbastanza popolato: testimonianze attestano la presenza umana fin da età protostorica.

È stato infatti appurato che le nostre montagne erano fortemente popolate, poiché le pianure erano paludose e malsane e con una scarsissima viabilità per cui le montagne offrivano un rifugio sicuro, sostentamento e mobilità.

Siccome c'era anche il pericolo di incursioni barbariche e piratesche spesso sorgevano monasteri con caratteristiche tipiche di veri e propri castelli difensivi che offrivano riparo e possibilità collettiva di difesa.

Proprio sul versante sud del monte Subasio sorgeva, sopra il Torrente Anna (detto comunemente "fosso dell'Anna"), Rocca Paida.

Il nome greco si spiega col fatto che essa fu fondata dagli abitanti di una città bizantina della Puglia, che erano stati deportati in questo territorio.

I signori di Rocca Paida esercitavano sulla zona un dominio feudale che si estendeva fino ad Armenzano—piccolo villaggio collinare di Assisi—e a Valtopina.

Non molto distante da questa Rocca, e sotto la sua influenza, sorse il Monastero di San Silvestro di Collepino.

Lo storico folignate Ludovico Jacobilli scrive che fu edificato tra il 1015 e il 1025 da San Romualdo in un luogo dedicato a riti pagani dei boschi; anche se la tradizione vuole che sia stato eretto da

San Benedetto.

San Silvestro, infatti, fu edificato con i materiali di risulta (colonne, lastre di marmo, capitelli, sarcofagi, ecc.) di un antico tempio romano che anteriormente sorgeva nei pressi e che era dedicato appunto al dio dei boschi Silvester—da cui poi "Silvestro"—e a quello delle selve Silvano, da selva.

Tra gli appellativi del dio c'era quello di "lactifer", produttore e protettore del latte. Non a caso, presso il tempio era una fontana dalle acque terapeutiche. Quando si diffuse il cristianesimo, il pontefice Gregorio Magno diede ordine di "cristianizzare" i luoghi di culto pagani.

Così sul tempio pagano sorse un monastero e la fonte miracolosa passò da "Silvester" a San Silvestro.

E la stessa fonte terapeutica che favoriva la produzione di latte alle giumente e agli armenti, divenne "Lattifera" per le puerpere che vi andavano a bere per ottenere il beneficio del latte.

L'Abazia, una delle poche con cripta presenti sul nostro territorio, era un monastero di famiglia sotto la giurisdizione dei signori di Rocca Paida che avevano concesso ai monaci il terreno ove fondare l'abbazia e terre da sfruttare: bosco, pascolo e allevamento.

In occasioni solenni i monaci accoglievano con pranzi e funzioni religiose i Signori di Rocca Paida che avevano voluto la fondazione di questo monastero di famiglia come segno di prestigio personale.

Molti papi ebbero rapporti con S. Silvestro e ad esso concessero diversi privilegi.

La comunità monastica di S. Silvestro sopravvisse fino a quando il papa Paolo III, il 3 giugno 1535, non ordinò la soppressione dell'abbazia, l'abbattimento delle mura di Collepino perché in questi luoghi, secondo il suo parere, si nascondevano i nemici dello Stato Pontificio comandati da Rodolfo Baglioni; così i rimanenti beni dell'abbazia, circa 120 ettari di terreni montani, passarono alla parrocchia di

Collepino fino al 1932 quando furono ceduti allo Stato.

I titoli abbaziali vennero attribuiti al parroco di Collepino che era uso indossare la mitria e appoggiarsi al pastorale, i segni distintivi dell'abate, fino al 1865. Ora degli antichi titoli e privilegi al parroco di Collepino rimane soltanto il semplice nome.

Nella prima metà del 1800 si cercò di convogliare le acque della fonte che sorgeva all'inizio del viottolo che si inerpica fino all'abbazia per provvedere alle necessità di abbeveraggio delle greggi e della popolazione di Collepino. Un documento stabilì che quell'acqua era di assoluta proprietà della chiesa e del popolo di Collepino.

Oltre a ciò, si usava andare nella cripta della chiesa di S. Silvestro e toccare le colonne per guarire da malattie delle ossa. Ancora oggi, una delle tre colonne appare levigata dalle mani dei fedeli che vi si recavano a pregare e a chiedere guarigione per i mali delle ossa.

Quante vicende storiche ha vissuto il Monastero!

I contrasti fra papato e impero, le lotte cruente fra Guelfi e Ghibellini; era il tempo dell'imperatore Federico II: e non dico poco!

Ma ometto ulteriori notazioni storiche che ci porterebbero lontano e fuori dal contesto leggendario che adesso seguirà.

Intanto tre brevi prime leggende sulla figura del Santo Silvestro.

Sul monte Subasio, sempre in prossimità della vecchia abazia, in località detta "La Sportella", su di un masso, si notano quattro orme pediche, come di un cavallo passato di corsa. Su di esse è fiorita questa leggenda: San Silvestro si era dimenticato di ringraziare l'imperatore Costantino per la pace concessa alla Chiesa e la libertà di culto ai Cristiani; prese allora un cavallo e con quattro salti andò a Roma. Questo perché le medesime orme si notano sul monte Soratte, sulla Vecchia Flaminia a Marolo di Rigno Flamini e a Prima Porta a Roma.

Una seconda piccola leggenda racconta così.

San Silvestro, dopo aver seminato i rapi nell'orto, andò a celebrare la Santa Messa. Terminata la funzione, si presentarono all'improvviso quattro poveri ai quali non aveva nulla da dare per colazione. Disse al sagrestano di andare a raccogliere i rapi. Al sagrestano quest'ordine sembrò una burla, dato che i rapi erano stati seminati soltanto la stessa mattina; ma il Santo insistette nell'ordine e il sagrestano andò ugualmente nell'orto. Quale fu la sorpresa dell'umile servitore quando trovò i rapi pronti e ben maturi per essere subito colti e cucinati!

Altra terza leggenda miracolosa.

Sulla via d'accesso alla vecchia abazia, stava e tutt'ora sta un filo d 'acqua che, essendo una volta più abbondante, dissetava Collepino.

L'acqua presenta una virtù particolare: è galattofora, cioè stimola la produzione del latte sia nelle donne che negli animali. Probabilmente le virtù dell'acqua erano conosciute fin dalle epoche precristiane e si può spiegare anche l'origine del nome Silvestro.

Secondo le credenze popolari Silvester-Silvanus era il semidio che abitava quei luoghi e che concedeva quell'acqua miracolosa. È forse questo il motivo per cui i signori di Rocca Paida costruirono il monastero di famiglia in questo luogo particolare dedicandolo a S. Silvestro.

La tradizione di bere l'acqua della fonte di S. Silvestro è rimasta viva fino agli anni 1960-1970 presso gli anziani e gli abitanti della zona che ponevano vicino alla fonte camicine e cuffiette a testimonianza del miracolo ricevuto.

All'interno del monastero sono ancora conservate cuffiette, scarpine di lana e fasciatoi di neonati, offerti dalle mamme come ex voto per grazia ricevuta, per aver riavuto la preziosa secrezione del latte dopo aver bevuto l'acqua benedetta.

Nella sagrestia della chiesina di Collepino è appeso un quadro con la preghiera delle puerpere, approvata dal vescovo di Foligno, Mons. Nicola Crispigni con decreto del 19 dicembre 1875.

Ma la leggenda più interessante legata a questi luoghi, è quella che qui segue.

Si dice che proprio nei pressi del monastero di San Silvestro non ci fossero sorgenti d 'acqua, ragion per cui, per soddisfare i propri quotidiani bisogni, i poveri fraticelli dovevano andare a prelevarla scendendo più a valle fino al Monastero di Vallegloria Vecchio, abitato da suore, dove invece sgorgava una ricca fonte.

Ogni mattina, all'alba, un giovane fraticello scendeva a valle con degli appositi contenitori e li riempiva con cura facendo così la riserva idrica giornaliera per il Monastero di San Silvestro.

A Vallegloria Vecchio c'era sempre ad aspettare e ad aiutare il fraticello una giovane suorina.

Ben presto fra i due si instaurò una leggera simpatia che, pian piano, si trasformò in un sentimento più serio e profondo.

Ma la cosa, purtroppo non finì semplicemente lì.

Dopo un po'di tempo la suorina si accorse di essere rimasta incinta.

Inizialmente fu grande disperazione fra i due, ma subito capirono che il loro amore era più forte di ogni elemento negativo e soprattutto compresero che mettere al mondo una piccola creatura non poteva essere vista come peccato, quando era frutto di vero sentimento e onesta volontà.

Dopo non poche difficoltà organizzative decisero alfine di fuggire; ambedue avrebbero abbandonato gli abiti monastici e insieme avrebbero cercato di costruire una famiglia civile lontano dai due rispettivi monasteri e anche da Spello.

Si sa però che le notizie corrono veloci; soprattutto quando sono così ghiotte per la curiosità morbosa della gente. La cosa sarebbe notizia clamorosa ancor oggi, in pieno XXI secolo... figuriamoci allora in quegli anni di profondo, oscuro medioevo!

Quando il buon Silvestro venne a sapere questa novità andò su tutte le furie e addirittura si rivolse con aria di severo rimprovero al Signore: brandendo il bastone dal quale non si separava mai, colpì violentemente lo scoglio che sta proprio sotto il monastero, pronunciando queste parole: "Mio Dio, mio Dio, se qui ci fosse stata una fonte, questa immensa vergogna non si sarebbe verificata!" Il buon Dio, più tollerante del frate, rispose: "L'acqua che cercavi eccola qua; essa ha generato una vita, e così sarà acqua miracolosa per le mamme incinte e protezione per il loro latte e tante altre malattie".

Infatti l'acqua del Monastero di San Silvestro può anche guarire il male di fegato e molti vi ricorrono giornalmente bevendone e lavandosi con quella devotamente.

Tante leggende sono legate alle sorgenti ed alle fonti, perché l'acqua è sempre stata un elemento di fondamentale importanza per la vita; la sua presenza e conservazione resta spesso motivata nella fantasia popolare come opera di intervento miracolistico, divino; inizialmente pagano e superstizioso, poi successivamente cristiano e medicamentoso.

Attualmente il Monastero di Vallegloria Vecchio versa in uno stato pietoso di abbandono e di degrado: questa sì che è una vergogna!

Un bene storico e culturale così importante: inizialmente ridotto a povera casa colonica, poi ricovero incustodito di animali, oggi del tutto abbandonato, finora preda anche di disperati ladruncoli in cerca di legname, vetri, porte e finestre ancora ben poco recuperabili.

Quando le suore lo abbandonarono, costruirono a Spello, in località Pianello, oggi Piazza Vallegloria, il Monastero di Vallegloria Nuovo; questo sì bello, curato, ricco di opere d'arte e di arredi architettonici di gran pregio.

Il nuovo Monastero, costruito forse intorno alla seconda metà dell'anno 1000, conserva, di quel ricordo, un dipinto di Cesare Sermattei, al cui pennello fu affidato il compito di rappresentare il miracolo della sorgente sullo scoglio del Vecchio Monastero (1584-1688).

Interessante è sapere che Balbina e la beata Pacifica hanno dimorato nel monastero tra la fine del XII sec. e la metà del XIII. Balbina, figlia di Offreduccio del Conte Offredo Monaldo d'Ottone da Spello, vi prese i voti nel 1192.

Nipote di Santa Chiara, godette della protezione di papa Gregorio IX.

Nel 1213 vi predicò San Francesco che, nel 1219, donò il suo mantello alle monache.

Balbina fu così badessa del Convento che passò nell'ordine francescano e fu dedicato a Santa Chiara; da cui il nome di 'Clarisse" alle sue suore.

Ancora due altre notizie interessanti sul monastero di San Silvestro.

Il particolare più bello è la cripta sotterranea, la cui volta in pietra è sostenuta da tre colonne con capitelli tutti diversi; è pertanto una cripta detta "triastilia": una rarità; altro esempio uguale si trova in Assisi nella cripta della chiesa di San Benedetto: stesso monte, stesso caso architettonico.

Inoltre l'altare è stato realizzato impiegando un pesantissimo sarcofago; si favoleggia che al suo interno contenga e nasconda un tesoro che i frati nel tempo avevano accumulato.

Verissimo e di rara bellezza è invece il frontale del sarcofago, di antichissima origine romana, che riproduce in bassorilievo maschere teatrali di remota ispirazione greca: una tragica, un'altra comica.

Ma il fraticello e la suorina dove saranno andati?

Io ho sempre augurato loro la più grande fortuna e felicità di questo mondo. Anche la parte finale della leggenda popolare parteggia per i due innamorati.

Il popolo, nel suo immaginario favolistico è come un bambino: ama inizialmente difficoltà, paure, spaventi e pericoli ma poi desidera che tutto si risolva nel migliore dei modi affinché trionfi il bene sul male, l'amore sull'odio, l'abbraccio fraterno sulle molte ostilità della vita quotidiana.

Il lieto fine è sempre sollievo e pacificazione dell'animo.

Questo racconto, in modo particolare—come molti fra gli

altri—contiene informazioni, varie annotazioni e commenti miei personali sulle verità storiche degli eventi leggendari.

Ciò ho ritenuto fosse necessario al fine di inquadrare giustamente le novelle e renderle similmente più comprensibili, sia nel loro assunto leggendario, sia nel confronto con le realtà cui sono riferite.

Similmente, o quasi, avveniva per i racconti mitici di Omero (Iliade, Odissea) e degli altri cantori del tempo: i famosi "aedi". Costoro componevano mentre cantavano e potevano continuare per ore intere; la parola sembrava uscire loro dalle labbra come un'incantevole magia, loro stessi e il pubblico erano legati da un rapporto psicologico di profonda compartecipazione.

Ciò avveniva anche fra me e la zia Faustina, e mi piacerebbe se potesse avvenire anche fra me e tutti voi possibili lettori.

Sarà possibile soltanto se ognuno di noi matura la convinzione che senza il complesso delle nostre antiche radici, frutto ch'esse siano di invenzione o di cose reali, il Mondo Moderno perde ragione e sentimento, sogno e verità, storia e poesia.

IL GRIFO DI PALAZZO BUOZI

All'inizio di via Giulia, sull'angolo a sinistra partendo dal Tribbio, si trova l'antico palazzo Buozi, le cui origini possono datarsi agli ultimi anni del Cinquecento.

I proprietari appartenevano alla famiglia Buozi, fra le più facoltose di Spello, la cui ricchezza era determinata dal possesso di molteplici poderi agricoli nelle campagne spellane. A quel tempo ogni famiglia contadina, ospite del podere, doveva fornire al padrone il 50% di tutti i raccolti e dei prodotti del proprio lavoro: grano, vino, olio, frutta, ortaggi, bestiame (bovini, suini, pecore, animali di bassa corte, latte, formaggio, uova ecc.).

Certamente il lavoro agricolo comportava anche delle spese: concime, noleggio di macchinari vari, acquisto di sementi; pagamento di braccianti in aiuto nei periodi di lavori particolarmente duri e prolungati.

Tant'è che ogni fine anno il padrone faceva i conti con il contadino; ma siccome l'agrario, essendo andato a scuola, era istruito (ingegnere, medico, avvocato, notaio, geometra, ragioniere), non ugualmente era per il mezzadro, che invece a scuola non c'era andato e per ciò risultava analfabeta; in conseguenza di questo svantaggio, la resa dei conti era sempre in debito per il povero contadino.

Allora, per sanare, almeno parzialmente, la pesante situazione debitoria, il contadino offriva al riccone—come pegno—i pochi oggetti di valore della sua famiglia: fedi nuziali, collanine d'oro e d'argento, anelli e bracciali, collane di perle o di corallo che la vecchia signora rinchiudeva subito in un grande baule di legno intarsiato, chiudendo le serrature a più mandate con una grossa chiave che portava sempre con sé assicurata a una catena che le cingeva la vita.

Dentro quel "baule" c'era un vero e proprio tesoro del valore stimabile intorno al "miliardo" di lire; a quel tempo veniva chiamato "il grifo", di cui si favoleggiava con rispetto, ammirazione ed anche tanta invidia: simbolo di agiatezza e di potere! La ricchezza estrema di pochi, contrapposta alla povertà di molti; da qui nascono favole e miti che rappresentano vari livelli d'esistenza e diverse condizioni sociali, civili e politiche in tutte le parti di questo nostro mondo.

Questo avveniva negli anni antecedenti il primo conflitto, fra il primo e il secondo ed anche un poco dopo.

Molti decenni prima, nei secoli XIX e XX, la via Giulia era collegata alla sovrastante Via Arco di Augusto attraverso due o tre vicoletti che salivano leggermente con delle scalette realizzate in selciato; c'erano accanto casupole di povera gente che, frequentemente, per tirare avanti la numerosa famiglia, chiedeva prestiti al vicino riccone.

Con il tempo si indebitarono così tanto da dover cedere la propria abitazione al facoltoso finanziatore, il quale pensò bene poi di chiudere gli accessi dei vicoli, privatizzandoli di fatto per poterne disporre liberamente a suo uso e consumo.

Tutt'oggi troviamo infatti cancelli di sbarramento in legno o ferro battuto: potere del denaro!

Ma tornando al nostro palazzo Buozi, ci sono due racconti ancora più interessanti; uno legato a tempi assai antichi, l'altro più recente.

Il primo appartiene anch'esso alla leggenda poiché si tramanda che nel 1500, 1600, 1700, secoli di grandi, feroci rivalità fra i vari nobili, principi e potenti in ogni paese, alcuni palazzi fossero forniti di barbari sistemi per annientare fisicamente i propri nemici senza pericolo di essere scoperti.

Nel palazzo c'era un pozzo assai profondo con coltelli affilatissimi e acuminati alle pareti; il trabocchetto era posto in una saletta la quale era fornita di un leggero tappeto che copriva la buca di apertura del pozzo-trabocchetto.

Il nemico—o la persona da eliminare—veniva, con qualche inganno, invitato a palazzo, fatto transitare sopra al tappeto traditore così, in pochi istanti, l'avversario era soppresso fisicamente per sempre, senza lasciare la pur che minima traccia.

Non a caso veniva chiamato il "pozzo della morte misteriosa"; nell'immaginario collettivo spellano era vivo il terrore misterioso che proprio nel palazzo Buozi ce ne fosse uno.

Il secondo racconto è relativamente recente. Siamo negli anni 1943-1944 in pieno secondo conflitto mondiale.

Già l'esercito tedesco era in fuga, inseguito dalle truppe

angloamericane e minacciato dalla resistenza partigiana.

Sapendo che gli eserciti nemici, soprattutto in fuga come i Tedeschi, sono soliti portar via oggetti preziosi, denaro, oro, quadri, le famiglie spellane più possidenti avevano chiesto alla vecchia signora il favore di nascondere le loro cose di valore nei numerosi ampi locali sotterranei del famoso palazzo, che vennero così riempiti di preziosi, mentre veniva ben murato e occultato ogni possibile accesso al piano sotterraneo.

Oggi tutto il palazzo Buozi è stato venduto completamente, suddiviso in sei appartamenti (quello al piano nobile è ben affrescato).

Tutto il complesso sotterraneo è stato acquistato e mirabilmente sistemato con un sapiente intervento di restauro e adibito a spazio per promozione di attività culturali, soprattutto per mostre di artisti di notevole apprezzamento critico, nazionale ed internazionale: questo spazio ha avuto un nome specialmente suggestivo: "Angolo d'ombra".

L'appartamento più ampio e panoramico, al piano superiore è attualmente di proprietà di un signore americano di Miami.

In un solo grande palazzo, fra i più importanti di Spello tante, tantissime storie da raccontare, fra mito e leggenda e storia, passando da un secolo all'altro, da una guerra all'altra, fra ricchezza e povertà.

Vi si può narrare l'anima di un paese, il carattere della gente che ci è vissuta; con muri e pietre che magari hanno ancora molte altre cose da dire ... se solo potessero parlare!

E noi ancora oggi ci poniamo alcune domande: sarà proprio vero che ci fosse il pozzo della morte? Quanti personaggi, più o meno illustri, giacciono trafitti e sprofondati lì sotto? I molti valori nascosti nel sotterraneo durante la ritirata dell'esercito tedesco, sono ritornati tutti alla luce, o molti sono spariti ad opera di sciacallaggio e ruberie così frequenti in tempo di guerra?

Tanti fantastici perché, tutti rimasti senza risposta.

Perché il mito è mascheramento, trasformazione, travestimento, con cui la cultura popolare è usa rappresentare e illustrare le pieghe più oscure della propria identità, del suo tempo, del suo luogo, della sua determinata contingente situazione.

E questo lo spiega bene lo scrittore uruguaiano Hernàndez Felisberto (1902-1964), quando afferma che:

" ... Colpisce il perfetto amalgama tra quotidiano e fantastico... spesso pervaso da un ingenuo umorismo, intreccio grottesco e surreale talora tragico oppur anche comico."

Personalmente condivido pienamente.

LA SBECCICA

L a *Sbeccica* consiste nel devoto omaggio dei fedeli a una statua
lignea di Maria Incoronata che, secondo la tradizione, fu
donata agli abitanti di Spello da San Bernardino da Siena nel
1483. Questa festa dedicata alla Madonna, particolarmente cara agli
Spellani, si celebra il martedì dopo Pasqua.

La sacra immagine è conservata nella chiesa di San Lorenzo,

costruita a partire dal 1120; proprio in questa chiesa San Bernardino da Siena, nel 1438, iniziò le sue predicazioni introducendo l'uso di un telo che aveva la funzione di separare, durante le funzioni religiose, gli uomini dalle donne. La cappella dell'Incoronata, dove è conservata la statua, fu ristrutturata e decorata nel 1931 su iniziativa del parroco Don Bernardo Angelini.

Sbeccica, deriva da una parola del dialetto umbro. Potrebbe derivare dal latino "speciosus", che vuol dire bellissimo, splendido, magnifico, ovvero "che ci guarda", sempre dal latino "specere", osservare, guardare.

È consuetudine che comitive di giovani folignati partecipino alla festa per rendere omaggio alla Madonna e per gustare la porchetta e i dolci spellani insieme alla vernaccia.

La storia dice anche che il martedì della Sbeccica era una occasione di scontro fisico tra gli Spellani ed i Folignati in trasferta. Così, in nome di una mai sopita rivalità, fino agli anni del dopoguerra, la scampagnata finiva spesso in rissa nonostante la devozione comune alla statua lignea della Madonna. Scazzottate e brindisi. Per poi darsi appuntamento all'anno successivo.

Sbeccica è in realtà termine spregiativo, certamente non gradito dagli Spellani ma sostenuto dai Folignati che, riferendosi ai lineamenti del viso della statua lignea, piuttosto irregolari, evidenziavano che la stessa aveva un occhio più chiuso dell'altro e che sembrava "sbeccicasse", come capita ad una persona che socchiude un occhio quando indirizza lo sguardo in direzione della luce solare.

Questo vocabolo dialettale spellano può tradursi in corretta lingua italiana in riferimento ad una figura di donna piccola, bruttina, insignificante; il più delle volte in forma canzonatoria ed anche dispregiativa.

Siccome la sacra effigie della Madonna dell'Incoronata è moltissimo venerata, tanti devoti, nel corso del tempo, hanno regalato alcuni oggetti preziosi per adornarne l'immagine sacra: collanine e braccialetti d'oro, anelli vari, file di perle e di coralli.

In questo modo la piccola statua, di per sé insignificante, acquista particolare valore e prestigio religioso.

I Folignati quindi, non possedendo modello altrettanto pregiato della santissima, per invidia e far dispetto agli Spellani, hanno da sempre soprannominato il simulacro con il termine sfottente e sprezzante di "sbeccica".

Certamente questa cosa non è mai stata digerita dagli Spellani, i quali hanno continuato a tributare venerazione e offrire generosi e preziosi doni alla Vergine Maria Incoronata.

Dovete sapere che tra Foligno e Spello è sempre esistito un antico, profondo rancore campanilistico risalente addirittura fin dai tempi del Cinquecento. A quell'epoca, nel territorio della media valle umbra due erano le potenze che si contendevano il potere politico e militare: Perugia, con la famiglia dei Baglioni, e Foligno con la famiglia dei Trinci. Fra a queste due città—principati c'erano continue battaglie, vere e proprie guerre regionali.

La posizione di Spello, così com'è posta a sperone verso la valle, non era troppo facile. Comunque gli Spellani, astuti ed amanti della propria indipendenza municipale, fecero una scelta politica e diplomatica utilmente garante. Non accettarono il protettorato dei Trinci di Foligno, perché avrebbero avuto costantemente sul collo il fiato di un padrone così vicino (appena cinque chilometri), ma preferirono il protettorato dei Baglioni di Perugia, distanti almeno trentacinque chilometri, sentendosi in tal modo più liberi.

I signori Baglioni vollero ringraziare la fedele alleanza spellana, inviando nella città un loro grande pittore, Bernardino di Betto, allievo, insieme a Raffaello, nella bottega d 'arte del grande Pietro Vannucci, detto poi "Il Perugino". Bernardino, che diverrà famoso, fra i maggiori artisti del Rinascimento con il soprannome de "il Pintoricchio", su commissione dei Baglioni, realizzò a Spello diverse opere, la più celebre delle quali è la Cappella Baglioni, o Cappella Bella, per completare la quale impiegò circa due anni nel corso dei quali dimorò nella nostra cittadina.

In quegli anni di grande ricchezza artistica, fare in dono una committenza d'opera d'arte era quanto di meglio si potesse fare.

Fra le tante battaglie combattute fra Foligno e Perugia, più volte i Folignati tentarono di conquistare Spello, ma la cosa non fu loro mai possibile, sia per la resistenza cittadina, sia per l'utilissimo aiuto delle milizie perugine.

Sono passati molti secoli ormai, fino a quando le lotte municipali, fra il Settecento e l'Ottocento si sono definitivamente placate, con il superamento delle divisioni di Principati e Municipi, però mai i Folignati hanno digerito di non essere stati capaci di impossessarsi della ben più piccola cittadina di Spello e così è rimasto nel senso comune popolare il residuo patrimonio di una impossibile amicizia storica.

A questo punto, la venerata immagine della Madonna Incoronata è diventata simbolo di odio—amore fra le due comunità.

Quello che non era stato possibile con le armi, poteva esserlo con la simulazione devozionale. Troppe volte il sacro si mescola con il profano, e gli Angeli vanno a passeggio con il Diavolo. Per il senso comune popolare la fede spirituale può benissimo convivere con la superstizione ... il miracolo con il peccato!

Eccone un bell'esempio.

Per la festa dell'Incoronata, centinaia e migliaia di Folignati si riversano a Spello: una sorta di invasione pacifica giustificata da grande passione religiosa.

Ogni anno, in questa giornata, ben riforniti di viveri e di bevande, gruppi famigliari, amicali e bande di giovinastri, attraversano Spello per trovare un bel luogo riparato fra gli uliveti, i prati e i boschetti delle colline, per bivaccare, scherzare, cantare, suonare e divertirsi allegramente. In questa occasione, Spello e il suo territorio sono in loro possesso.

È questo anche il periodo del buon vino maturo e dell'ottima vernaccia.

Allora cosa succede?

Quando fa sera, verso il tramonto, ia nomade popolazione folignate riprende la strada di casa; ovviamente lo fa a piedi. Ma molti dei ragazzi sono eccitati dai fumi alcoolici della vernaccia abbondantemente tracannata e succede spessissimo che lungo la via molestino le ragazze spellane.

Ecco il momento del putiferio! I maschietti spellani non accettano di buon grado questo oltraggio alle loro compaesane ... così cominciano baruffe a non finire, con pugni, legnate, calci, insulti e minacce varie.

Quando questa tradizione era molto ricorrente, la strada fra Spello e Foligno era di selciato ghiaioso; immaginatevi che battaglie di sassaiola venivano intraprese da ambo le parti e questo fitto lancio di pietre si protraeva fino al confine comunale, cioè fino al ponte sui torrente Chiona. Le contusioni riportate erano tante ed alcune anche gravi.

Poi, con il passare degli anni, 1940, il dopo guerra, 1950, 1960 ... molte cose hanno avuto profonde trasformazioni.

Certi usi popolari sono venuti meno nell'interesse comune della gente, distratta da altro genere di svaghi, interessata da forme di sviluppo economico, sociale, commerciale, consumistico, e così via.

Gli adulti, gli anziani, i vecchi, hanno gettato nell'oblio tante cose del loro passato, tuttavia, forse per la nostalgia della gioventù perduta, non hanno del tutto reciso questo legame coi trascorsi giovanili e spesso capita loro di ricordare qualche fatto aneddotico in qualche momento semiserio di rimpianto; ma non trasmettono emozioni, non comunicano particolari stati d'animo.

Purtroppo i giovani si sentono lontani da tutto ciò che non ritengono costituisca un loro patrimonio.

L'impegno civile ora è tutto proiettato, attraverso le tecnologie comunicative mediatiche, ad epurare il proprio avvenire da quanto di brutto e pesante le passate generazioni hanno lasciato loro in eredità. Vogliono l'affermazione e liberazione dei diritti civili d'ogni genere, purché garanti di franca gestione delle loro scelte: religiose, politiche, sessuali, etniche, sociali, del loro pensiero e del loro corpo.

Ho detto purtroppo, non perché questo non sia un bene anzi, è un gran bene; ma solo perché potrebbe avvenire mantenendo un saldo legame con le più sane radici del passato. La tradizione, quella non schiavizzante, pregiudiziale e razzista, è base culturale e popolare che può assicurare, domani, un Mondo migliore per tutti.

Mai dimenticando che:

"Ci sono voluti i pazzi di ieri per permetterci di agire con estrema chiarezza oggi. Ciascuno dovrebbe aspirare ad essere uno di quei pazzi per avere il coraggio di inventare il futuro."

LA LEGGENDA DEL MELOGRANO

In altri tempi, qui da noi, il melograno era una pianta che non produceva frutti.

In una casa di campagna viveva un contadino con sua moglie. Lui era di carattere villano e brutale; desiderava avere tanto un figlio, il famoso "erede", e siccome la moglie, poverina, non era ancora riuscita a dargliene uno nonostante fossero passati alcuni anni dal matrimonio, la maltrattava continuamente senza alcun rispetto.

Si deve sapere che anticamente, secondo una malsana consuetudine pregiudiziale, ogni donna sterile valeva poco più di uno strofinaccio.

In considerazione di tutto questo, il contadino aveva associato alla povera moglie senza figli il valore della pianta di melograno senza frutti. Così non mancava mai di insultare la consorte, di darle scarse cibarie ed alimenti come, per la stessa ragione di fondo, si rifiutava di concimare ed innaffiare l'albero di melograno.

In conseguenza del comportamento del contadino, sia la donna che il melograno deperivano sempre più; la moglie diventava sempre più spaventosamente magra ed emaciata, ugualmente la pianta rinsecchiva e ingialliva a vista d'occhio.

Siccome avviene che fra deboli e umiliati nascano sentimenti d'affetto e di reciproco sostegno, i due poveri derelitti, di notte, quando il bruto contadino dormiva, si incontravano.

La donna sedeva ai piedi dell'albero e lì ognuno di loro piangeva la propria misera sorte.

Infine alla donna venne una bellissima idea, cioè quella di portare stallatico ed acqua alla pianta, fino al punto in cui il melograno iniziò a produrre nuove tenere foglie, ricche di cellulosa nutriente, che offriva volentieri alla poverina.

In breve tempo avvenne che la donna acquistò carne e un buon colorito roseo sulle guance. Nello stesso tempo la pianta era tornata ad essere rigogliosa, ricca di germogli, di fiori e di bacche.

Il marito si accorse di queste trasformazioni; tacque perché voleva capirci meglio.

Inoltre la consorte non tollerava più cattivi trattamenti e rimproverava al marito i suoi modi brutali; ed anche il melograno, che prima abbassava timoroso i suoi deboli rami al passaggio del cattivo, ora elevava al cielo la sua nuova forza e vigoria di natura.

Il contadino restava ancor più sbalordito e, come tutte le persone arroganti prigioniere di fisime e superstizioni, cominciò a pensare ad un sortilegio.

Ma avvenne il giorno in cui tutto gli apparì estremamente chiaro.

La moglie era finalmente incinta e l'albero era carico di frutti colorati.

Così gli apparve chiara una grande semplice verità: le cattive maniere non producono mai alcun frutto, né animale né vegetale, perché solo l'amore ha il grande potere di realizzare i nostri migliori desideri e generare il miracolo della vita.

In ragione di questo evento, ai giovani sposi si offrono monili a forma o con disegni di melograno.

In ogni casa di campagna o giardino di periferia è frequentissimo trovare alberi di melograno.

Ovviamente la leggenda è diffusa in molti altri luoghi; in ognuno presenta particolari situazioni, strettamente legate alle specifiche caratteristiche dell'ambiente, del clima e dei costumi di vita locali.

Quando è il mese della maturazione, è sempre di buon auspicio esporre almeno tre frutti in bella vista vicino all'ingresso della propria abitazione. Perché proprio tre frutti?... ma perché tre è un numero universalmente ritenuto beneaugurante!

Intorno al melograno, o melogranato, albero originario della Persia, odierno Iran, sono sorte ovunque storie, che tutte mettono in evidenza il significato apotropaico del frutto, e perciò anche dell'albero che lo produce.

Qui a Spello si racconta questa storia a giustificazione della presenza in zona di questo tipo di alberi il cui frutto è la melagrana, cioè una mela piena di granelli.

Si capisce bene che il valore simbolico del melagrano appartiene alle credenze di superstizione pagana. Poi, nel tempo, con il sopraggiungere della religione cristiana, la rappresentazione del frutto è entrata nell'iconografia religiosa, così come avvenuto per molte altre antiche forme tradizionali della cultura popolare.

Ad esempio esiste un bellissimo cancello in ferro battuto, una vera opera d'arte, nella Vecchia Sagrestia della chiesa di Santa Maria Maggiore, dove si può visitare la Cappella del Pintoricchio, tutto ornato con decori che rappresentano proprio i frutti di melograno.

È bello sapere che lo stesso significato del nome esprime idee di grande valore per la nostra gente; infatti la "mela" è uno dei frutti più tipici delle nostre campagne; inoltre il "grano" è proprio il cereale che, essendo molto coltivato, ha sempre rappresentato un elemento fondamentale di nutrimento. Pertanto nel melograno si realizza il collegamento ideale tra i bisogni primari dell'esistenza terrena ed i debiti morali della gente di fronte alle proprie esigenze di devozione spirituale e religiosa.

Ancora si può approfondire un concetto, alquanto complesso, che unisce, anche in senso contraddittorio, i due opposti cristiani del male e del bene: rispettivamente la "mela", oggetto del peccato originale fra Adamo ed Eva, ed il "pane" prodotto da grano e farina che, nel momento più alto della celebrazione della messa, il sacerdote consacra come corpo del Cristo.

Ovviamente gran parte della gente comune non va ad approfondire tutto quanto sta alla base di miti e leggende ... e per fortuna, altrimenti ogni racconto, diventando oggetto di analisi e studio scientifico, perderebbe il suo fascino di sogno!

Comunque bisogna considerare che tutta la favolistica popolare acquista valore e bellezza proprio dai binomi, apparentemente antitetici, fra "accaduto" ed "invenzione"; "documento" ed "immaginario"; "storia" e "leggenda"; "realtà" e "fantasia"; "verità" e "mito".

Intorno a tutto ciò ci sarebbero un mucchio di cose da dire aprendo anche interessantissime polemiche e vivaci dibattiti fra chi—come me—mai è disposto ad abbandonare quell'eterno senso del "fanciullo" che mi sostiene indissolubilmente nel mio essere adulto e chi, invece—come il mio grandissimo stimatissimo amico Marco Damiani, docente di Antropologia e Sociologia all'Università di Perugia—il quale, con validi concetti di misurazione d'ogni oggetto di studio, afferma spesso il mio netto contrario, o per lo meno prova in modo critico a metterlo in seria crisi.

Ma nonè certo questo il luogo per dissertazioni che evadono dal tema generale del testo e possono distrarre l'interesse del lettore dal complessivo, fondamentale contesto della narrazione.

LA NOTTOLINA

L a storia della Nottolina mi fu raccontata molti anni fa, in clima di precorrimenti femministi; io stesso nel pieno di un'età in cui le scelte di coscienza individuale accendevano la mia gioventù di mille bagliori anticonformistici.

Percorrevo in macchina la strada che da Collepino porta a San Giovanni e, nel tratto cosiddetto della "liscia", mia zia Faustina mi parlò della "rupe della Nottolina", uno strapiombo di circa 60 metri di altezza che, appena dal bordo della strada, scivola giù ripidamente fino al fondo della stretta vallata dove scorre il torrente Chiona.

Lo sviluppo del racconto farà capire meglio i motivi che mi hanno indotto alla narrazione, in memoria di un personaggio troppo povero e perdente, perché qualcun altro—in tempi moderni—gli potesse dedicare poche righe di attenzione per farlo emergere dalla cronaca dimenticata ed entrare di diritto nella leggenda vivente.

La Nottolina viveva in una casupola rustica, sul basso pendio d'un fosso che da San Giovanni scende verso il laghetto del molino a grano, in un tempo collocabile fra primo e secondo ottocento, nel rurale paesaggio umbro-appenninico. Era sola, da sempre, come il suo nome Piera, che nessuno pronunciava mai, non volendole riconoscere un'identità propria, che tutti ritenevano non meritasse poter avere.

Comunemente era la Nottolina, e basta.

Conosceva poche cose, ma aveva anzitempo imparato a sopravvivere. Sapeva che esisteva l'Italia, ma tutto restava lì, non al di là della sua poca geografia di montagna; non ignorava ci fosse il Mondo, senza però interessarsene tanto: non più di quanto il Mondo si fosse mai preoccupato di lei. I suoi viaggi non erano mai andati oltre il paese di Spello, forse tre o quattro volte. Tutto però conosceva del suo pur definito spazio, avendone per esperienza diretta appreso limiti ed orizzonti, vantaggi e pericoli, utilità e diffidenze.

Di mattina per lo più dormiva, nel pomeriggio accudiva alle sue poche cose, soprattutto provvedeva al cibo per sé ed il suo mulo, mezzo addirittura indispensabile perché potesse spostarsi liberamente di notte per i sentieri ed i tratturi del monte. Infatti la notte e la montagna erano il suo luogo ed il suo tempo preferiti: dove e quando, fondamentalmente, si svolgeva quasi tutta la sua vita.

Il passato? Una vaga, sbiadita memoria di sua nonna, che mai aveva voluto parlarle della madre, deprivandola perciò di ogni basilare forma di affetto. Ma non aveva mai potuto e voluto dimenticare il sapore di quel pane caldo che proprio la nonna sfornava ogni settimana: unico solidale oggetto che unisse la loro solitaria convivenza, per quel breve tempo che poté durare.

Nelle vallate e altipiani del Subasio, avveniva che molti pastori abruzzesi conducessero le proprie greggi, fra l'autunno e l'inverno; alloggiavano di fortuna in tende e capanne, sempre all'erta affinché lupi e ladroni non depredassero i loro armenti. Una vita disagevole, fatta di povertà, silenzi interminabili, disagi e insicurezze. Non mancava però la capacità di adattamento, né lo spirito di compensazione anche dilettevole... nottetempo la Nottolina faceva loro visita, e l'intento era palese: prestava la sua calda, intima compagnia, consolandoli della solitudine e della lontananza dalle proprie case e famiglie.

Per quegli uomini, altrimenti costretti all'astinenza o al peccato di Onan se non addirittura alla copula pecorile, la presenza di Piera era un piacevole passatempo, una distrazione, che ciascuno poteva permettersi con pochi denari e senza troppi problemi.

Sì. Per lo più trattavasi di rapporti fugaci e passeggeri; altre volte gli incontri erano più frequenti e magari la Nottolina diventava una confidente ed anche un gradito pretesto per raccontare e stare un po' insieme. Così avvenne che un pastore, Salvatore, non più giovanissimo, se ne innamorasse perdutamente.

Perché Piera era bella. Soprattutto sapeva ridere; piangere no: anzi non ricordava d'averlo mai fatto, avendo sempre dovuto sostituire il dolore con l'indifferenza: però sapeva ridere, eccome! E lo faceva spontaneamente, increspando la bocca carnosa con quel suo sguardo bruno e mutevole.

E raccontava il suo mistero; ammiccava, mentiva, si negava, si dava, pensava e non pensava: tutto con quegli occhi straordinari, capaci, più delle parole, di esprimere le emozioni e le contraddizioni del suo animo.

Enigmatica, disponibile, sfuggevole, appassionata o gelida, la Nottolina era una specie di incarnazione naturistica della femminilità. Quella vera; un'alchimia rara e che perciò imprigiona e rapisce, ma che sa anche offrire oltre misura.

Sotto un'immagine apparentemente semplice e genuina, imbacuccata in informi pastrani di lana e feltro, dai quali emergeva solo il viso rassegnato e stanco, così come si addice ad una donna provata dalla vita, nella Nottolina albergava invece, inquieta, una complessità non facile da cogliere.

Piera e Salvatore trascorrevano insieme le nottate nella tenda di lui, avendo lei interrotto ogni rapporto con gli altri pastori. Raramente si vedevano di giorno, giù al fosso dell'Anna per l'abbeveraggio del mulo o magari al rientro del gregge nel recinto prima che imbrunisse. Gli abruzzesi guardavano di malocchio quella storia, un po' gelosi e sfottenti, dato che per loro era venuto meno un certo divertimento. Soprattutto li incattiviva il fatto del possesso esclusivo di Salvatore su Piera, come la perdita d'un giocattolo, o di un'utile occasione a buon mercato. I montanari del luogo commentavano acidamente la vicenda, con pesanti giudizi sul povero pastore così abbindolato e con cattive predizioni sulla Nottolina, misero personaggio maledetto dalla sorte.

Per la Nottolina ed il suo pastore, dapprima fu un amore vivace e divertente, allegro e condiviso. L'affetto e la passione superavano ogni cosa e facevano dimenticare la situazione particolare, per cui nulla contava maggiormente. Ma poi lui non fu più d'accordo; Salvatore era un popolano genuino e rude. Divenne geloso e possessivo, pretese cancellare il passato di Piera; chiese che lo seguisse nel ritorno al paese; concertò un matrimonio riparatore.

Piera non capì subito, divisa fra pensieri e sentimenti: combattivi i primi, dolorosi i secondi.

All'inizio trovò onorevole e stimolante la proposta di Salvatore; l'idea di una vita nuova e diversa la rapì d'entusiasmo e d'avventura;

ma fu breve esaltazione. A mano a mano che passavano i giorni, più crescevano i dubbi, l'insoddisfazione, la sua istintiva negligenza, una vera e propria disaffezione.

Finalmente volle parlarne all'amante, ma fu un gioco inutile. Ciò che domina in Salvatore è la solida cortina dei sensi e dell'egoismo; è la natura non ancora ingentilita, l'istinto, la sensualità, la padronanza del suo io. E nel suo primitivo esistere non sa, non può capire. Allora la donna decise con se stessa che mai sarebbe partita; avrebbe continuato a vivere come sempre, senza bisogno di domande e senza obblighi di risposte, per nessuno.

Il chiarimento con Salvatore avvenne la notte precedente la partenza dei pastori. L'incontro fu tempestoso, minaccioso, violento da parte del pastore; Piera espresse la sua ribellione di umana pietà. Fu un momento fugace ed effimero, all'aperto, lungo la strada sul ciglio della rupe.

Anche l'epilogo non fu felice. All'insufficienza della realtà apparente, corrisponde l'inconsapevole angoscia che rende incomunicabili Piera e Salvatore: questo vivere vicini, spesso in uno spazio limitato e solitario, senza la possibilità di conoscersi, di saper cogliere almeno una parvenza di salvezza e d'amore: Piera con la sua intensa volontà di una ineffabile tragica ricerca; Salvatore con il duro, brutale fardello della sua stessa carnale caratterialità.

Era una nottata tiepida, che già accennava l'imminente stagione primaverile.

L'indomani mattina, presto, alle prime luci, le greggi dei pastori abruzzesi lasciavano le vallate e i luoghi del Subasio. Lunghe file bianche serpeggiavano per colli e pianette, come a dipanare un tessuto consueto, e tante storie oramai perdute e superate. Questa cosa si ripeteva da decenni e forse da secoli, sempre uguale, in un lento e rituale trascorrere di piccole irrilevanti situazioni.

Tre giorni dopo, un allarme tragico correva di bocca in bocca per la zona, fra le case isolate e i piccoli villaggi...

Sul greto del Chiona, proprio sotto la "liscia", era stato trovato il corpo della Nottolina, fracassato lungo la scarpata rocciosa, già intaccato da roditori e rapaci; poco distante, la carcassa del mulo in avanzato stato di decomposizione.

P.S.: Per pochi, di tutta questa vicenda rimane un debole ricordo popolare, vago, incerto, quasi oramai disperso; solamente un toponimo appena censito, in mappa; tramandato oralmente da pochi cacciatori di transito, qualche bracconiere, e dagli ultimi vecchi montanari del luogo, oramai pochissimi.

Per me, troppo bello appare il profilo della Nottolina, che rivendica a sé l'acerbo diritto di essere, in quell'egoismo sublime che sa di mitico e di mistero.

Il mio racconto vuole accendere una fiammella votiva, una cara umana memoria: una sfida personale al conveniente pregiudizio e al troppo facile oblio di questi giorni, così distrattamente irriverenti.

Anche perché, pur tra infinite differenze di paragone (e ne chiedo venia al lettore!), la figura della Nottolina nel suo insieme psicofisico, così immerso in un clima di forte realismo umano e di vibrante verismo socio-ambientale, mi rimanda insistentemente a due personaggi femminili consacrati a livello letterario mondiale:

uno è "Gnà Pina", la focosa donna siciliana, che il grande scrittore italiano Giovanni Verga (1840—1922) descrive così bene nella novella "La Lupa"; mentre l'altro è "Serafina", che il celebre drammaturgo statunitense Tennessee Williams (1911-1983) fa protagonista dell'opera teatrale "La rosa tatuata" (The rose tattoo).

Non è un caso che una delle più grandi attrici drammatiche, Anna Magnani, abbia vinto un Oscar, nel 1950, interpretando proprio il film "The Rose Tattoo" di Daniel Mann, con Burt Lancaster e che poi successivamente, in Italia, abbia riportato uno strepitoso trionfo di pubblico e di critica impersonando "La Lupa" al teatro La Pergola di

Firenze, nel 1965, per la regia di Luchino Visconti.

Sono racconti, memorie sentimentali, riferimenti culturali che mi appartengono, suggestioni emotive, profonde rimembranze che riemergono, approdi affettivi.

Se poi nel presente testo narrativo, tutto questo entri opportunamente oppure no, per me ha scarsa importanza, perché mi sarebbe impossibile separare il raccontare della zia Faustina con il mio intrecciarsi al suo narrato: è un tutt'unico, inseparabile.

Anche perché le passioni del nostro rapporto abbiano modo di calarsi da un Mondo astratto nel concreto delle opere umane in cui la Storia—mito o leggenda—mescolata alle invenzioni romanzesche, maturi il riscatto concettuale e l'ideale catarsi del nostro presente.

Forse tutto quello che dico è solo frutto di indecifrabili fantasie del mio vissuto!

Ma se la vita avesse fantasia più di me?

IL LUPO MANNARO

Sempre restando nel campo del prodigioso, del soprannaturale e del magico, tra cultura dotta e cultura popolare, altra figura ben nota nell'area umbra e del centro Italia è quella del "Lupo Mannaro" o "Lupu Manaru" in dialetto spellano; essa ha tradizioni antichissime, forse d'origine romana ... quasi sicuramente d'origine romana.

Come il Regolo, anche il Lupo Mannaro, è una mitica leggenda illuminata dal genio dell'arte, quella che nasce dall'animo sensibile e semplice dell'eterno "fanciullino".

Non credo stoni a questo proposito citare una famosa frase del famoso pittore malagueño Pablo Picasso, che così recita: " A quattro anni dipingevo come Raffaello, poi ho impiegato una vita per imparare a dipingere come un bambino." Bambino e libertà, bambino e gioia, bambino e gioco. Il popolo, se non gioca ed esprime liberamente la sua creatività, è come fosse spiritualmente morto.

Il licantropo, detto anche lupo mannaro o uomo lupo, è una creatura leggendaria della mitologia e del folclore poi divenuta tipica della letteratura e del cinema dell'orrore. La sindrome costringe chi ne soffre a voler assomigliare ad un animale, spesso ad un lupo, nell'aspetto ma principalmente nel comportamento. Negli stati più gravi i malati desiderano cibarsi di carne cruda, a volte umana, e di sangue. Nella superstizione popolare sarebbe un essere umano condannato da una maledizione a trasformarsi in lupo in coincidenza con le fasi della luna piena.

Ancora si trova, nelle nostre campagne, chi è disposto a raccontare storie che hanno come protagonista questo mostro: "Io non l'ho mai visto il Lupo Mannaro, ma all'epoca dei miei padri e dei miei nonni, c 'è stato chi l'ha visto". Si sentiva raccontare dai vecchi che chi soffre di questo male, quando la malattia si manifestava nella forma più virulenta riducendo la persona allo stato bestiale, questa ha la possibilità di ritornare alla sua propria natura umana soltanto se una goccia del suo sangue tocca terra.

La figura del Lupo Mannaro veniva cosi rappresentata: esso era un uomo con i caratteri somatici del volto completamente trasformati, coperti di peli e tali da renderlo simile ad un lupo; tutto il resto del corpo era poi completamente ricoperto di peli, gli spuntava una lunga coda ed i suoi denti si allungavano a dismisura diventando robusti ed acuminati. Le persone malate, di giorno erano normali come di solito, ma di notte avveniva in loro questa feroce trasformazione. In modo particolare quando c'era la luna piena, nelle fredde notti invernali.

Guai per chi venisse morso dalla bestia poiché veniva subito contagiato dalla stessa malattia. L'unica possibilità di potersi curare era quella di ricorrere ad un esorcista: un sacerdote o frate dotato di particolare attitudine per scacciare dall'individuo lo spirito "diabolico" che lo aveva invaso.

In un 'altra storia ascoltata proprio qui a Spello, si racconta che a un uomo capita di incontrare, di notte vicino ad una fonte, un Lupo Mannaro e riesce fortunosamente ad ucciderlo a colpi di bastone. Costui corre presso un vicino casolare per dare la notizia dell'accaduto, ma quando tutti si recano alla fonte a vedere non trovano le spoglie di un lupo bensì un uomo morto, tornato alla natura umana proprio per aver versato sul terreno il proprio sangue.

Così, nelle notti di luna piena, era assai difficile vedere gente in giro per le nostre campagne, perché terrorizzate di incontrare il mostruoso Lupo, il cui solo "ululato" alla luna, anche se ascoltato a distanza e magari da dentro il chiuso protetto delle case, faceva venire brividi di spavento incontrollabile.

E la fantasia popolare viaggiava a ruota libera sulle ruote della ignoranza collettiva; al contempo costruiva immagini e figurazioni che trasferivano lo stupore e l'incanto in un mondo di magia.

Quando io bambino ascoltavo dalla zia la storia del Lupo Mannaro (e ne richiedevo spesso il racconto!), volevo essere preso in braccio e stretto forte forte, nel caldo intimo di un corpo famigliare, che mi comunicava la necessaria sicurezza.

Una cosa mi incuriosiva molto. Perché il bianco splendore della luna era così in grado di suscitare simili malevoli effetti su quelle persone particolarmente sfortunate, sempre destinate, prima o poi, a concludere la propria vita con una brutta fine? Di fronte a queste domande, la zia Faustina rimaneva favorevolmente sorpresa da interessi tanto evoluti da parte di un bambino e mi diceva spesso: "Angelo tu sei troppo curioso e tante domande che ti fai oggi, forse te le saprai rispondere un domani, da più grande. Comunque devi sapere che la luna ha una grande forza di influenza sulle cose della terra e degli uomini."

Per esempio, i contadini e gli ortolani seminano e piantano determinati prodotti agricoli a seconda delle varie fasi della luna: luna piena, luna nuova, gobba a levante (luna calante), gobba a ponente (luna crescente); inoltre il nostro satellite riesce a sollevare in alto le onde del mare, creando "maree" anche molto elevate soprattutto nelle coste sud dell'immenso Oceano Pacifico.

Ed io fantasticavo tanto con la luna.

"Sai Angelo", aggiungeva, "Le gattine non devono partorire nelle fasi lunari sbagliate altrimenti i piccoli neonati rischiano seriamente di morire".

Ma queste spiegazioni non mi convincevano abbastanza e aspettavo tempi più maturi per poter capire meglio. Poi, quando venni a contatto con la mitologia degli antichi Greci, scoprii che nella loro cosmogonia c'era proprio una divinità, Artemide (Diana), figlia di Zeus e di Leto, sorella gemella di Apollo.

Omero ebbe modo di definirla "Signora delle bestie selvagge", "Sovrana degli animali", "Leone fra le donne" e ancora "Vergine cacciatrice".

Proprio in un antico culto ellenico della luna, i suoi adoratori (nell'Attica) si travestivano da orsi, ma anche da lupi. Fra i due gemelli non correva buon sangue. Infatti, se Artemide era divinità della luna notturna, Apollo era dio della luce e del sole; Artemide vergine, rifiutava assolutamente qualsiasi rapporto amoroso e guai a chi volesse proporgliene, Apollo ebbe molti amori, femminili e maschili, quel che oggi molti giovani chiamano "sessualità fluida"; Artemide proteggeva

orsi e lupi, Apollo, detto appunto Apollo Licio, era ritenuto stermi-
natore dei lupi. Se Artemide era emblema di stranezze e stravaganze,
Apollo, eternamente giovane, giusto, saggio e bello, era elevato ad
alto valore morale ed artistico: Apollo Musagete, sempre seguito dalle
Muse, divinità delle arti e delle scienze.

Successivamente, entrato nelle scuole medie superiori, la meraviglia infantile e adolescenziale per il nostro astro satellite, si è trasfor-
mata in adorante ammirazione (già di peli nel corpo ne avevo assai,
perciò più di quelli non avrei potuto averne!).

Un'infinità di sommi poeti hanno cantato la luna, in brani poetici e con versi che sono rimasti immortali, in tutte le letterature
del Mondo.

Possiamo parlare di Giacomo Leopardi: "Alla Luna", "Canto notturno di un pastore errante dell'Asia", "Il tramonto della luna".

Oppure possiamo dire del lirico iberico Federico García Lorca:
"Romance de la luna", "Luna y panorama de los insectos", "La luna
pudo detenerse al fin". Sono tutte poesie che hanno del capolavoro.

Allora io oggi amo la Luna.

Le paure, individuali o collettive, quando si trova il modo per
superarle e dominarle, hanno la grande capacità di salvarci e liberarci,
sempre che lo si voglia ... e stimolano quelle energie regolatrici della
vita psichica; ma occorre la "terapia" indovinata.

Quale potrà essere?

Fra le tante, la pacifica convivenza, la comprensione del dialogo
scevro di barriere e di schemi, una buona dose di coraggio ma soprattutto l'amore verso il prossimo; difficile da definire, ma occorre un po'
tutti imparare a farne buon uso.

Mi raccomando: non l'amore consueto facile, a buon prezzo,
banale da bancarella o da bigliettini augurali, ma quello che comporta
impegno, ricerca e passione, tensione intellettuale e morale, le più
autentiche possibili.

Un esempio potrebbe essere questo. Sentite.

Il regista e scrittore Ferzan Ozpetek, alla prima pagina del suo romanzo "Come un respiro", in questo modo rappresenta quel certo tipo di amore:

"Ti amo e non sai
quanto mi spezza il cuore
il fatto che sia tutto qui.
Gli amori impossibili
non finiscono mai."
(dal film "Mine Vaganti")

Stretto amorevolmente fra le braccia della zia, potevo esorcizzare ogni senso di paura e godere solo il piacere dell'emozione favolistica.

Certamente non sapevo nulla di quello che poi avrei appreso a scuola, ma intuivo già (ah! le pieghe dell'inconscio quanto riescono a dirci nel suo arcano silenzio), che la Luna era la mia prescelta divinità.

Sempre parlando della Luna, e non solo dei suoi "effetti" magici sul Lupo Mannaro, ma su come, sotto molteplici aspetti, essa solleciti ovunque ed in moltissimi campi l'interesse dell'umanità.

Noi Italiani sappiamo bene come la canzone napoletana, così conosciuta nel Mondo, annoveri nel suo vasto repertorio molti brani dedicati all'astro satellitare, titolato con appellativi affascinanti: "Luna Rossa", "Verde Luna", ecc.

Gli Americani (Statunitensi) dovrebbero sapere che nel 1987 il regista Norman Jewison realizzò quel celebre bellissimo film, tanto che a me piacque vederlo due volte, "Stregata dalla Luna" ("Moon struck") con Cher, Nicolas Cage e Olympia Dukakis, in cui la prima, già trasgressiva cantante rock con Sonny, conferma le sue ottime qualità d'attrice: ebbe l'Oscar quale miglior protagonista, la Dukakis lo ebbe come non protagonista.

Inoltre è universalmente noto che la Luna è così simboleggiata nelle culture africane, orientali e mediorientali; infatti sono molti gli Stati arabo-musulmani che hanno l'immagine lunare disegnata sulle loro bandiere nazionali: Algeria, Angola, Azerbaigian, Comore, Malaysia, Maldive, Mauritania, Pakistan, Singapore, Tunisia, Turchia, Turkmenistan, Uzbekistan.

La zia Faustina stessa diceva sempre: "Angelo, io sono ignorante; ho fatto appena la quinta elementare perché dovevo badare ad accudire i miei sei fratelli più piccoli. Però ho voluto che tu studiassi, per apprendere tutto quanto a me era venuto a mancare.

Siccome a scuola io ero bravo (anche perché non potevo in alcun modo deludere le sue aspettative), lei sempre mi elogiava e ringraziava di ripagare con zelo e molta volontà i suoi non pochi sacrifici.

Ma adesso sono io ad esserle grato.

Dei tanti, tantissimi libri, scolastici e no, che ho letto, il più bello, interessante e formativo sei stata proprio tu, pertanto te ne sono infinitamente riconoscente.

Grazie, carissima zia Faustina.

LO SPROFONDO DEL DIAVOLO

Nella pianura di Spello, vicino al limitare del Comune di Cannara, ci sono due torri a base quadrata: torre Acquatino e torre Quadrano. Erano luoghi di avvistamento militare, di controllo ed anche di difesa del nostro territorio.

Nei pressi della torre Acquatino c'è un posto denominato "Sprofondo del Diavolo"; trattasi di una pozza d'acqua, più o meno circolare—un laghetto di modestissime dimensioni—freddissima e assai profonda con intorno un fitto canneto, felci ed altra vegetazione palustre (una specie di oasi in un deserto, essendo anche tutt'intorno incolto). La sua origine ed il relativo nome si perdono nella notte dei tempi.

La gente del luogo, soprattutto ancora qualche vecchio contadino, racconta che nei giorni estivi di gran calura e di afa eccessiva non era permesso eseguire lavori campestri; questo per rispetto della natura del terreno troppo secco ed asciutto e della necessità di riposo sia per uomini sia per animali, il cui lavoro—in quelle condizioni climatiche—risultava insopportabile. Oltre ad essere una necessità naturale, trattavasi anche di un dettato divino (nella religione pagana lo esigeva la dea Cerere severa protettrice del rispetto per la terra e la campagna; nella religione cristiana ci sarà S. Antonio protettore degli animali specialmente quelli addetti ai lavori pesanti dei campi).

In uno di questi giorni, proprio quando tutti i campagnoli riposavano in sacro rispetto, un contadino intraprese il lavoro dei campi con attrezzi e bestiame, disattendendo le regole comuni, sprezzante delle buone consuetudini tradizionali e incurante delle secolari abitudini devozionali.

A quel punto il contegno scorretto dell'agricoltore andava punito in modo esemplare e la punizione fu duplice, sanzionata con il tramite di due interventi di carattere soprannaturale.

L'intervento di Dio che, essendo forza del bene, si limitò a far rannuvolare il cielo, inviare una pioggia torrenziale e un fortissimo vento; ma il testardo contadino non desistette, anzi continuò a stimolare i buoi bastonandoli a sangue e imprecando contro quell'improvviso maltempo.

Allora ci fu l'intervento di Satana che, essendo forza del male, agì con una maledizione tremenda. Infatti si infuriò talmente che, con tuoni, fulmini e saette di fuoco infernale provocò un enorme incendio tutt'intorno devastando un'ampia area di terreno. Ma non bastò. Un forte terremoto, accompagnato ad un terribile boato, provocò una profondissima buca nel terreno, antro in cui sprofondarono: l'aratro, i buoi e il terribile testardo contadino... subito dopo la buca si riempì di acqua freddissima, tanto che nessun pesce può viverci.

L'enorme pozza, quasi un laghetto, è senza fondo. Chiunque abbia tentato di immergersi nell'acqua diabolica ha rischiato di morire assiderato; inoltre non è stato mai possibile poter misurare la profondità dello sprofondo poiché questo inghiottitoio esercita anche una specie di fatale forza d'attrazione verso il centro della terra. Qualsiasi cosa si getti in quell'acqua, anche leggerissima come legno o carta o galleggianti, vengono tutti fatalmente inghiottiti nel fondo misterioso trascinati da improvvisi mulinelli, senza alcuna speranza di ritorno in superficie.

Alcuni lo chiamano anche il "laghetto maledetto"; la sua leggenda incute ancora sentimenti di timore e di inquietudine tanto che anche gli scettici preferiscono tenersene alla larga.

A quanto mi risulta, nessuno ha mai tentato di effettuare delle verifiche scientifiche su questo fenomeno: sulla ragione reale della presenza di quel tipo di acqua, perché sia così fredda, così tanto profonda, senza pesci e perché non offre la possibilità di essere utilizzata in alcun modo.

Sappiamo di certo che il monte Subasio, che domina la pianura spellana, essendo di pietra calcare, ha al suo interno grandi caverne naturali che si riempiono di acqua nelle stagioni autunnali ed invernali. Queste "cisterne" geologiche hanno canali o vene di acqua che, sotto terra, arrivano a valle ed alimentano abbondantemente pozzi artesiani e sorgenti di pianura.

È anche vero che nella zona circostante c'è una ampia diffusione di pozzi artesiani nei quali l'acqua è naturalmente effluente: le acque sotterranee arrivano infatti in superficie senza ausili meccanici, poiché esse tendono a risalire, zampillando, fino alla quota della linea piezometrica, la quale sovente si trova sopra il piano campagna. Il vantaggio che presentano i pozzi di questo tipo è che, sfruttando i naturali bacini artesiani, acquiferi in pressione generalmente alimentati dall'infiltrazione delle acque meteoriche nel sottosuolo, è possibile fare a meno di sistemi di pompaggio, obbligatori, invece, in quelli di diverso tipo.

I pozzi artesiani sono caratterizzati da una larghezza inferiore, ma da una profondità maggiore rispetto a quelli freatici.

Questa può essere una spiegazione abbastanza plausibile; poi tutto il resto è mistero e rimane avvolto nella fantasia collettiva popolare, così come viene tramandato da secoli e secoli.

Alcuni anni fa insegnavo in una vicina pluriclasse, proprio in località Acquatino; già tutti gli scolari mi parlarono dello sprofondo con stupore e meraviglia. Non mi fu mai possibile con loro di avvicinarmi alla famosa pozza d'acqua: una insormontabile barriera di pregiudizi socio ambientali costituiva uno sbarramento invalicabile: avevano un sacro terrore e il mio scetticismo li infastidiva. Curioso a dirsi; ma tale ostacolo rimane ancora oggi e lo "Sprofondo del Diavolo" resta lì a severa testimonianza popolare che non si va contro le regole di rispetto della natura, e men che meno se sono anche sancite da vincoli di fede religiosa.

C'era solo un individuo noncurante di tutto. Era un vecchietto che abitava lì vicino, isolato in una capanna interna ad un boschetto: si chiamava Fiore, nessuno parlava con lui e lui stesso evitava tutti, guardato com'era qual fosse un derelitto, un povero alienato da ogni cosa. A fatica, tentai di avvicinarlo parlandogli del famoso sprofondo e lui si fece subito per ben tre volte il segno della croce, e mi disse stentoreamente una cosa assai particolare. Secondo lui il Diavolo non c'entrava assolutamente; era stata invece la magia di una donnaccia che aveva voluto punire il contadino, perché raccoglieva il grano non ancora maturo.

Chissà cosa avrà voluto significare?

Forse un lontanissimo riferimento (per lui ovviamente inconsa-pevole) alla dea pagana Cerere, severissima divinità protettrice dell'a-gricoltura e dei raccolti; solerte ed attenta al rispetto per la natura e l'ambiente, di cui era inflessibile vigilessa.

Sappiamo che Fiore non solo era un uomo "misantropo", geloso della propria solitudine, ma era anche "misogino" in quanto nutriva una innata diffidenza verso le donne.

Infatti non aveva moglie; aveva due sorelle, dette le "Stefanette" forse dal cognome, con le quali aveva rarissimi rapporti.

Il casale delle Stefanette, che si trova a breve distanza dallo Sprofondo del Diavolo, è particolarmente conosciuto a Spello per l'uti-lissima presenza di due pozzi artesiani di notevole portata che ancora oggi forniscono abbondante acqua, quella proveniente dalle riserve del Subasio di cui abbiamo detto, per il pubblico acquedotto paesano.

Abbiamo detto che Fiore rifuggiva da ogni forma di vita comuni-taria e di contatto umano; un buon selvaggio del tutto innocuo che preferiva vivere in completa solitudine. Comunque i miei alunni dice-vano che Fiore, aveva sì un linguaggio stentoreo e di non facile com-prensione, ma era bravissimo nel comunicare con gli uccelli; il suo repertorio dei fischi differenti dei vari volatili era così ricco e ampio da permettergli di colloquiare con qualsiasi specie di uccello: lui emet-teva i diversi fischi ed il particolare volatile gli rispondeva con la sua specifica "voce".

Sulla base di ciò, ho sempre immaginato Fiore come un moderno dio Pan: al posto del flauto fatto di canne, lui usava il suono del fischio fatto di voce umana oppure modulato soffiando su di un osso di stinco di pecora, che sarebbe poi la tibia, opportunamente modellato.

Sappiamo bene come i racconti popolari affondano nelle memorie antiche, dove differenti religioni si confondono e riflettono credenze e ritualità anche contrastanti. Così avviene che il profano si mescola con il sacro; il divino convive stranamente con la stessa superstizione.

In fondo la cosa bella è che certi misteri popolari restano, alimentano le mille cose insolite ed anche curiose della nostra esistenza; sono un po' come il sale o lo zucchero per usi diversi e diversi generi di alimentazione.

Di tutta questa storia la cosa che mi ha sempre più incuriosito e interessato è il famoso cunicolo che collega le due bellissime torri.

Non possono esserci dubbi che realmente esista e allora perché non attivare un utile ritrovamento archeologico.

Sembra siano stati effettuati alcuni sondaggi e dei carotaggi per rinvenire qualche tratto di tunnel sotterraneo, ma con risultati negativi anche perché trattasi di sperimentazioni pericolose, di iniziative private ad opera di volonterosi, senza sufficienti strumenti e finanziamenti e soprattutto in assenza di un progetto generale serio di esplorazione, animato da forte impegno, irremovibile convincimento sul possibile buon esito dell'opera.

Tutti sanno che Heinrich Schliemann (1822-1890), archeologo tedesco, fanatico assertore che ogni mito sia matrice di un dato reale, dall'appassionata lettura dei testi omerici—soprattutto l'Iliade, dove si canta la storia e la distruzione per incendio della città di Troia—trasse la tenace convinzione, nonostante tutti lo osteggiassero, che la città fosse realmente esistita e proprio nei luoghi descritti da Omero, cioè in Turchia, sulle alture che dominano lo stretto dei Dardanelli, in una posizione molto strategica.

Fra lo scetticismo generale, mise a profitto la ricchezza accumulata nel commercio per finanziare, in proprio, ripetute vaste opere di ricerca. Assoldando in suo aiuto operai, tecnici ed amici si recò presso il villaggio di Hissarlik e, dopo svariati tentativi, i primi dei quali risultarono fallimentari, riuscì finalmente ad accertare ben nove insediamenti, l'un l'altro successivi, il più antico risalente al 3000 avanti Cristo.

In tal modo Schliemann, oltre al ritrovamento di Troia, aveva dimostrato che ogni racconto mitologico non poteva essere interpretato superficialmente come puro e semplice parto di ispirazione poetica, ma doveva essere preso in seria considerazione come patrimonio scientifico di esplorazione archeologica.

I miti poetici di Omero avevano fatto storia.

IL LEONE E LO SCHIAVO

Una bella leggenda spellana è quella che parla della storia di un leone dell'Anfiteatro e di uno schiavo chiamato Androclo.

Nell'arena erano arrivati dei leoni prevenienti dall'Africa; essi venivano impiegati per i giochi dei gladiatori e anche per le scene cruente di lotta fra schiavi e belve.

Fra questi leoni ce n'era uno particolarmente forte e feroce, ritenuto invincibile, tanto da rappresentare il massimo terrore per tutti i gladiatori dell'anfiteatro.

Un giorno accadde che questo feroce leone riuscì a sfondare la gabbia che lo teneva prigioniero, fuggì per la campagna e nessuno riusciva più a trovarlo, con grande disperazione dei guardiani dell'Anfiteatro e terrore per tutta la popolazione che temeva di essere aggredita di sorpresa dalla crudele belva in libertà.

Nel frattempo, in una villa patrizia spellana, un giovane schiavo, stanco di subire maltrattamenti ed oltraggi dal suo padrone, era riuscito coraggiosamente a rompere le catene ed era fuggito, nascondendosi dove meglio poteva per sfuggire alle guardie che lo cercavano per poterlo di nuovo incatenare.

Intanto il leone sfuggito, correndo fra le sterpaglie, era sfortunatamente incappato in una grossa spina che gli si era conficcata nella zampa, facendogli perdere molto sangue dalla ferita e impedendogli di correre liberamente e velocemente.

Così, sanguinante e dolorante, si era rifugiato in una grotta proprio sotto la cinta muraria ovest della Città.

Proprio in questo luogo esistono ancora delle grotte, oggi assai pericolose per i molti franamenti avvenuti, conosciute come le "grotte di Filena" perché di fronte ad esse, lungo la via Centrale Umbra, si trovava un negozio la cui proprietaria si chiamava Filena: il tutto è nelle immediate vicinanze con il moderno Centro Sportivo.

Ma torniamo alla nostra leggenda.

Nello stesso tempo, anche il povero giovane schiavo, fuggito dal padrone, girava disperato per la paura di essere ripreso; così anche lui si trovò nei pressi della grotta. Sentì che dall'interno provenivano dei guaiti, ma si fece coraggio e subito si trovò di fronte il leone ferito, che gli si pose minacciosamente davanti.

Il suo primo istinto fu quello di fuggire, ma notò bene che la povera bestia sanguinava ed era sofferente, e che il suo sguardo non era aggressivo, anzi implorante aiuto.

Il giovane schiavo, di nome Androclo, si impietosì, eppoi pensò che forse era meglio morire tra le fauci del leone che non ricadere nella sofferente vita di schiavitù. Così si avvicinò alla belva, le prese delicatamente la zampa, la liberò della spina e fasciò ben bene la ferita. A questo punto il leone si avvicinò ad Androclo col muso e gli leccò la mano che lo aveva medicato. Nacque così fra lo schiavo e il leone una grande, affettuosa amicizia.

Intanto passò del tempo.

Ma un brutto giorno il leone fu ripreso dai guardiani dell'Anfiteatro; poco dopo stessa sorte toccò anche allo schiavo che venne catturato dalle guardie. Allora il padrone decise che per punizione Androclo venisse donato all'Anfiteatro e qui dato in pasto alle belve più feroci.

Fu organizzato uno spettacolo nell'arena a cui partecipò tanta gente che gremiva le tribune. Prima ci furono i giochi dei gladiatori, poi l'esposizione dei vari animali feroci, infine fu portato al centro dell'Anfiteatro lo sfortunato schiavo Androclo; ad un certo momento furono aperti i cancelli delle belve e fu fatto uscire il feroce leone che, d'istinto, fece per avventarsi sul povero uomo ma, appena lo riconobbe, avvenne una cosa straordinaria che lasciò tutti meravigliati. L'animale, anziché azzannare e sbranare l'uomo, gli si avvicinò affettuosamente, cominciò a leccarlo in segno ancora di riconoscenza e strofinò con tenerezza la sua folta criniera sul corpo dell'amico ritrovato.

Fu per tutti una sorpresa eccezionale.

Il cattivo padrone, seduto sulle tribune d 'onore, incitava la bestia perché divorasse l'uomo e chiamò nell'arena anche gli altri gladiatori, ma il leone si avventò minaccioso contro di loro e guardò il padrone con le zampe minacciose.

A quel punto, il pubblico spellano, preso da commozione, volle che questo grande esempio di amicizia venisse premiato: così Androclo e il leone ottennero la libertà di andarsene insieme per ritornare nella loro grotta. Lì vissero per tanto tempo, amici di tutta la popolazione spellana, che andava spesso a trovarli per nutrirli e dimostrare loro affetto e riconoscenza.

La leggenda vuole che essi ancora vivano, miracolosamente premiati con l'eternità, come eterno dev'essere il valore dell'amicizia; forse di giorno restano nascosti da sguardi indiscreti, e magari di notte, protetti dal buio, escono dalla grotta per concedersi un po' di libertà.

Ci fa piacere pensare, nel nostro ampio immaginario, che ambedue vivano ancora, anche se nessuno li ha mai più visti.

Quando ero bambino, insieme ad alcuni miei compagnetti di vicinato, scendevamo attraverso i ruderi delle vecchie mura giù verso le grotte di Filena. In noi c'era spirito d'avventura, un vago senso di timore e tanta curiosità di infantile ingenuità.

Il racconto popolare ha basi immaginifiche che nascono dal bisogno della gente di porre significati mitici alla propria storia.

È molto evidente che l'elemento fantastico si fonda sull'eterna ricerca di un fraterno rapporto tra uomo e animale, simbiosi di vita contro ogni presunta contraddizione e difficoltà.

Qui questi sentimenti sono resi ancor più significativi dalla similitudine di povere condizioni dei protagonisti, che alla fine, usando forza ed amore, riescono a vincere schiavitù e soprusi, conquistando infine ciò che più conta: la benevolenza generale della gente umile e semplice.

Tutta la leggenda comunque si sorregge su fatti reali e documentati: le famose grotte, spesso rifugio di vita per coloro che non avevano la possibilità di possedere abitazioni decorose; ma soprattutto sulla presenza a Spello del più grande complesso monumentale di epoca romana qual era l'Anfiteatro; infatti non tutte le città romane ne avevano. Facciamone qui una brevissima storia.

L'Anfiteatro di Hispellum fu costruito fuori delle mura di cinta, sulla via dei sepolcri. Vicino ad esso c'era il Teatro e ancora oltre il Santuario dell'attuale Villa Fidelia. Era una periferia urbana molto lussuosa dove si celebravano giochi civili e riti religiosi, spettacoli teatrali e di lotte cruente; tutt'intorno c'erano ville patrizie di famiglie ricche e potenti. L'altezza presumibile della costruzione può essere indicata in circa sedici metri, con due ordini di gradinate. L'asse maggiore dell'arena è di metri 59,20, mentre quello minore è di metri 35,52. Da un calcolo sufficientemente attendibile potevano trovar posto sulle gradinate circa 15 mila spettatori.

L 'Anfiteatro spellano, che doveva apparire nella sua integrità un'opera davvero stupenda per architettura e funzionalità, può essere datato, in base alle murature e a considerazioni storiche varie, alla metà circa del I Secolo dopo Cristo.

IL BRIGANTE CINICCHIO

L a città di Spello, così come quella di Assisi, è adagiata sulla costa sud occidentale del Monte Subasio, che appartiene alla catena di montagne del preappennino, che fa parte dei cosiddetti Monti Sibillini.

Il nome di questa catena montuosa riconduce a quello di una antichissima indovina che li abitava in una profonda grotta: la Sibilla;

essa era in grado di predire il futuro e di leggere i segni del passato e del presente dei viandanti, che numerosi andavano a consultarla.

La grotta della Sibilla era, fino a poco tempo fa, visitabile sull'omonimo Monte Sibilla, un rilievo montuoso di 2.175 m. del gruppo appenninico dei Sibillini che è situato nel comune di Montemonaco e per una parte in quello di Montefortino, rispettivamente appartenenti alle province di Ascoli Piceno e Fermo, tutto il territorio è situato nel Parco Nazionale dei Monti Sibillini.

Raggiungere per sentieri la Grotta della Sibilla sembra esercitare un certo effetto emotivo in chi vuol provare quella esperienza, magari con l'ausilio di una esperta guida di montagna.

Anche il monte Subasio ha qualcosa di magico, di straordinario. Addirittura il grande poeta Dante ha voluto rappresentarlo nell'XI canto del Paradiso della sua "Divina Commedia".

Il nome Subasio ha origini assai remote, che risalgono al Dio Subbazio, divinità pagana della vita vegetale assimilata a Bacco, dio del vino.

Secondo altri l'etimo latino deriverebbe da Asio, vocabolo che indicava un campo o un ampio spazio di terra incolta; in effetti l'estremità del monte è sempre stata arida e lasciata a prato e a pascolo di armenti, perché priva di umidità, essendo la conformazione del terreno di tipo carsico.

Se la cupola prativa del monte era chiamata Asio, tutta la parte sottostante fu denominata Sub Asio. La più vasta area settentrionale appartiene al comune di Assisi, invece quella meridionale si trova nel territorio comunale di Spello e, da sempre, è stata chiamata "Monte dei Poveri". Le sue pendici collinari e le sue stesse alture furono abitate fin dai primordi da popolazioni addirittura preistoriche che trovavano vantaggioso stabilire le loro dimore nelle numerose grotte che si aprono nel terreno roccioso.

Proprio nella parte più impervia della montagna (scogli di Sasso

Rosso, Renaro, Gabbiano), fra i tanti anfratti ce n'è uno a circa tre metri da terra, una cavità naturale che sembra sia stata realizzata alla fine del secolo 1800: uno dei rifugi preferiti dal Brigante Cinicchio (detto anche Cinicchia).

Il suo vero nome era Nazzareno Guglielmi, nato in Assisi il 30 gennaio 1830.

Egli era il primo degli otto figli del bracciante Giovanni; il soprannome lo ricevette in eredità da un antenato, piuttosto basso di statura e particolarmente prepotente. Fino alla prima adolescenza lavoro con il padre nei campi, poi cominciò a dedicarsi al mestiere di muratore e, nel 1854 sposò una certa Teresa dalla quale ebbe una figlia a cui venne dato il nome di Maria.

Il carattere aggressivo ed irritabile, unito alla spaventosa povertà diffuso in quel tempo, lo condussero presto a dedicarsi ad una vita da brigante.

Si racconta che nel novembre 1857 venne incarcerato per la prima volta per furto perpetrato nel territorio di Assisi (si dice che, prima di essere condotto in carcere, chiese l'autorizzazione a salutare la madre e, ottenutolo, nell'abbracciarla le morse un orecchio addossandole la colpa del suo stato attuale per non averlo saputo educare); il 20 aprile 1859 riuscì ad evadere dal carcere e si diede alla macchia: nacque così "il mito del brigante Cinicchia".

Sembra che la sua vendetta fosse particolarmente crudele. Quando i gendarmi dello Stato pontificio arrestarono la moglie e la trascinarono nel carcere di Perugia, il Cinicchia si vestì elegantemente e, sedutosi un noto caffè del capoluogo umbro, minacciò di dar fuoco a mezza città se la compagna non fosse stata immediatamente rilasciata.

Al Cinicchia vengono attribuiti numerosi delitti tra Marche ed Umbria, territorio questo che faceva parte dello Stato Pontificio.

Un altro episodio famoso si riferisce al suo lavoro di muratore: stava lavorando nella ristrutturazione della casa del conte Fiumi quando un manovale rubò un prosciutto al proprietario dell'immobile; di ciò venne incolpato Cinicchia che fu processato, condannato al carcere: era l'anno 1830. Dopo aver percosso accuratamente un carceriere, riuscì ad evadere, a rifugiarsi nelle vicine Marche e ad unirsi ad una banda di ladri e contrabbandieri della zona. Incarcerato nuovamente a Jesi, cercò di organizzare la fuga, ma venne scoperto e fu tradotto nel carcere di Ancona dove, dopo aver praticato un foro nel muro della cella, riuscì ad evadere. Ritornò in Umbria e per qualche tempo seminò il panico tra gli abitanti di Morano, di Valfabbrica, Gualdo Tadino, Nocera Umbra, Valtopina, ecc.

Molte furono le sue imprese banditesche, tanto che nacque il proverbio: "Ne hai fatte più di Cinicchio", per definire una persona con un *curriculum* di esperienze negative piuttosto nutrito; l'espressione viene usata ancora oggi magari da chi non ne conosce per niente la storia.

Però c'è anche chi definisce Cinicchio "Il bandito gentiluomo "; perché si fece ben volere da poveri, contadini e pastori, ai quali donava parte delle ricchezze sottratte ai signorotti, magari proprio quelli che sfruttavano i poveracci.

Dei numerosi reati che gli furono attribuiti spicca il celebre omicidio commesso il 21 ottobre del 1863, presso "il ponte della croce" di Pianello, ai danni dell'ufficiale Cesare Bellini, capitano della guardia nazionale di Valfabbrica.

Le imprese di Cinicchia cominciarono a diminuire per numero e importanza quando il brigante si rese conto che il cerchio intorno a lui, a seguito dell'assassinio del Bellini, si stava stringendo così nel 1863, con un passaporto falso, si imbarcò a Civitavecchia ed espatriò a Buenos Aires. Laggiù riprese l'antica attività di operaio edile.

Da una sua lettera è possibile trovare conferma che nel 1901 era ancora in vita, dopodiché si è persa ogni sua traccia.

Con ogni probabilità egli non è più rimpatriato e di lui non se ne seppe più nulla se non il ricordo nella memoria collettiva; così sulla sua vita nacquero leggende, ballate, rappresentazioni teatrali.

La storia leggendaria della sua vita resta avvolta nel mistero, il suo mito si sta perdendo con il passare del tempo.

Oggi resta, a documento, la grotta del Subasio che "pare" lo abbia ospitato durante la sua latitanza di bandito... e resta questo bel pensiero dei miseri pastori delle località Gabbiano e Renaro che gli offrivano protezione e complicità, amici fedeli ed affezionati al punto di rendersi omertosi con le guardie pontificie che implacabilmente lo braccavano.

Ma l'anfratto era particolarmente sicuro in quanto per entrarvi occorreva una scala a pioli assai alta che, una volta entrato, Cinicchio ritraeva all'interno, inoltre l'ingresso della grotta risultava piccolo e ben mimetizzato fra cespugli ed arbusti.

Pertanto possiamo constatare che il monte Subasio abbia dato i natali a due opposti personaggi: uno "santo", Francesco; e l'altro "malvivente", Cinicchio.

Quindi un monte dai due volti? Quello del bene e della santità, quello del male e della criminalità? Sacro e profano che, nella fede e nella credenza popolare, trovano spesso le medesime spiegazioni e giustificazioni; anzi talora vengono assimilati nel mito. Quel mito che in fondo non è altro che un modo di raccontare, ma anche un modo di pensare e, in quanto prodotto dell'immaginazione umana, ha la forza e il fascino di proiettare aspetti inconsapevoli del reale.

Ma a ripensarci bene è possibile trovare una certa "assonanza" tra i due, perché ambedue erano odiati dai ricchi e amati dai poveri.

San Francesco, emblema della santità cristiana, aveva "sposato la povertà"; e sul monte aveva trovato giusta accoglienza al suo amore per la natura, avvicinandosi di più a Dio e alle sue creature. Cinicchio, emblema del brigantaggio, sempre nello stesso monte in altra grotta e forma di vita, trovava lì rifugio dall'iniqua giustizia terrena. Infatti la pallida memoria che ancora oggi resta di Cinicchio, ce lo tramanda come figura di fantastico, coraggioso giustiziere della gente oppressa.

Latore di giustizia, quella popolare, non certo quella dei tribunali; dove spesso oggi, purtroppo, la corruzione e la criminalità, vengono sottovalutate o ingiustamente pesate; (oh quella povera bilancia!), nella loro gravità morale e sociale, civile e politica.

LA VECCHIA DELLA CROCE

Nel XIII e XIV secolo, la città di Spello era suddivisa in tre Terzieri: Pusterula, Mezota e Porta Chiusa; aveva un piccolo esercito, era amministrata dai Priori e, al di sopra di essi, da un Podestà eletto ogni sei mesi da dodici "Boni Homines".

Le sue lotte, interne ed esterne, furono particolarmente intense in questo periodo, per la pressione di Spoleto e di Perugia e, dietro di esse, del Papato e dell'Impero.

Numerose guerre furono combattute, fra 1200 ed il 1300, più volte contro Foligno ed anche contro Assisi.

Verso il 1238 l'imperatore Federico II distrusse la Città e incendiò la Chiesa di San Lorenzo; prevalse allora il partito "Ghibellino", fedele all'imperatore, ma successivamente, con il ritorno al potere della Chiesa e del Papato, prevalse il partito ad essi fedele, cioè quello "Guelfo".

Se una città era guelfa o ghibellina lo si poteva capire osservando le merlature poste al di sopra delle porte d'ingresso: le merlature ghibelline con un taglio al centro, le guelfe senza taglio. Questi segni permangono ancora su alcune porte d'accesso alle mura cittadine.

Ci troviamo perciò al centro di un periodo storico carico di tensioni e di scontri violenti, in cui era difficile tener salva la propria vita.

Esistono cronache precise di tutto ciò e dettagliate ricostruzioni storiche con nomi di personaggi d'epoca, date ed eventi speciali.

Ma accanto alla storia nasce sempre la leggenda; fermenta la fantasia popolare che, a modo suo, reinventa i fatti e mitizza i personaggi così che la gente comune, sempre suddita della storia, diventa protagonista della favola, dando agli eventi, talvolta, anche le spiegazioni più giuste.

Quanto detto ci introduce alla famosa "Vecchia della Croce"; insieme ci rechiamo adesso sul luogo esatto.

Di fronte alla porta Urbica, all'incrocio di via Centrale Umbra con via Guerrino Bonci, sorge la Chiesa di San Ventura, di origine medievale, recentemente restaurata.

Nell'interno della chiesa sono visibili interessanti opere, fra l'altro, un frammento di affresco del Sec. XIII, il sarcofago dell'altare maggiore (forse sec. XII) e l'affresco di scuola umbra (fine sec. XVI) riferito proprio alla leggenda della "Vecchia della Croce".

Dice la leggenda che nel 1346, preceduta da tre pastorelli invocanti "pace", apparve una sanguigna croce sopra la torre della piazza grande, accompagnata da innumerevoli lumi; dinanzi a questo evento miracoloso le fazioni in lotta cruenta dei tre terzieri—aizzati e fomentati dalla vecchiaccia—deposero subito le armi e fu pace fra loro. Alla base del dipinto, sito nella Chiesa di San Ventura, c'è scritta una quartina in versi endecasillabi, che dice:

> *"Malvagia vecchia a fera pugna accende*
> *questa di Spello gioventù feroce:*
> *ma la placa e concorda accesa croce*
> *che improvvisa in ciel sopra lei risplende".*

In corrente lingua italiana possiamo così tradurre: "Una vecchia malvagia semina zizzania e discordia fra la gioventù di Spello, ma improvvisamente una croce luminosa risplende nel cielo, calmando la violenza e riportando la pace fra i giovani spellani".

E la "Vecchia" che fine fece? I finali dei racconti popolari spesso sono molteplici, a seconda del differente spirito rappresentativo che il popolo vuol conferire alle proprie creature di fantasia.

Infatti esistono addirittura tre versioni riguardanti la conclusione della leggenda della vecchia della croce.

A volte prevale l'esigenza giustizialista e vendicativa, che vuole sempre un finale di rivincita e di punizione propendendo per un senso pessimistico e tragico dell'esistenza; altre volte prevale l'impulso del perdono e della riappacificazione prediligendo il senso ottimistico e retto della vita.

La versione che prevede la vendetta punitiva racconta che la "Vecchia" fu fatta prigioniera e che, a furor di popolo, venne innalzato un rogo sulla piazza Grande, proprio sotto la torre del potere, e lì venne arsa al pubblico cospetto.

Il popolo fu soddisfatto nella sua sete inconsapevole di giustizia; i padroni furono tranquillizzati nel loro timore di sovversione. I fumi salirono in cielo e con essi scomparve dalla città di Spello ogni male-ficio ed ogni conflitto.

Anche allora qualcuno riteneva che la pace si possa raggiungere solo seminando morte: violenza contro violenza e purtroppo c'è chi ancora oggi la pensa così!

La versione che prevede il perdono racconta invece che la "Vecchia" rinsavì improvvisamente; fu proprio lei a ricongiungere le parti bel-ligeranti, organizzando una grande festa a base di canti, stornelli e danze al saltarello; si fece baldoria ed allegria per tutta la notte ed i giorni futuri addussero tranquillità e letizia.

Anche allora c'era qualcuno che preferiva risolvere liti e conflitti usando la ragione, la perizia diplomatica, superando la barbarie della violenza e della guerra, attivando la forza della convinzione e l'arte della comprensione. Magari oggi fosse sempre così!

Una terza versione vuole infine che la "Vecchia", infrangendo le regole del tempo, salisse al potere della città instaurando un breve periodo di governo "al femminile" (fenomeno antesignano di fem-minismo), limitando così i privilegi maschili e rendendo una gradita giustizia popolare. Ma le difficoltà e le congiure orditele contro la indussero improvvisamente a sparire (... forse fu misteriosamente soppressa ... e nessuno ne seppe più niente!).

Questa versione testimonia il profondo senso di sfiducia della gente verso i deputati al potere, ed esprime l'inguaribile rassegna-zione popolare al solito perpetuarsi in ogni sistema di cose, soprat-tutto quelle politiche.

Ho tratto il racconto da letture fatte su presunte documentazioni, fra l'altro tutte avvolte nel dubbio del mistero.

Le tre versioni che narrano dei finali con i relativi commenti, sono il frutto delle molte conversazioni che frequentemente tenevo con mia zia Faustina, tanto ricca di memorie e così facile negli speciali raf-fronti fra presente e passato. Lei già anzitempo fervente femminista, propendeva per la terza versione; ed io ho sempre nutrito il sospetto che ne fosse l'inventrice.

Nella cultura popolare permangono tenacemente stereotipi di pensiero e pregiudizi duri a morire nel tempo.

Nell'oscuro passato dei primordi dell'umanità, pur senza documenti concreti, l'antropologia ci parla di una prima lunga fase di matriarcato; poi subentrò il patriarcato e, in questo passaggio di poteri la "donna" non ebbe più considerazione, anzi spesso era oggetto di maledizione e dannazione (vedi ad esempio le Amazzoni, le Streghe, le Erinni, ecc.).

La vecchia della croce era vista come una strega portatrice di malevolenze fra la gente spellana. Il mito riproduce così le sue antiche radici.

Ed è un mito che vive in un contesto storico reale di guerre fratricide e spietate tra due grandi poteri maschili: quello imperiale e quello papale.

Ci sono simboli e segni concreti di tutto questo, proprio qui a Spello.

In primo luogo le merlature "guelfe" e "ghibelline" in cima alle porte antiche medievali della città; quando un viandante arrivava a Spello poteva ben sapere quale fosse il potere che dominava il paese e pertanto stava ben attento a non compromettersi troppo con le sue simpatie politiche, e magari avere così salva la vita.

In secondo luogo le "catene" di ferro pesante che ancora oggi pendono dagli angoli delle case che stavano a dividere il territorio urbano fra i tre Terzieri. Queste catene venivano messe a sbarrare la strada di notte, poi di mattina venivano rimosse.

Guai a chi le avesse oltrepassate: sarebbe stata morte immediata.

L'evoluzione del sistema socio politico (fra matriarcato e patriarcato), la leggenda miracolistica della vecchia dalla croce, i segni ancora restanti di antichi secoli non del tutto sepolti nella memoria sono idee che fanno tanto pensare e che mi conducono ad una riflessione del grande poeta inglese Percy Bysshe Shelley (1792-1822). Non molto dissimilmente dal poeta uruguaiano Hernàndez, già altrove ricordato, Shelley, sempre interrogandosi sul nodo rapportuale tra rappresentazione documentale e disegno dell'immaginazione, giunge a negare che si possa opporre all'aridità del reale la forza creatrice del sogno, della profezia, dell'utopia.

Come condivido!

QUEL POVERO MOSTRO DI REGOLO

I miti alimentano i sogni, ma creano anche le paure; la fantasia la fa
da padrona: per garantirsi una certa credibilità si aggancia a situazioni reali o presunte tali. Il popolo "abbocca " sempre, vuoi per
immatura congenita faciloneria, vuoi per un bisogno strutturale di
natura biopsichica a voler credere nell'inverosimile, ma anche per il
desiderio inconsapevole di immergersi nel mistero e nel paranormale.

Quella del "Regolo" è una delle tante leggende popolari di cui è ricca la tradizione contadina e comunque la cultura di villaggi ad economia prevalentemente rurale.

Questa figura mitica appartiene alla collezione gigantesca di favole e simbologie che hanno sempre animato l'Umbria Medievale ... sulle facciate delle nostre cattedrali, quelle romaniche, spesso compaiono rilievi, sculture, bassorilievi ornamentali, che testimoniano questi miti. Serpenti, basilischi, lupi travestiti da agnelli, lontre, locuste, arieti, ornano colonne, fregiano i portali, scolpiti dai marmorari della valle del Ducato di Spoleto, tra il 1100 e il 1200, ad Assisi, Foligno, Bevagna, a Spoleto e Todi ... poco a Spello dove, come altrove, il Rinascimento della Controriforma ha spesso cancellato tutto. È soprattutto nella religione, a causa del ritardo che ogni ideologia tende ad avere sulla realtà da cui è derivata, che riscontriamo in tutta la loro complessità tali fenomeni di conservatorismo e di adattamento, nei confronti di fedi e credenze tradizionali, che si riferiscono ad epoche radicalmente diverse.

In tal senso è facile notare quanto il rituale cristiano sia pieno di simboli e riferimenti a tutta una serie di animali che sono entrati a far parte della poesia, dell'arte e spesso anche dell'elaborazione teologica. L'agnello e il buon pastore, il pesce, Gesù delle catacombe e dei primi apologisti, la colomba identificata con lo Spirito Santo, il mito del serpente tentatore: sono tutti motivi di quel bestiario che fa oggi parte della dottrina cristiana.

La configurazione della bestia del Regolo, è senza dubbio alcuno assai mostruosa, atta ad incutere spavento in chiunque fosse incappato nella disavventura di incontrarla.

Un serpentone con la coda mozza e quindi dal corpo tozzo e rigonfio, scurissimo di pelle con iridescenze verdognole, un muso a forma di ariete da cui sfavillano due grandi occhi sbarrati nelle tenebre, perché il Regolo gira sempre di notte, invisibile nel buio, se non per lo sfolgorio dello sguardo fisso ed agghiacciante. Si muove nel massimo silenzio, solo un lievissimo fruscio di foglie ne può accennare la presenza, ma è proprio quello il momento in cui può aggredire con morsi mortali e soprattutto con scodate letali.

I suoi habitat privilegiati sono i campi coltivati, i vigneti, i frutteti, ma soprattutto gli orti dentro le mura paesane.

Bisogna sapere che Spello, internamente alle sue antiche mura romane e medievali, ha molti orti, creatisi con il crollo di abitazioni in occasione di terremoti o distruzioni di nemici invasori.

I proprietari delle case adiacenti, col passare del tempo, hanno utilizzato i terrapieni adattandoli ad orti coltivati con molteplici tipi di ortaggi: pomodori, carciofi, insalata, carote, cipolle, patate, sedano, rosmarino, fagiolini, melanzane, ecc., orti che vengono ben innaffiati e concimati, così che danno ottimi prodotti per la speciale cucina locale.

Il Regolo si può nascondere facilmente negli anfratti, fra le folte siepi, nelle grotte, fra i ruderi antichi, in mezzo alle macerie di case mezzo diroccate.

Un tempo moltissime persone credevano alla sua esistenza.

Quante bestiacce ci fossero a Spello è difficile da dire; forse anche una decina, con la sola variante della dimensione. Chi diceva di averne visto uno lungo un metro; chi parlava di un mostro di almeno tre metri; chi ancora lo raffigurava cortissimo ma di enorme massa corporea. In realtà, nessuno era mai stato attaccatodalla bestia che, strano a dirsi, di terrore ne incuteva tanto, senza però procurare morti, feriti, o semplicemente contusi!

Altra particolarità è questa. Gli avvistamenti si verificavano soltanto nei periodi in cui i prodotti agricoli erano maturi e perciò pronti per la raccolta; in luoghi di più facile accesso, i più vicini, meno sorvegliati, ricchi di prodotti e pertanto più appetibili per ladruncoli di vario genere. Ma, essendoci il terrore del mostro, i predatori di campagna avevano paura e nessuno si avventurava nell'impresa di rubare nottetempo, stante la orribile possibilità di incontrarsi con il Regolo. Ovviamente, essendo esso un rettile, cadeva in letargo nel periodo invernale, proprio quando—guarda caso!—non c'era più alcunché di allettante negli orti di possibile refurtiva agricola.

Ma qual è l'origine di questo mostro di casa nostra? Almeno due sono le versioni di cui si andava raccontando. Una è molto più semplice, spiegabile e, forse, anche credibile, secondo la quale ogni serpe a cui venga recisa la coda, se sopravvive all'amputazione, è in grado di sviluppare in modo abnorme il resto del corpo.

Condannato in tali condizioni, l'animale dedica il resto della sua vita a spaventare ed aggredire gli uomini, per vendicarsi così del male ricevuto non potendo, fra l'altro, né accoppiarsi, né procreare. Questo versante del racconto potremmo definirlo come l'aspetto naturalistico, in grado anche di suscitare un certo velo di pietà verso quel povero "animalaccio".

Voglio annotare che a me, già da piccolo, il regolo suscitava più compassione che paura. Costretto da provocata sorte a vivere sempre solo, aborrito, perseguitato e disprezzato da tutti, il regolo mi sembrava condannato a subire una grave pena senza aver commesso alcuna colpa; insomma una povera vittima, un perdente.

Pensavo che l'animale, così brutto, mutilato e maledetto da tutti, uscisse dalla sua tana soltanto di notte, non tanto per aggredire di sorpresa, quanto invece per la vergogna di farsi vedere e di essere scacciato e sfuggito da chiunque.

Queste mie impressioni erano già i primi segnali evidenti di quel mio certo spirito ribelle, sempre incline a sostenere i maltrattati e i discriminati; per inciso debbo dire di non aver mai disprezzato i rettili anzi, quel loro portamento sinuoso ed elegante, quel loro procedere discreto e maestoso me li hanno sempre fatti ammirare anche per l'indubbio fascino animalesco che riescono a sprigionare. Una delle tante ragioni, e non la meno significativa, per cui tra San Giorgio e il Drago, "io" ho sempre parteggiato per quest'ultimo ... poverino!

L'altra versione è invece più complessa ed elaborata, idealizzata al servizio di un ampio ventaglio di segni e simbologie che segnano una linea di faia tra superstizione e fede, nel controverso campo delle credenze popolari.

Così si diceva che, dopo la cacciata dal Paradiso di Adamo ed Eva, anche il famoso serpente promotore del peccato avesse subìto analoga sorte e fosse stato così scaraventato sulla terra in malo modo, portando con sé le colpe, le maledizioni e le mutilazioni del caso: ecco perciò il bellissimo rettile dell'Eden tramutarsi nello spaventoso aborto del Regolo.

Se per Adamo ed Eva, dopo la caduta peccaminosa c'è stato dolore e sudore, come espiazione del peccato originale commesso, per il serpente c'è stato l'abominio generale e la vergogna universale.

Almeno i due biblici progenitori hanno mantenuto la bellezza della loro matrice paradisiaca. Com'è meraviglioso ammirarli nella Cappella "Brancacci" in Santa Maria del Carmine a Firenze, ora riportati alle loro integrali bellissime nudità, come volle magistralmente rappresentarli il Masaccio!

Invece il Regolo ha assunto in sé, nella fervida e bigotta fantasia popolare, il volto e il simbolo terrestre della paura, del male; l'eterno conflitto dell'uomo e della bestia.

Solo in pochissime popolazioni del Centro Africa, dell'Estremo oriente o presso i Nativi Americani e gli Antichi Egizi erano consacrati ai rettili una serie di atti votivi, propiziatori e di consacrazione, affinché, in certe cerimonie come i matrimoni, scendesse sulle comunità il benessere, la fertilità e fecondità e la convivenza pacifica.

Sappiamo bene che gli uomini, che vivono ancora oggi in equilibrio precario il proprio difficile rapporto tra animalità e umanità, sono estremamente bravi ad esorcizzare la propria genesi istintiva belluino—bestiale, quel duro patrimonio preistorico, creando all'uopo mostri con cui liberarsi degli ancestrali ingombri subculturali.

Ma c'era anche chi del Regolo non aveva paura vuoi per miscredenza o per baldanzoso atto di coraggio.

Riporto il caso di mio nonno materno Crispino, che veniva di frequente assoldato per dare la caccia al mostro, ma anche per tener lontano il Lupo Mannaro, ma di lui parleremo in altro apposito racconto.

Era questa una vera e propria funzione sociale in base alla quale due o tre "vendicatori della notte", armati di fucile, orchestravano una specie di battuta di caccia contro il Regolo; una quasi sceneggiata celebrativa della forza dell'uomo sulla bestia, la superiorità del coraggio sulla paura, la vittoria dell'eroe sul nemico.

Erano delle vere e proprie "ronde" notturne per garantire la sicurezza dei nostri luoghi domestici. La nostra privacy dallo straniero e dal diverso, schematicamente omologati all'idea della criminalità.

Mio nonno partecipava attivamente a quelle sortite notturne, non prima di essersi abbondantemente surriscaldato con qualche buon fiasco di vino che teneva alto il morale, conferiva baldanza, rendeva allegri gli aggregati alla "cavalleresca" compagnia e dava il giusto sprint per la ricerca e possibile cattura della favolosa bestia.

Ma ogni ronda sortiva sempre lo stesso esito: la bestia era stata avvistata; si favoleggiava di furtivi appostamenti e pericolosi scontri, però alla fin fine nulla di fatto; la reale cattura o uccisione non avveniva.

In fondo il mancato esito non interessava più di tanto: l'importante era che la profonda paura restasse nel mistero dell'inconscio e che il programma di cattura continuasse ad alimentare il bisogno di protezione, allentando le tensioni della debolezza umana. Ovviamente i servizi dei cacciatori venivano ben remunerati (mio nonno aveva da sfamare una numerosa famiglia di ben sei figli!) poco in danari, perché a quel tempo ce n'erano veramente scarsi, ma con doni in natura. Ma le cose più importanti erano queste. La figura del coraggioso cacciatore, la garanzia di tranquillità della popolazione, la sicurezza dei luoghi da ogni pericolo notturno, la permanenza di un antico mito, la conservazione di un costume di cultura popolare che ancora oggi, sotto certi aspetti, persiste nell'immaginario collettivo.

Di tutto ciò cosa resta? Ben poco o nulla!

Molti giovani forse ignorano chi sia il favoloso animale di cui stiamo raccontando e magari si dimostrano scarsamente interessati a conoscerne la realtà e le gesta, quel che è peggio è che essi sono indifferenti anche a conoscere il passato in genere, magari quello più recente, quasi per la paura, soprattutto per l'insicurezza che comporta il dover fare i conti con le proprie radici, oppure per l'incapacità (questa sì, morale e sociale, direi anche di scarsa maturità civica) di doversi sobbarcare responsabilità ed impegni che non riguardino solo il futuro o il presente, ma anche necessariamente tutto quanto li ha preceduti.

Se la società trascura le memorie, la storia stravolge gli eventi e la politica dei poteri mistifica i fatti, fortunatamente il costume e la cultura popolare, il senso comune di credenze che hanno il bel sapore di un vissuto comune, riescono a mantenere e conservare i ricordi.

Rimangono così ancora perfettamente conservati nel linguaggio corrente, nel parlato comune, segni, forme ed espressioni quali: "Mettere paura come un Regolo"; "Essere cattivo quanto un Regolo"; "Mamma mia, sei più brutto di un Regolo". E tutto espresso, ora, con un rassicurante pizzico di simpatica ironia.

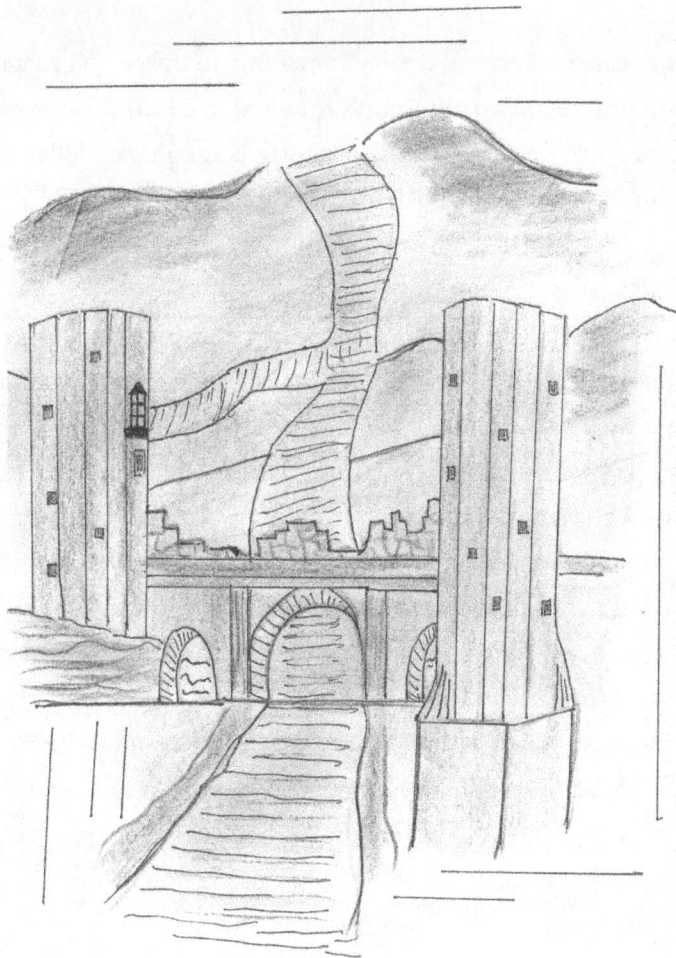

PORTA VENERE E TORRI DI PROPERZIO

Q ui ci troviamo in uno dei luoghi più suggestivi e memorabili della storia e della cultura spellana; è necessario perciò ch'io preliminarmente riporti alcuni cenni informativi, in anteprima extra, a preambolo del racconto favolistico della zia, che seguirà subito dopo.

Siamo a Porta Venere, la più bella ed imponente fra le tante porte di Spello; essa è realizzata tipologicamente a tre fornici e ornata da lesene di ordine dorico, interposte fra un arco e l'altro. Nella parte superiore corre una trabeazione per tutta la lunghezza della porta, motivo unificatore nel segno di una armonia compositiva.

È fornita anche di un *cavaedium*, edificio di fortificazione che prevede una doppia porta.

La porta è fiancheggiata da due imponenti torri dodecagonali, che un'antica tradizione ha legato al nome del poeta latino, munite di un'ampia finestra per lato.

La porta veniva chiusa a saracinesca. È possibile che le torri fossero munite di merli, come vengono rappresentate in tante raffigurazioni pittoriche, una delle più importanti delle quali è stata realizzata dai fratelli Zuccari nell'omonima sala del Vecchio Palazzo Comunale.

La costruzione della porta è fatta risalire all'età augustea mentre le torri sono ritenute di epoca medievale.

Per quanto riguarda l'attribuzione del nome in onore a Properzio, occorre dire alcune cose. Sesto Properzio, nato in luogo incerto fra Assisi e Spello nel 50 circa AC e morto a Roma nel 15 AC, viene considerato uno fra i maggiori poeti di lingua latina. Innamoratosi appassionatamente di una donna bella e colta di nome Hostia, ha dedicato a questo sentimento la maggior parte della sua copiosa produzione letteraria. Il grande amore per la bella Cinzia, pseudonimo di Hostia, è continuamente trasferito sul piano delle favole antiche. Basti sapere che il finto nome "Cinzia" ricorda quelli dei due dei Greci Diana ed Apollo. Infatti Cinzia e Cinzio, epiteti, rispettivamente di Diana ed Apollo, le due divinità gemelle, derivato loro dal monte Cinto che sorgeva in mezzo all'isoletta di Delo, dove la leggenda vuole ch'essi fossero nati, sono serviti a Properzio per l'attribuzione del nome Cinzia alla donna amata.

Sul luogo di nascita di Properzio esiste da sempre una secolare contesa fra Assisi e Spello; così la nostra città pensò bene di vincolare a sé il poeta dedicando il suo nome alle due splendide torri che completano il complesso di Porta Venere.

La Porta fu invece dedicata alla dea Venere, dea della bellezza e dell'amore, perché la strada che da essa scende a valle conduceva al grande santuario dove era situato un tempietto dedicato appunto alla divinità. Parliamo dell'attuale Villa Fidelia. Lì un tempo c'era un'importante area con la presenza di un santuario per le celebrazioni religiose, di un Teatro per le rappresentazioni classiche, di cui resta solo un povero rudere appena leggibile e del grande Anfiteatro Romano per i giochi dei gladiatori, delle lotte fra schiavi e bestie feroci, ed altri cruenti combattimenti di cui gli antichi romani erano appassionati. Purtroppo ancora oggi, in certe parti (che dir non posso, né voglio!) esistono usanze atroci: scontri a scommessa fra galli addestrati alla lotta, lotte fra cani da combattimento, corride varie, ecc.

Così il luogo, oltre al suo valore storico, artistico, architettonico si avvale di un alone di magia amorosa: ispira e sospira amore da ogni pietra.

Se poi aggiungiamo la già detta prigione di Orlando, dalla cui finestrella avvenivano i sospirosi colloqui amorosi con la sua infelice innamorata, il clima di mistero si carica di ulteriore fascino e di ispirazione sentimentale.

Da tutto ciò la fantasia popolare ha fatto scaturire questa bella favola.

Si narra infatti che, chiunque nutra un problema amoroso, complicazioni di cuore, insoddisfazioni affettive, dubbi o desideri, aspettative infrante, speranze disattese, deve sottoporsi alla seguente prova.

Si deve collocare, scendendo, in direzione della porta Venere; appena vicino, camminando lentamente ad occhi chiusi, deve poter liberare la testa da ogni altro pensiero, concentrandosi soltanto sulla propria richiesta d'amore, qualunque essa sia. Deve traversare l'arco della Porta, per poi ritornare alla sua posizione iniziale di normalità, badando bene di non riferire ad alcuno il segreto del proprio desiderio.

Ebbene, sembra appunto che, almeno passati due anni, se la prova è stata effettuata in piena regola, quel segreto agognato verrà soddisfatto.

C'è più d'uno che afferma di avere sperimentato con successo questo procedimento.

Chissà? Io non ci credo, però devo confessare che, ogni qual-volta transito a piedi sotto Porta Venere, non posso non eseguire la mitica prova e ... tutto sommato, in amore forse posso ritenermi abbastanza fortunato.

A volte la forza del mito, vince e scavalca ogni più pratico senso di cruda realtà.

Eppoi si sa, l'amore è cieco e sembra preferisca baciare chi nutre fiducia in esso, snobbando invece gli scettici e tutti coloro che non hanno fiducia nel suo potere magico.

Sempre la favolistica greca classica ci parla di Cupido, figlio—guarda caso—di Venere; il giovane, capriccioso dio, sempre armato di arco, lanciava, spesso a caso, le sue frecce il cui potere era proprio quello di far "innamorare" chi ne fosse stato colpito.

Personalmente mi è capitato di essere stato oggetto di qualche frecciatina: per questo amo la Porta Venere e le sue maestose Torri di Properzio.

Amori svariati. In senso platonico e non, con l'animo o con la carne, perché ı'Eros (nome greco del latino Cupido) è vita e deve anche essere cercato, immaginato, disegnato; nella realtà ... il più delle volte nel sogno, anche inventato, avvolto nelle calde braccia di Morfeo incantatore.

Nelle tre legislature amministrative al Comune di Spello, in qua-lità di assessore alla cultura, mi sono trovato più volte a far da guida e cicerone delle bellezze spellane a numerose classi di studenti di scuole medie inferiori e superiori, accompagnate dai rispettivi insegnanti.

Ovviamente, fra le tante tappe dei percorsi non mancava mai l'occasione di visitare Porta Venere e le due Torri di Properzio. Qui il mio discorso, dopo le spiegazioni storico—artistiche, passava al racconto leggendario. Ebbene, potrebbe sembrare incredibile, ma tutti gli studenti ascoltavano con maggior interesse il "fatto" favolistico e, uno dopo l'altro, sperimentavano il "passaggio" magico sotto Porta Venere. Ma c'è di più. Tutti gli insegnanti, nessuno escluso, non restavano indifferenti al fascino della malia e anche loro volevano provare quei dieci mitici passi di "scommessa amorosa".

Forza del mito? Macché ... io credo piuttosto all'energia dell''amore che, anche se lo si possiede già, non basta mai ad alimentare il nostro animo, elevare il nostro spirito, sostenere il Mondo.

BELLA, POVERA, INFELICE PALMA

Questo racconto, come quello de "La Nottolina", non è un prodotto di fantasia popolare, né personale della zia, ma corrisponde ad una cronaca di storia umanamente vissuta.

Nonno Crispino, padre di mia zia, era rimasto vedovo molto giovane, avendo perduto prematuramente la moglie Assunta, dopo aver messo al mondo una numerosa famiglia. Zia Faustina era la più grande di tutti i fratelli e sorelle. Nonno, poco più che cinquantenne, era uomo di aspetto piacevole, non bello, perché aveva un naso grande, ma volitivo, di media statura e ben piazzato—di quelli che oggi vengono definiti palestrati—occhi grandi e sguardo profondo, ricco di un certo fascino virile: insomma, era un uomo che "piaceva alle donne". E a lui, ugualmente piacevano loro. Sta di fatto che le relazioni amorose che intrecciava erano frequenti e abbastanza svariate; donne coniugate e non, più o meno giovani poco importava; raramente aveva bisogno di remunerare le sue molteplici amanti, magari le più giovani.

In quei tempi la povertà era tanta e alcune donne si prestavano a certi amori anche per bisogno di danaro; altre invece lo facevano per puro e semplice scopo di approccio sessuale. Queste ultime venivano etichettate come "donnacce". C'è una buffa espressione usata dalla zia per connotare quelle donne di facili costumi; ella diceva: "Sono donne con l'elastico lento alle mutande"; io già bimbetto, alquanto malizioso, ridevo a crepapelle a quell'espressione e quelle donne mi diventavano simpatiche.

La zia ovviamente avversava fortemente simili comportamenti del padre e vedeva un tradimento verso la memoria della povera moglie defunta, nonché una grave mancanza di rispetto verso tutta la famiglia. Ma nonno non badava alle ostilità della figlia; era giovane e vitale e non poteva proprio rinunciare a soddisfare certi suoi bisogni maschili.

Zia Faustina era molto brava a fare le frittelle.

Una volta ne aveva fatte un bel piatto ma il giorno dopo si accorse che ne mancavano un bel po'; da furba qual era, pensò subito che nonno avesse voluto farne dono a qualche sua donnina. Stette zitta; dopo una settimana fece ancora molte frittelle. Questa volta non impastò i soliti ingredienti naturali, ma utilizzò la stoppa che venne passata in pastella e ben condita con miele e zucchero a velo bianco. Ancora una volta si verificò lo stesso furto, infatti nonno ne sottrasse ancora un certo quantitativo e … immaginate la sorpresa di quando lui e la sua donna mangiarono stoppa anziché frittelle di buona farina, zucchero e altri soliti condimenti!

Ma fra i tanti amori, ad un certo punto, nonno ebbe occasione di incontrare Palma. Era sposata, giovane di poco oltre venti anni, proveniente da una poverissima famiglia, si era unita in matrimonio, per bisogno e convenienza, con un tal Giuseppe, detto Peppe, anziano, più di sessanta anni, fra l'altro brutto, un poco sciancato e pure notevolmente gibboso; ma era benestante e poteva garantire a Palma una vita d'un certo benessere e dignità; finalmente, anche se non aveva avuto modo di coronare alcun sogno d'amore, aveva almeno assicurato per lei un sicuro avvenire.

Sembra che Palma, prima di sposare Peppe, fosse stata fidanzata per alcuni anni con un ragazzo, l'amore dei suoi sogni, ma costui, dopo un lungo periodo di fidanzamento, l'aveva lasciata, sedotta e abbandonata.

Così lei, delusa e tradita si era data in sposa al primo vecchio che l'aveva chiesta fortunatamente in sposa. Perché a quei tempi, quando una ragazza veniva lasciata dopo un lungo fidanzamento, risultava per tutti disonorata; e siccome ciò valeva specialmente per i ceti più disederati, la povera Palma inizialmente, per sopravvivere, si concedeva per pochi soldi a uomini, come lei, di bassa plebe e di età avanzata: nonno Crispino era uno di questi. E nonno si innamorò ben presto e sinceramente di Palma. Ella, nonostante un corpo provato e guastato, anche perché sciatto e mal vestito, manteneva un volto austero dall'espressione riservata e schiva. A dispetto delle sue infauste condizioni e di un destino infelice, Palma esprimeva una forte carica umana, una dolce sensualità di vita, che le conservavano una bellissima dignità femminile. Nonno Crispino l'amava con tutta la forza del suo carattere, rigido, caparbio, di convinta fede anarchica e libertaria.

Ma zia Faustina era indifferente a tutto questo; lei portava un rancore incontenibile per quell'uomo che aveva perso la testa per una giovane donna, in barba alla famiglia, alla vedovanza, al rispetto per le sue numerose figlie, coetanee della sua innamorata.

Inoltre il nonno era gelosissimo e non voleva più che Palma frequentasse altri uomini e lei, alla fin fine, forse anch'ella innamoratasi, si manteneva fedele a questa "felice" unione passionale.

Sta di fatto che per alcuni anni i due si amarono, anche se furtivamente, per salvare almeno certe apparenti convenzioni. Dove si incontravano? Lo facevano di notte, ogni notte. Palma usciva di casa per andare ad assistere la vecchia mamma che abitava qualche vicolo più in là; uno stretto vicolo di povere casette popolari detto propriamente "Via della Povera Vita", nome che rimane ancora oggi lo stesso. Lì si incontravano puntualmente. La sede di incontro era un vecchio annesso agricolo, una specie di capanna, dove Peppe rimetteva gli attrezzi del suo orto di contadino, con adiacente un orto in cui si favoleggiava della presenza, proprio lì, del famoso Regolo; così nonno fingeva di trovarsi nei paraggi come persecutore del favoloso mostro. Ma nessuno ci credeva, tanto meno la zia che, anzi quel capanno l'avrebbe bruciato, se avesse potuto farlo!

Addirittura la gente, malignamente, diceva che Crispino era diventato amico del Regolo, che serviva così bene a "giustificare" le sue voglie passionali per la bella Palma.

Poi avvennero molte cose. Peppe, marito di Palma, morì e lei rimase sola. Come sola si ritrovò all'accompagno del feretro; la gente, per riluttante disprezzo, non aveva voluto partecipare al rito funebre di un uomo considerato "cornuto e contento". Palma soffrì molto di questo e cominciò a nutrire forti sentimenti di ostilità per la pubblica opinione, i suoi preconcetti, i suoi facili giudizi e pregiudizi, le sue infamanti, gratuite condanne d'opinione comune. Divenne aspra e indifferente al mondo che la circondava. Non nascondeva più il suo amore e la sua relazione con Crispino; lo riceveva in casa e aveva anche il coraggio di uscire talvolta al cimitero insieme a nonno per recare un memore saluto al povero Giuseppe che, pur a suo modo, aveva saputo capirla ed amarla di sentimento puramente disinteressato, riconoscendole anche lo stesso diritto di poter realizzare le sue spinte di orgoglio sessuale femminile giovanile, che lui, poverino, non era più in grado di soddisfare. Nonno r'amava sempre più.

Ma la realtà della vita è fin troppo crudele.

Avvenne che Palma, la poverina, si ammalò di tubercolosi; una malattia incurabile a quei tempi (bisognerà aspettare poi la penicillina, dopo la seconda guerra mondiale per debellare quella pandemia mondiale): Palma non durò a lungo; qualche mese di sofferenza e alla fine anche lei morì.

La disperazione di nonno Crispino è facilmente immaginabile. All'improvviso si sentì deprivato di un grande affetto, solo ed isolato da tutti, come se la gente avesse voluto colpevolizzarlo. A casa tutti i figli si chiusero in un muro di silenzio e di indifferenza; e questo lo feriva particolarmente.

Alla fine ci fu il funerale per r'accompagno funebre della povera donna. Aveva vissuto il suo amore, ma in fondo che cosa aveva fatto di male?

Dietro il feretro, quando partì da casa, c'era solo nonno, perché nessun altro aveva voluto partecipare a quella mesta, pia cerimonia.

Davanti il prete, subito dietro il carro funebre e immediatamente seguiva nonno; mentre il flebile suono di una campanella annunciava, inutilmente, la dipartita di una creatura di Cristo. La campanella era stata commissionata da nonno; la campana funebre dei poveri, detta allusivamente "la cenciarella", la più economica; perché, accipicchia, c'era anche la campana funebre dei ricchi!

Così si compiva il mesto rito fino al cimitero.

Ma lì avvenne un fatto straordinario. Improvvisamente nonno sentì una mano affettuosa sulla spalla; era sua figlia Faustina, mia zia, che non aveva voluto lasciare il padre solo in quel tragico momento della sua vita, dimostrandogli così 1a piena comprensione e solidarietà umana di una figlia che, nonostante tutte le avversità, non aveva mai smesso di amarlo come padre e ... soprattutto di stimarlo come uomo, al di là di ogni trascorso periodo di grandi difficoltà e incomprensioni.

Quando la zia mi raccontò tutto ciò la prima volta (io avevo magari dieci anni) sentii una grande commozione nel cuore; guardai fisso la zia negli occhi e vidi brillare una lacrima nel suo sguardo.

Allora mi disse queste parole che per me sono diventate una regola fondamentale di vita: "Caro Angelo, non bisogna mai odiare nella vita, perché ti accorgerai che è la cosa più sciocca che una persona possa fare; se poi non te ne accorgerai, allora la tua vita non conoscerà mai la serenità d'animo, perché essa è troppo utile, indispensabile per offrirti una vita giusta ed onesta".

ALTRE NOTE DELLA ZIA SU SUO PADRE

Non sempre ciò che la zia riferiva in merito al padre, era dettato da atteggiamento astioso espresso con parole ostili. Talora i racconti erano esposti in tono più disteso e magari descrivevano solamente tratti umani del vissuto autentico di Crispino.

Uno è questo.

La forza ardimentosa di nonno era ben famosa a Spello e

unanimemente riconosciuta; infatti era l'unico spellano in grado di attraversare, anche di notte, la famigerata "Macchia Scura". Era questa, e lo è tuttora, una fitta boscaglia a metà costa del monte Subasio, nel versante che scende a valle da Spello e da Assisi, proprio sopra la frazione di Capitan Loreto e lungo lo stretto, scosceso vallone del fosso Renaro (un tempo portava sempre acqua, ora è invece perennemente in secca). In una parte del pendio c'è il famoso storico castello di Padule tanto conteso fra Spello ed Assisi per la sua posizione strategica; ma da più di un secolo ridotto a rudere irriconoscibile: la gente del luogo teme quel sito, perché lo dice abitato da spiriti e fantasmi, i quali di giorno rimangono nascosti, ma di notte girano padroni assoluti del buio e signori delle tenebre.

Tutti avevano spavento di ciò, invece mio nonno diceva essere tutte fandonie. Lui affermava che si doveva aver paura piuttosto delle persone, soprattutto se sono armate.

Figuriamoci che quando il governo italiano di Giolitti (insieme al reuccio sabaudo) volle far guerra alla Libia, inaugurando in tal modo la campagna imperialistica italiana, nonno fu chiamato alle armi e inviato appunto in Libia, pur contro voglia. Detestava le armi e tanto più la terribile possibilità di dover sparare sul nemico ed uccidere.

Ma la guerra, tutte le guerre, non fanno i conti con i valori umani. Tutte le 1e altre potenze dell'Europa e del Mondo, avevano iniziato una forsennata vergognosa campagna di colonizzazione imperialistica verso i paesi africani ed asiatici e così l'Italia non volle essere da meno. Reduce allora da una guerra, che tanti morti aveva provocato, avendo riportato anche non poche ferite, figuriamoci se poteva aver paura di inesistenti spiriti e fantasmi nella Macchia Scura.

Quando il suo lavoro di calzolaio lo chiamava ad effettuare lavori a domicilio nelle zone collinari di Capitan Loreto lui, spesso di notte, per rientrare a casa, era costretto ad attraversare la temuta boscaglia.

Gli erano di buon aiuto un'allegra sbornia di buon vino e canti anarchici a voce spiegata: "Addio Lugano bella, o dolce terra mia, cacciati senza colpa gli anarchici van via, e partono cantando con la speranza in cuor ... " Perché nonno Crispino era anarchico.

Il secondo racconto breve è, a differenza del primo (con qualche velo di fantasia), completamente vero. Per cui necessita un piccolo preambolo storico.

L'Italia raggiungerà la totale unità soltanto nell'Anno 1861, quando a Torino, il primo Parlamento Nazionale ratificò l'unificazione (anche l'ultimo baluardo dell'esercito borbonico era stato sconfitto a Gaeta), e proclamò il Regno d'Italia (17 marzo 1861).

Ma quando nonno Crispino nacque era l'anno 1860.

Suo padre Giacomo lavorava in Piemonte con una squadra di operai che metteva in posa le traverse di legno per la costruzione della linea ferroviaria da Torino ad Alessandria, per poi raggiungere Genova, il cui porto sul mar Ligure era troppo importante per i commerci con l'entroterra piemontese. Con la costruzione di questa ferrovia, anche il Piemonte voleva emanciparsi, ammodernando la sua immagine, come già aveva fatto Ferdinando di Borbone re del Regno delle Due Sicilie, facendo costruire il primo tratto ferroviario italiano, la Napoli-Portici (nel 1839 dalle officine Bayard, sul modello delle prime locomotive progettate dall'inglese Robert Stephenson nelle officine Londridge e Starbul di Newcastle).

Quando il piccolo nacque, il padre era perciò lontano da casa, ma aveva raccomandato alla moglie di registrare all'anagrafe il neonato con il nome di Menotti. Era questi l'eroe modenese che, forte di sentimenti democratici e libertari, (repubblicano e fervente garibaldino), combatté la dominazione austriaca in Italia; con altri "carbonari" compatrioti, organizzò una rivolta allo scopo di liberare dal giogo straniero il Ducato di Modena e Reggio. Ma la rivolta fu sedata nel sangue con l'aiuto di Francesco d'Asburgo-Este, arciduca d'Austria. Ciro Menotti fu condannato all'impiccagione: era l'anno 1831.

Se per i monarchici invasori Menotti era un "terrorista", per i ribelli repubblicani egli era un eroe. Lo stesso Garibaldi usò il suo nome per chiamare così il suo primogenito. Questo desiderava fare anche mio bisnonno Giacomo ma la moglie, quando si recò in chiesa dal prete con il piccino per assegnargli quel nome, ricevette dal sacerdote un netto rifiuto in quanto, per lo Stato Pontificio, l'eroe Menotti era ugualmente un "terrorista"; allora si ripiegò sul nome di Crispino, in quanto quel giorno era proprio dedicato a questo santo.

Quando ritornò a casa Giacomo abbracciò subito il suo ennesimo figliolo ma, appena saputo che si chiamava Crispino, andò su tutte le furie; oramai l'affronto era stato compiuto, a Giacomo non restava altro che subire il torto patito, ma lui chiamò sempre il proprio figlio "Menotti" … . Guai ad appellarlo "Crispino".

L'occasione favorevole per rifarsi della violenza subita si presentò non molto tempo dopo. Nel 1849 scoppiò a Roma una rivolta liberale contro il dominio vaticano del papa Pio IX. Il pontefice fuggì a Gaeta ed a Roma entrarono i rivoltosi garibaldini, proclamando la libera Repubblica democratica. A Giacomo non sembrò vero, era giunto il momento della riscossa. A Foligno si unì ad un gruppo di giovani garibaldini che partirono volontari in aiuto della giovane Repubblica che, pensa te, aveva sancito il suffragio universale, l'abolizione della pena di morte e la libertà di culto.

Sentendosi impotente, il papa rivolse un forte appello alle potenze cattoliche perché riportassero, con un loro intervento militare, il pontefice al soglio pontificio romano. Dal porto di Tolone partirono dieci navi da guerra che sbarcarono a Civitavecchia ben diecimila soldati francesi al comando del generale Oudinot, le cui truppe erano dotate di un modernissimo tipo di fucili, modello "Chassepot" (dal nome dell'inventore), ad ago e retrocarica, che vennero usati per la prima volta proprio nella sanguinosa battaglia di Mentana contro i garibaldini, il 3 novembre 1867. Siccome per Mentana erano partiti volontari dalla zona del folignate, proprio a Foligno, a memoria ed onore di quegli eroici episodi, c'è una via intitolata "Via Mentana".

Nonostante tutto i ribelli repubblicani opposero un'eroica resistenza durata a lungo ma, dopo giorni e giorni di feroci bombardamenti e cannoneggiamenti, furono costretti a soccombere, anche se i francesi dovettero pagare un luttuoso tributo di guerra: circa duemila morti.

I rivoltosi furono costretti ad abbandonare Roma e, fra questi anche mio bisnonno Giacomo che ritornò a Spello, accanto a suo figlio Menotti. Tutto questo servì a Giacomo a maturare un fermo spirito di ateismo e una sicura fede politica antimonarchica e progressista.

Mio nonno purtroppo dovette portarsi dietro questo insignificante nome di Crispino, anche se con orgoglio diceva sempre di sentirsi nel suo intimo un autentico "Menotti". Anche lui ereditò lo spirito ribelle e anticonformista del padre.

Ancora un episodio caratterizzante di mio nonno.

Prima della Seconda Guerra Mondiale e dopo, fin verso gli anni Cinquanta, non esistevano a Spello locali bar, così come noi oggi li intendiamo e li viviamo; per fare colazione, un cappuccino, un caffè, una pasta alle creme, un gelato, ecc. C'erano invece semplici bettole con un rudimentale bancone dove venivano servite alcune bevande alcooliche e soprattutto bicchieri di vino; i frequentatori erano esclusivamente uomini che lì si incontravano per passare un po' di tempo libero, bere, ma soprattutto giocare su tavoli distribuiti qua e là; si fumava molto, in special modo sigari. A causa del gioco ed anche dell'abbondante vino, erano frequenti le liti, alcune delle quali degeneravano anche in vere e proprie colluttazioni. Un giorno avvenne qualcosa di più: un vero e proprio fatto di sangue. Ad un tavolo stavano giocando quattro giocatori di carte a coppie, uno di questi era un noto attaccabrighe, ma soprattutto era uso barare al gioco.

Quel giorno avvenne che il baro tentò di truccare il gioco ma il suo avversario se ne accorse, lo accusò di disonestà e, preso un coltello dal bancone pugnalò per ben tre volte l'imbroglione, ferendolo mortalmente. Nonno Crispino era presente e aveva visto tutto; così come lui altri cinque avventori presenti all'accaduto: sia all'atto del barare, sia al momento delle pugnalate.

Il giocatore omicida fu processato. Il giudice chiamò a testimoniare sull'accaduto tutti i presenti; tutti dissero di non essersi accorti della falsificazione del gioco, perché avevano paura che i due fratelli del baro defunto, notoriamente persone vendicative e crudeli, avrebbero certamente commesso atti di violenta rappresaglia sui testimoni.

Mio nonno però non ebbe paura. Quando il giudice lo chiamò a giurare disse chiaramente di aver visto che il morto stava barando. Certamente ciò non fu utile per discolpare l'omicida, ma servì come attenuante; così che la pena inflitta, anziché essere di trenta anni di carcerazione fu ridotta a venti.

Quando il carcerato uscì finalmente di prigione, il primo atto che fece fu quello di recarsi a casa di nonno, abbracciarlo e ringraziarlo, dicendogli: "Amico Crispino, te ne sarò eternamente grato; il tuo atto di lealtà mi ha regalato dieci anni di vita!"

Io vedevo la sua figura come rivestita di mitici abiti cavallereschi. Nella mia ingenua, infantile fantasia ero ben lungi da ogni valutazione razionale dei fatti, da qualsivoglia indagine psicosociale degli eventi e dei comportamenti umani in essi coinvolti. Il mio era il tipico atteggiamento popolare dinanzi alle leggende tramandate, alle antiche mitologie dei tempi antichi.

Assai più tardi scoprirò che già nel V e VI sec A.C. alcuni pensatori seppero "pensare" sull'origine dell'Universo, spazzando via residui di limitazioni favolistiche (Talete nell'acqua, Anassimandro nell'infinito, Anassimene nell'aria, Pitagora nelle leggi dei numeri).

Studiando ancora, accanto alla filosofia, anche la sociologia e l'archeologia e l'antropologia, ho approfondito le mie idee. Così non ci stupiamo se racconti che oggi ci appaiono senza ombra di dubbio come pure leggende, per gli antichi—e per il popolo—erano fatti realmente accaduti. Infatti per lo storico di oggi, accertare il carattere leggendario di una tradizione non vuol dire certo accantonarla. Anche la leggenda, infatti, deve essere analizzata storicamente. È importante comprendere come essa si sia formata, a partire da quale situazione abbia avuto origine, che cosa ci riveli sulla fantasia e sulle memorie collettive.

Insomma per me Crispino era un po' Ercole, un po' Garibaldi, spesso scaltro e un po' spaccone, coraggioso e leale.

Anche se non lasciò in me un autentico magistero, sicuramente egli mi tramandò più che un segno di verità.

Gran parte di questi caratteri e di questa personalità, sono stati ereditati dalla zia Faustina, da tutta la sua famiglia e comporteranno poi qualche problema durante il ventennio fascista.

Ma mia zia non ha mai avuto paura di nulla: uno dei suoi frequenti motti era questo "Male non fare e paura non avere".

Anticlericale, antimonarchica, antifascista.

Anch'io ho avuto la fortuna di essere stato educato in questo clima culturale e sociale ... sempre, come oggi, ne sono felice, riconoscente e fiero.

ALCUNI MESTIERI DELLA VECCHIA SPELLO:
UNA BREVE INTRODUZION

A margine dei racconti, direttamente riferiti dalla zia, voglio qui riportare queste pagine che rappresentano scenari di vita paesana spellana, tra gli anni Cinquanta e Sessanta: un decennio importante per lo sviluppo economico, sociale, umano e culturale della nostra Città.

Tre luoghi pulsanti, la SARTORIA, la FALEGNAMERIA e la CALZOLERIA dove tanti, tantissimi spellani hanno avuto modo di ricostruire una propria identità civile, dopo gli spaventi e le angosce del secondo conflitto mondiale.

Tre luoghi, fra i tanti, dove è stato possibile, comunitariamente, riedificare un onesto e laborioso "status" di vita pacifica e decorosa.

Queste sono naturalmente narrazioni che mi è stato possibile ricostruire, sempre attraverso le dirette testimonianze della fervida, "enciclopedica" memoria della zia Faustina; da essa io adesso abbondantemente attingo per le composizioni che, tutto sommato, hanno il potere e la funzione di "incorniciare" tutti i precedenti sedici racconti.

IL MESTIERE DEL FALEGNAME

Mio padre, Giovanni Mazzoli, per gli amici "Nannino", faceva il falegname in una bottega ricavata nei fondi al piano terra del Vecchio Palazzo Comunale, sul lato dove inizia la via della Liberazione. C'erano due grandi fondi scuri, uno occupato dalla falegnameria di mio padre e l'altro dal negozio di carbone tenuto da Pompilio Merendoni; attualmente nei due locali hanno sede, rispettivamente, Rifondazione Comunista e il Circolo Guerrino Bonci.

Nella bottega di mio padre lavoravano come apprendisti aiutanti due o tre ragazzi che venivano avviati al mestiere di falegname.

Nella bottega trovavano posto tre banconi, ciascuno largo circa un metro ma lungo almeno tre metri, dove venivano lavorati i vari pezzi di legno: le tavole di differente spessore e di diversa lunghezza, oltre che di varia qualità del legno.

Le tavole erano ammassate in fondo alla bottega; lì vicino c'era il mucchio della segatura la quale veniva usata poi d'inverno, ammassata in pallotte, per le stufe e per i focolari. La segatura era anche ricercata per pulire i pavimenti, allora per la maggior parte realizzati con mattoni, e serviva anche agli imbianchini da spandere in terra onde non sporcare i pavimenti quando si tinteggiavano le stanze delle case.

In un angolo c'era sempre un braciere con il caldaietto della colla, molto usata per cementare le varie assi di legno.

Appesi al muro c'erano gli attrezzi da lavoro: martelli, pinze, tenaglie, giraviti, punteruoli, scalpelli eppoi svariate forme di seghe, seghetti, seghette, tutte da usare a mano, raspe—dai grani più erti e radi—e lime—dai grani sottili e fitti-; spatole e spatoline per passare lo stucco al fine di riempire eventuali buchi o vuoti del legno, o magari camuffare alcuni brutti nodi lungo le assi di legname.

C'erano poi le pialle, di lama larga e di lama sottile eppoi tanta carta vetrata per lisciare e levigare i lavori, gli angoli, le punte, i bordi di tavoli, mobili, ecc.

Altro importantissimo attrezzo era il morsetto, che si avvitava per tenere ferme le incollature dei vari pezzi di legno.

In un mobiletto a più scomparti c'erano poi gli utensili minuti: viti, chiodi, bollette, attaccai, anelli, serrature, cardini, maniglie, chiavi, che servivano per i lavori di rifinitura dei vari mobili.

Non potevano mancare i cavalletti dove si appoggiavano in

orizzontale i vari manufatti, fino a lavorazione compiuta.

Inoltre venivano usati pennelli di varia foggia, per tinteggiare, verniciare e colorare, a seconda dei bisogni, eppoi molti barattoli di tinte. I pennelli venivano usati più volte; una volta usati, per non farli seccare, venivano lavati nell'acqua ragia eppoi conservati a bagno dentro vasi pieni di acqua, così le setole si mantenevano pulite e morbide e quindi buone per altri successivi usi.

Su di una mensola sospesa al muro erano in bell'ordine: le vernici, la gomma lacca per lucidare i piani di legno, il mordente per dare al legno la necessaria coloritura della tinta noce.

In genere venivano usati i seguenti tipi di legname:

- abete, per i lavori più umili, e soprattutto per oggetti da verniciare, o color noce oppure a smalto;

- rovere, usato preferibilmente per finestre, oppure anche per botti da vino;

- compensato, sfoglie di legno leggere per fare rivestimenti, fondi di cassetti, oppure il lato posteriore degli armadi;

- noce, molto richiesto per armadi, credenze, tavoli, ed anche seggiole grandi e resistenti;

- mogano, palissandro, per mobili di arredo prezioso: sale, camere, saloni. Mobili in mogano e palissandro potevano permetterseli i clienti più danarosi.

Le camere matrimoniali erano per lo più di legname pregiato, ma andava benissimo anche il legno di noce; faceva buona resa anche il rovere, spesso usato per portoni, come il legname di noce, ottimo addirittura l'ebano ed il palissandro.

La confezione dei lavori aveva tempi lunghi, talora lunghissimi, vuoi per la manifattura che richiedeva necessariamente diverso tempo, vuoi anche perché i ritmi del lavoro artigiano non era scandito da tempi frenetici, alle corse con l'orologio ed il cronometro.

La bottega artigiana, quella del falegname, come anche le altre, era un punto di ritrovo di amici, dove si passava anche del tempo a chiacchierare del più e del meno, a parlare della politica, delle cose del paese, anche a spettegolare; un "salotto popolare" dove ci si intratteneva per un po' di relax e di confidenze, anche per fare una merendina e per bere un buon bicchiere di vino.

Si ricordano numerosi "scherzi" che partivano dalla bottega di mio padre, fatti insieme a Checco la guardia, a Mario il fruttarolo, Pompilio il carbonaio, Alfio il barbiere, ecc.

Ii tempo era vissuto in modo piacevolmente più umano; certamente i tempi-cottimi di lavoro soffrivano, e la cosiddetta produttività non turbava gli equilibri di un vivere più sereno e distensivo.

Poi l'avvento dell'industrializzazione ha rovesciato tutto.

La concorrenza spietata dei prodotti confezionati, a minor costo ma soprattutto a più rapido consumo, eppoi tutta una serie di norme e condizioni hanno spazzato via quel tipo di lavoro artigiano. C'è stato chi ha saputo riciclare ed adeguare il proprio mestiere alle nuove modalità ed alle nuove mode, ed è riuscito ad attrezzarsi dando vita alle cosiddette piccole imprese. C'è stato chi invece non ha potuto o non ha saputo, ed allora per molti si è aperta la strada dell'emigrazione soprattutto verso la Francia, il Belgio ed il Lussemburgo.

Comunque, prima o poi, l'arte del falegname, che in molti casi era all'altezza dell'ebanisteria, è miseramente finita.

Oggi nessun operaio di falegnameria sa fare da solo e per intero un mobiletto; ognuno è addetto a fare un pezzo diverso: chi taglia, chi incolla, chi vernicia, chi martella e chi, infine, assembla il tutto. L'artefice oggi è la fabbrica, l'operaio è una rotella dell'ingranaggio, in un lavoro troppo spesso alienante, ripetitivo, automatizzato. E la qualità del prodotto poi resta quella che è.

LA BOTTEGA DEL CALZOLAIO

Mio nonno Crispino Pepponi faceva il calzolaio. Aveva la sua bottega di lavoro in via Garibaldi, proprio nell'angolo tra la suddetta e l'inizio di via Torre Belvedere prima dell'arco d'inizio di quest'ultima.

Era una locale piccolissimo, ma bastava per accogliere i pochi attrezzi necessari: punteruoli per bucare le pelli e le suole, martelli a base piatta ed arrotondata, pinze "tirapelle" (una pinza particolare adatta a non rovinare la tomaia) e tenaglie, forbici di varia foggia, il trincetto (una lama di acciaio, affilatissima, senza manico, necessaria per tagliare), la raspa, la lima, i chiodini di varie dimensioni (detti "semenze", di ferro, con testa larga e piatta, con gambo quadrato e punta affilata), lo spago, alcuni pennelli, tinture, vernici, spazzole ecc., agoni per tirare i fili di cucitura, la cote per affilare i coltelli.

Il principale attrezzo era senz'altro la particolare incudine metallica che, a forma di piede rovesciato, si poggiava, stabilmente, sulle ginocchia; l'incudine era intercambiabile, a tre forme, per suola intera, mezza suola e tacco e su di essa si inchiodavano le scarpe che erano da riparare.

La lesina era un attrezzo indispensabile per la cucitura incrociata a mano, era in acciaio di forma curva, diritta, rotonda e piatta; serviva per perforare i tre strati da cucire con lo spago, precedentemente impeciato, con pece naturale chiara (composta di resina d'abete mescolata con olio) o con pece nera (bituminosa, ottenuta con catrame o altre sostanze organiche).

C'era poi il "deschetto": un piccolo tavolo da lavoro con scomparti porta chiodi e bullette di varia foggia e dimensioni, cassetto portautensili, molto spago e cera per rendere impermeabile ed elastico il filo utilizzato per cucire.

Si usava allora spago di canapa, sottile e raddoppiato e saldato con la pece e per facilitarne il passaggio dei fori (fatti con lesina e il punteruolo) si fissava a un capo dello spago della setola di maiale.

Per tirare lo spago con forza l'artigiano si fasciava il palmo e i dorsi delle mani con una striscia di pelle per evitare profonde ferite causate dallo spago tirato molto forte. Questa fasciatura proteggeva anche le mani dalle eventuali ferite che potevano derivare dall'uso della lesina.

Nella bottega era poi presente una secchia di legno con acqua in cui veniva posto in ammollo il cuoio (per ammorbidirlo).

Infine c'era qualche forma di legno di numerazione diversa.

C'era poi uno sgabelletto per il calzolaio e due o tre seggiole per gli amici che facevano compagnia, in lunghe ore di ozio e di chiacchiere.

Perché la bottega del calzolaio era un luogo di ritrovo politico per i primi gruppi anarchici che iniziavano ad operare a Spello.

In fondo, bene in vista, troneggiava una grande foto del loro ideologo, Michail Bakunin (1814-1876), filosofo politico russo, universalmente riconosciuto teorico e padre dell'anarchismo.

Lateralmente una foto, più piccola, ritraeva Errico Malatesta (1853-1932); intransigente nella difesa dell'anarchismo, di cui in Italia fu il più importante rappresentante. Fu più volte imprigionato e costretto all'esilio. Partecipò alla Settimana Rossa nel giugno del 1914.

Al collo di Sorchino e di mio nonno c'era sempre un "cencio" nero (emblema anarchico), oppure uno sdrucito fazzoletto rosso (emblema garibaldino). Mio nonno più tardi mi regalò il cencio; lui personalmente preferiva il fazzoletto rosso.

Quando nonno si infiammava nei suoi discorsi politici (ripeto, pur essendo analfabeta, ma a quel tempo quasi l'80% della popolazione lo era) ripeteva sempre il suo motto preferito: "Anarchico è il pensiero e verso l'anarchia va la storia!"

Mio nonno aveva imparato il mestiere nella bottega di "Sorchino", mitico calzolaio del nostro paese; anche lui aveva operato in quel piccolo locale, che poi aveva ereditato nonno.

Lì si davano convegno gli anarchici spellani: un nucleo di cinque o sei che parlavano di politica, mentre—fra un discorso e l'altro—bevevano un buon bicchiere di vino (magari anche più di uno ...) reso ancor più gradevole da bocconcini di aringhe salate, sbattute sulla zampa del bancone da calzolaio.

L'attività più vivace e vistosa di questi primi anarchici calzolai era quella di fermare i preti durante le processioni, potendolo fare in quanto era il tempo (dopo la breccia di Porta Pia) del forte anticlericalismo (tipicamente umbro) e della crisi diplomatica fra ex Stato Pontificio e nuovo Regno d'Italia.

Il mestiere di calzolaio di mio nonno si divideva in due filoni principali: i giorni di lavoro in bottega, ed i periodi di lavoro a domicilio per le campagne.

Nei mesi di fermo dei lavori agricoli, quando i contadini restavano in casa per accudire alle manutenzioni domestiche, mio nonno sostava nelle loro case per giorni e "rifaceva" le scarpe per tutti i componenti della famiglia contadina; aveva le sue poste abituali, si fermava a mangiare e dormire e poi riportava a casa i suoi compensi: un poco in danaro (raramente) oppure in prodotti agricoli, a seconda del momento stagionale.

Ricordo questi racconti particolari:

- quando girava per la zona di Prato, c'era il problema delle piene frequenti del torrente Chiona. Allora non c'erano ponti sul torrente (che in quel tempo portava sempre acqua a pieno regime quasi fosse un fiume); l'unico modo per attraversare il corso d'acqua era la fortuna di trovare un guado possibile con grosse pietre per l'attraversamento, oppure qualche grosso tronco d'albero buttato di traverso fra una sponda e l'altra; la cosa era pericolosa e spesso costringeva mio nonno a diversi giorni di sosta in campagna appunto per il perdurare delle piene minacciose del fiumiciattolo.

- quando viaggiava per le zone di Capitan Loreto e i luoghi collinari e montani lungo il Subasio, spesso rientrava di notte attraversando la famosa "macchia scura"; lì la superstizione popolare vedeva fantasmi, streghe, diavoli; mio nonno, miscredente com'era, non temeva gli spauracchi paventati dalla gente; prima di affrontare il viaggio si prendeva una bella sbornia e cantando a squarciagola se ne ritornava a casa in piena notte.

- la clientela urbana si distingueva in quella povera e quella ricca; i poveri si recavano a bottega per ordinare i lavori, per lo più continue accomodature perché le calzature dovevano durare molto tempo; pagavano poco e in tempi lunghi, perché non avevano soldi. I ricchi si facevano servire a casa e pagavano pochissimo perché, avendo soldi erano usi tirare sul prezzo più degli altri e sembrava sempre che li regalassero. Mio nonno preferiva comunque la clientela povera a quella ricca, sentendola a lui più affine socialmente e politicamente.

A Foligno si riforniva di pellame e di cuoio.

Spesso, nei periodi di lavoro "morto" aiutava qualche calzolaio e ciabattino folignate, magari più oberato di commesse di lavoro.

Quando doveva riscuotere, ed era il momento più difficile e dolente, l'incarico passava ai suoi figlioli, che (sempre a mala voglia) dovevano recarsi nelle case dei clienti per chiedere il saldo dei debiti di lavoro.

Fra gli attrezzi di lavoro prima elencati, particolare importanza rivestivano i seguenti:

- le forme di legno o di ferro (riproducenti calchi di piede) su cui venivano confezionate le nuove calzature, dopo che il cliente aveva provato la forma a lui più congeniale;

- le "zampe" di ferro; mezze colonne con basamento a terra, riproducenti sopra il tallone e la pianta, dove il calzolaio lavorava in prova;

- c'erano poi i modellatori, due pacche di piede in legno, avvitate e perciò apribili a piacere per eventuali bisogni di allargare scarpe o scarponi, magari divenuti troppo stretti, e quindi adattabili a nuove esigenze.

L'abito da lavoro era un camiciotto, assai largo, con grosse tasche utili a contenere spago, chiodi ed altro; lungo a mezza coscia, immancabilmente sporco ed "incotechito" di cera e di unto: il grasso che veniva dato alle pelli ed agli spaghi, senza contare poi le tinture che erano frequenti per conferire diverse coloriture ai pellami.

Sopra il camiciotto o zinalone, il calzolaio portava una "pezzetta" di pelle dura, fin oltre le ginocchia, legata con degli spaghi dietro il collo e sul punto di vita.

Ricordo due particolari tipi di calzature:

- per i contadini c'era una calzatura grossolana che serviva bene per i campi di terra, ed erano chiamati "i cioccaroni", realizzati con legno spesso nella pianta e poi bullonati sopra con pelle dura e resistente;

- per i bambini, a cui le scarpette dovevano durare assai, e magari servire poi (una volta uscite di misura) per i piccoli, venivano applicati sotto la suola i cosiddetti "ferretti" alla punta ed al tallone, per resistere meglio all'usura.

A Spello c'erano molti calzolai; la loro "classe" era una compagine sociale assai ben caratterizzata e, fra l'artigianato del tempo, rappresentavano un livello dei più evoluti sul piano sociale ed anche politico.

Il superamento del fenomeno è avvenuto intorno agli anni sessanta, con l'avvento e lo sviluppo dell'industria e dell'espansione del commercio. Qualche botteghina è rimasta fin verso la metà degli anni settanta, ma oramai casi isolati senza più alcuna tipologia sociale e senza più alcuna rilevanza economica per il tessuto cittadino nel nostro territorio comunale.

Basta pensare che nella sola via Giulia, c'erano almeno 36 negozi: alimentari, fruttivendoli, forni, barbieri, falegnami, calzolai, fabbri, sartorie, salumerie, bar tabacchi, ecc. Oggi, nella sola Spello (intendo il percorso intero delle sue vie principali) non se ne contano che pochissimi: di oggetti per turisti (souvenir), anche prodotti caratteristici di gastronomia locale. Per il resto i supermercati hanno assorbito la stragrande domanda di acquisto della popolazione spellana, spostando l'asse di comunicazioni e relazioni nelle zone periferiche, più in basso nel tessuto cittadino, con un conseguente impoverimento di "abitato" del Centro Storico, dove fortunatamente rimangono ancora: scuole, posta, caserma dei carabinieri, uffici centrali, comune, centro socio sanitario ed una farmacia; anche il Museo cittadino civico-diocesano e le chiese.

Mi auguro sempre che avvenga una certa riconversione di tendenza, che gradualmente riporti al centro più popolazione, soprattutto giovanile. In certi quartieri centrali rimane ancora una vita sociale di intercomunicazione di vicinato (che fortunatamente piace tanto a stranieri, specialmente americani, che amano soggiornare con una certa frequenza annuale in città). Com'è importante quell'incontrarsi fra "vicini" di casa, scambiarsi favori e cortesie di vita quotidiana.

Nei quartieri periferici questo non avviene; ogni abitazione è una "villetta a sé!", distante, chiusa al di fuori dei recinti spesso "fortificati", ben muniti di cellule fotoelettriche e sofisticati sistemi di allarme.

Ma, a distanza magari di venti metri dai propri cancelli, non si conoscono neppure.

Nonostante tutto (qualità dei pellami naturali, grande capacità operativa, precisione dei lavori), la calzoleria italiana moderna è oggi famosa e richiesta in tutto il mondo. Così come per la sartoria, il cosiddetto "made in Italy" è assai celebrato e richiesto e costituisce per il nostro paese un significativo mercato di export commerciale.

Meno male!

Ciò serve in parte a bilanciare altri aspetti economici italiani, che purtroppo non vanno sempre alla grande.

IL LABORATORIO DI SARTORIA

Prima parte

Ricordo molto bene il laboratorio di sartoria delle zie, zia Faustina e Zia Astelia, di cognome Pepponi.

Era un salone molto grande in grado di poter ospitare più persone dedite al lavoro del cucire; una grande finestra si affacciava panoramicamente su Foligno e su tutta la vallata oggi occupata dalla zona industriale della Paciana.

Al centro del salone due tavoli enormi (almeno per i miei ricordi infantili): uno per tagliare ed uno per stirare, non potendosi fare le due operazioni su di uno stesso tavolo.

Perché per stirare occorreva un piano più spesso e resistente, sempre di legno ma ricoperto di un foglio di lamiera su cui era steso un panno pulito e rinnovabile; per tagliare era invece necessario un piano più sottile e leggero, molto ben levigato, senza macchie e senza sgranature sul legno.

In un angolo solitario sostava un manichino, dove venivano posti gli abiti di imminente prova; accanto una serie di appendiabiti per appoggiare gli indumenti delle lavoranti e delle clienti; vicino uno scaffale con delle stoffe pronte da tagliare.

In un angolo accanto al finestrone c'era un favoloso separé, con dei riquadri di stoffa con rose colorate sopra e sotto e con al centro quadretti di vetro opaco; il separé serviva per le prove, garantendo alla cliente un minimo di privato evitandole di doversi denudare di fronte alle stesse lavoranti. All'interno dello spazio delimitato dal separé, campeggiava un lungo specchio, leggermente obliquo per allungare un po' la figura conferendole così un'immagine più snella. In un altro angolo c'erano due poltroncine ed un tavolinetto con sopra molte riviste di moda, molto in voga all'epoca: Anna Bella, Donna, Vogue (quest'ultima veniva da Parigi, allora mitica capitale della moda mondiale; la capitale italiana della moda era invece Firenze, ma poco dopo sarà Milano).

Le zie iniziavano a lavorare alle ore sette ed anche prima; le lavoranti arrivavano verso le otto; ognuna aveva il suo lavoro assegnato fino al compimento dell'incarico stabilito, in base alle competenze rispetto a quanto c'era da fare. Così uno stesso abito passava per più mani, in base alle varie fasi di lavorazione. Le cose più semplici erano gli orli, le cuciture laterali, l'apposizione delle fodere. Le cose più complesse erano l'attaccatura delle maniche e dei colli, le pieghe, le plissettature, le asole. Complicatissimo e di alta professionalità sartoriale era il far combaciare le righe ed i quadrati dei tessuti nei vari punti di attaccatura: il lavoro doveva risultare perfetto.

Ma tutti questi particolari momenti di lavoro, non rappresentavano una parcellizzazione di competenze per le ragazze, nel senso moderno dell'industria dove ognuna fa solo quella cosa e basta, ignorando tutto il resto della lavorazione e l'operaio finisce per diventare manovella, pedina, parcella di un sistema di cui ignora il tutto creativo e funzionale. Niente affatto di ciò; il lavoro delle lavoranti era partecipativo e formativo, assolutamente non alienante; infatti ognuna di loro passava alle diverse progressive fasi di lavorazione dopo aver maturato le necessarie abilità per procedere oltre il livello di specializzazione raggiunto. Nel giro di cinque o sei anni in genere, ogni lavorante era in grado di poter iniziare da sola una carriera lavorativa di sarta, oppure poteva diventare una brava donna di famiglia, ottima casalinga sì da poter provvedere da sola alla confezione di abiti per lei ed i suoi familiari, fatta sempre salva la necessità di ricorrere alla maestra Faustina in caso di necessità di abiti importanti per occasioni di cerimonie "ricordatore".

Gli strumenti più importanti erano:

bottoni di ogni foggia e materiale, ben riposti in apposite scatole, eppoi fili da cucire di diverso colore e spessore, arrotolati in quei cilindri di cartone o di legno che tutti chiamavano "simisete" e "rocchetti".

Inoltre necessitava ci fossero: aghi di ogni tipo e dimensione; forbici grandi e piccole, appuntite e ricurve; ditali su misura per ciascuna lavorante, da indossare sul dito medio della mano destra; il metro a nastro morbido, messo a tracolla a mo' di sciarpa, sempre pronto per misurare la distanza dei bottoni, delle asole che dovevano necessariamente corrispondere perfettamente, e per misurare orli alle gonne, piegature interne ed anche apposizione di ornature. Altri strumenti erano: il gessetto bianco-grigiastro, di forma quadrata con i lati smussati per segnare bene le linee di cucitura; il cuscinetto per le spille, moltissimo usate per tenere fermi i vari pezzi del tessuto da lavorare prima ancora di passarci i punti; eppoi due o tre ferri da stiro, con la vaschetta dell'acqua ed il panno bianco per inumidire, non essendoci ancora i ferri da stiro a vapore. Eppoi, regine del laboratorio, tre macchine da cucire manovrate con i piedi attraverso un'apposita pedalina, di marca "Singer" e l'altra, successivamente, di marca nostrana, una fiammante "Necchi". Di altri strumenti, al momento, non ricordo ... Ecco, c'era anche un metro di legno rigido, simile a quelli usati nei negozi che vendevano appunto le stoffe, che il negoziante porgeva al cliente perché potesse, *de visu*, controllare le giuste misure di tessuto che gli venivano vendute.

La clientela della nostra sartoria era molto, moltissimo eterogenea, non avendo mai voluto le zie selezionare le proprie clienti, se non per la serietà dei pagamenti ed il rispetto del lavoro effettuato. Così c'erano clienti di origine contadina, piccolo e medio borghese, benestanti e povere, altolocate e della cosiddetta aristocrazia locale. Nessun distinguo neppure di carattere politico, anche se per alcun tempo e per talune signore la sartoria delle sorelle Pepponi era vista in concetto di "covo comunista" e come tale da discriminare e boicottare.

Ma poi la bravura e la professionalità delle zie aveva avuto la meglio su tutte quelle coglionerie di provincia e su tutto quel bagaglio di razzismo politico, che invece in altre situazioni resistette anche a lungo, tanto da non essere ancora oggi del tutto sparito. Da ricordare allora (anno quarantotto, in prossimità delle prime elezioni politiche) i manifesti affissi nelle chiese in cui era comminata la scomunica ai comunisti e a chiunque praticasse credi politici affini; i due partiti, comunista e socialista, avevano fatto fronte unico con emblema elettorale "Garibaldi su stella rossa"; i manifesti dell'allora DC disegnavano la basilica di San Pietro con i volti diabolici di bolscevichi russi che mangiavano i bambini.

Ma il laboratorio delle zie aveva saputo superare anche certe difficoltà, pur avendo anch'esso passato avversità e opposizioni.

Spesso la serietà, la costanza, l'impegno ed anche quella giusta grinta di non rinunciare mai ad essere se stessi in un confronto leale ma non suddito, sono valori che riescono, anche a lungo andare, ad avere la meglio.

Dicevo della clientela, ovviamente tutta femminile; anche se le zie erano bravissime anche per abiti infantili, per bambini e bambine (la zia Astelia ne era sovrana assoluta, e con lei alcune lavoranti, abilissime in lavori per piccoli, chissà forse perché dotate magari di un maggior istinto "materno").

Le zie servivano moltissime donne di Spello, avevano clienti anche a Foligno, qualcuna di Assisi e persino di Perugia e di Bastia; due o tre erano spellane trasferitesi a Roma, ma rimaste fedeli alla sartoria delle zie, una fra queste, specialmente cara, era la signora Graziella e le sue tre figliole.

Su questo argomento voglio riferire circa tre episodi molto interessanti e coloriti.

Nel periodo bellico, durante lo sfollamento, il famoso critico di letteratura Natalino Sapegno, per un certo periodo, venne a soggiornare a Spello insieme alla sua giovane moglie; lei molto bella e ambiziosa, al contrario del marito che era un uomo attempato, non certo un fior di bell'uomo ma assai distinto e, diceva la zia Faustina, di una classe unica perché intellettuale e modesto al tempo stesso, e tanto democratico quanto invece la moglie non lo era; lei proprio che non possedeva alcun requisito di superiorità, cosa invece in cui abbondava il coniuge. C'è da notare che mia zia subiva un fascino particolare da ogni persona che definiva intellettuale.

Ma proprio in questo periodo la moglie lasciò il marito fuggendo, sembra, con un amante frequentato da lunga data.

Natalino Sapegno alloggiava in affitto presso casa Marchetti, proprio nella piazzetta di San Severino, vicinissimo casa nostra; tant'è che la signora Sapegno veniva a farsi i vestiti dalle zie: era esigente, elegante e vestiva molto bene. Qualche volta capitava anche il marito, che accompagnava la signora e non disdegnava di scambiare alcune parole con la zia Faustina.

Una volta che la zia volle far notare al professore quanto lo ammirasse, questi rispose che, mentre lui lavorava con la penna, Faustina lavorava con l'ago e non importava il livello di giudizio sociale sugli strumenti, quanto il modo intelligente ed onesto in cui essi venivano usati.

A Spello Natalino Sapegno aveva intensa frequentazione con il professor Giacomo Prampolini, con cui certamente condivideva impegno critico ed anche pensiero politico, essendo Sapegno uomo notoriamente di sinistra, così come lo stesso Giacomo Prampolini, la cui moglie Elsa Damiani è stato il primo sindaco donna di Spello a capo di una maggioranza politica social-comunista, di famiglia originariamente milanese.

Mentre la zia Faustina era "incantata" dal professore, le lavoranti subivano fortemente il fascino della sua signora, che vedevano come una presenza venuta da un mondo a loro del tutto estraneo e negato; quando veniva in sartoria per le prove degli abiti, lasciava nel salone un alone di profumo inconfondibile, che le ragazze avevano già classificato come profumo "parigino", il top del fascino e dello snobismo.

Io bambino non amavo né il dottore, verso cui la zia mi sembrava eccessivamente ossequiosa, né la bella moglie delle cui frivolezze nulla poteva importarmi; anzi mi infastidiva il clima di severa tensione che si creava quando la coppia entrava nel laboratorio: le zie indaffarate a servire gli abiti, le lavoranti con la testa china sul lavoro fintamente intente a cucire, ma attentissime a registrare parole, gesti, atteggiamenti fra marito e moglie che poi avrebbero fornito loro materiale prezioso per commentare e spettegolare.

Ho scoperto poi, quando frequentavo la prima classe di scuola media, l'importanza ed il valore di Sapegno. Era l'anno 1950: la guerra era già finita da un lustro, ma non erano finite le discriminazioni di chiara matrice fascista.

La professoressa di italiano, Gabriella Fittaioli, vedova del tenente Angelo Gianformaggio—partigiano caduto combattendo con la Divisione Cremona nelle zone del fronte ravennate il cui coraggio fu determinante per la liberazione della città di Alfonsine, avvenuta il 10 aprile del '45—ci fece scegliere come antologia italiana un testo bellissimo dal titolo "Voci della vita", una raccolta straordinaria di brani che, per la prima volta, introduceva nella scuola testi di Antonio Gramsci, Cesare Pavese, Italo Calvino, Charlie Chaplin, Elsa Morante, Alberto Moravia, Elio Vittorini, Renata Viganò, Marina Spano, ecc.; molti genitori di Foligno—probabilmente nostalgici del passato regime—intervennero minacciosamente sulla Preside signora Troiano che ci obbligò a non portare più a scuola quel testo giudicato troppo sfacciatamente "comunista"; era appunto l'antologia curata da Natalino Sapegno. In quell'occasione ebbi modo di comprendere il valore dello studioso, capii l'ammirazione incondizionata che per lui nutriva la zia Faustina, ma soprattutto ricevetti la prima significativa lezione politica della mia vita, che mi ha poi indirizzato in modo assai chiaro.

"Voci della vita" è sempre stato il libro mentore della mia esistenza, lo tengo sul comodino in camera, ne rileggo continuamente alcuni brani, è il primo oggetto che metto in valigia quando m'accingo a compiere un viaggio.

Un altro particolare. Siccome il professore chiamava mia zia semplicemente per nome, volle invitarla a fare altrettanto con lui, ma mia zia si oppose subito rispondendo cortesemente che non poteva proprio approfittare di questo privilegio. Il professore sorrise e la ringraziò. Ma la zia fu più esplicita nel laboratorio con le lavoranti dicendo loro che non poteva chiamare direttamente "Natalino" un cotal uomo, visto anche che vicino lì nella piazzetta abitava una vecchia signora ciarliera, pettegola e malandata che si chiamava proprio Natalina. Le lavoranti risero a crepapelle per un bel po' ed ogni tanto che il discorso si riproponeva; anzi le ragazze, da quel momento in poi, cominciarono a chiamare fra loro "Natalina" la moglie del professore, volendola così schernire e ridimensionando così drasticamente la troppa ammirazione che le avevano superficialmente accordata mitizzandone ingiustificatamente la figura leggiadra. Si sa che ogni mito deve pagare, da parte del popolo osannante, il prezzo di quel che gli viene gratuitamente concesso.

Altro episodio caratteristico riguarda la Villa oggi detta Fidelia, ma allora chiamata Costanzi dal nome dei proprietari dell'epoca: lui un ingegnere edile, Decio Costanzi, nativo di Petrignano di Assisi (aveva progettato e realizzato, fra tante importantissime opere architettoniche, la stazione Termini a Roma), lei una contessa ancora blasonata, proprietaria qui a Spello della Villa e di ben venti poderi nelle campagne spellane.

I Costanzi erano soliti villeggiare a Spello nel periodo che va da metà giugno fino a metà settembre. Venivano con la famiglia, quattro figli piccoli, ed anche un nutrito stuolo di amici che facevano loro compagnia per lunghi periodi.

Almeno un mese prima di arrivare a Spello la contessa comunicava alla zia Faustina la sua prossima venuta, inviando due o tre valigie di indumenti da accomodare con le indicazioni precise dei ritocchi da apportare agli abiti. Per la zia era una buona messe di lavoro. Inoltre la Costanzi aggiungeva alcune stoffe di gran pregio con le sue misure e con i modelli tutti marcati Dior, affinché le zie le realizzassero degli abiti solo messi in prova, così che, appena arrivata lei li misurava e le zie potevano consegnarglieli in tempo per essere indossati nelle varie occasioni di feste e ricevimenti che teneva in villa con molta frequenza.

La prima grande festa che la contessa dava in villa era dopo qualche settimana dal suo arrivo a Spello; in quell'occasione invitava i signori spellani e le loro signore, ovviamente le famiglie ritenute "noblesse" locale. Allora queste signore bene, non sapendo quando la contessa sarebbe arrivata, ma tanto ansiose di prepararsi per la festa, chiedevano con insistenza alla zia la data attesa, e pregavano perché ci fosse possibilità per loro di avere un bell'abito confezionato all'uopo.

Si prenotavano in tempo utile, pretendendo un modello in esclusiva che le avesse fatte "brillare" alla corte della Villa.

Prima che i Costanzi arrivassero tutta la Villa era un brulichio di operai e di donne indaffarati: erano i contadini dei casali che davano le giornate al padrone ripulendo viali, giardini, alberi, galoppatoio, gradinate e fontane; disponendo vasi di fiori e sistemando nel giardino all'italiana i cento vasi di limoni che erano stati riposti nella grande limonaia.

Le mogli dei contadini lavoravano in cucina per pulire, lavare tende, tappeti, tovaglie, vetri e tavoli; risistemavano la dispensa, il guardaroba, i magazzini, i bagni e i saloni da pranzo e da ricevimento.

Subito dopo l'arrivo della contessa Costanzi zia Faustina si recava da lei per le prove degli abiti, sia di quelli accomodati sia di quelli nuovi. La prima volta che la zia si recò giù alla villa, venne fatta entrare da una cameriera e invitata a salire lo scalone che doveva condurla nel salotto dove la contessa l'attendeva.

Lo scalone aveva una bella lunga guida e ai lati delle scale era stata data la cera per rendere brillante l'ambiente. La zia non ne sapeva né di guide né di cere così, per non sporcare la guida mise i piedi sui lati della scala ma, non considerando la parte sdrucciolevole, perse l'equilibrio, cadde e si fece così tanto male da arrivare zoppicante di fronte alla contessa, alla quale si guardò bene dal riferire l'accaduto, di cui si sarebbe troppo vergognata.

Eppure la signora aveva grande considerazione del lavoro delle zie; più volte le aveva stimolate a trasferirsi a Roma, perché—diceva lei—con la loro bravura avrebbero fatto sicuro successo.

Ovviamente la zia Faustina, prudente oltre ogni modo, esprimeva dubbi e perplessità, ma la contessa l'assicurava promettendole tutto il suo appoggio, anche presso le famose sorelle Fontana, come dire allora il massimo della moda della Capitale.

Ancora un episodio tipico di un certo modo di vita.

Una ragazza di Limiti era stata lavorante nel nostro laboratorio; poi si era sposata, si era rinchiusa in casa a fare la casalinga pur mantenendo un frequente rapporto con il laboratorio e tutte le altre ragazze ex colleghe di lavoro e di avventure piacevoli; al primo parto mise al mondo tre gemelle, tutte e tre femmine. La cosa segnò una specie di tragedia per la famiglia; prima di tutto perché un parto trigemino comportava molte spese da affrontare e molto tempo da dedicare alle neonate eppoi perché tre figlie femmine non erano gradite al padrone del podere, che vedeva messo in pericolo il lavoro dei campi, non certo adatto alle donne.

Prima di tutto si dovette sollecitare la bonomia del padrone presso la cui moglie mia zia dovette intercedere, sapendo anche fortunatamente che in quella casa i pantaloni li portava la moglie.

Infine si dovette preparare tutto il corredo necessario per le tre creature; a questa cosa collaborarono attivamente tutte le lavoranti, mettendo a disposizione i loro piccoli guadagni soprattutto ore e giorni di lavoro in laboratorio dedicati a confezionare fasciatoi, lenzuolini, magliette, camiciole, copertine, lenzuolini, fazzoletti ed anche molti indumenti utili alla mamma e a tutta la famiglia. Un bell'esempio di affetto e di solidarietà.

IL LABORATORIO DI SARTORIA

Seconda parte

Periodi molto importanti erano quelli coincidenti con le cresime e le comunioni, quando tutta la famiglia si vestiva a nuovo per la cerimonia di qualche fanciullo o fanciulla. Alle femminucce venivano confezionati abiti simili a quelli delle spose, rigorosamente lunghi e di color bianco con mantelline alle spalle e veli, che partivano dalla testa fino a metà corpo. I modelli erano ognuno diverso dall'altro; sarebbe stata una vergogna se dal laboratorio delle zie fossero usciti due abiti uguali. Fra parenti e tra amici c'era una specie di gara ad avere in esclusiva una confezione che magari si poteva dire più bella ed elegante di qualcun'altra.

Anche le madrine delle cresimande dovevano farsi l'abito nuovo; magari poi si prestavano la borsa, che allora era un accessorio utilizzato per poche occasioni. Siccome i tessuti, candidi e molto fini richiedevano una particolare pulizia per non essere macchiati o neanche "appannati", allora le mani delle lavoranti dovevano essere ben pulite e lavate ogni tanto per evitare il depositarsi di sudore e polvere. I capi da lavorare erano appoggiati su panni anch'essi bianchi e con essi ripiegati e riposti ad ogni interruzione del lavoro.

C'erano poi le lavoranti più adatte per certe lavorazioni ritenute più raffinate e di maggiore attenzione. Le più specializzate eseguivano addirittura orli a giorno, ricami al merletto, nastri e fiocchi di vario ornamento.

Talvolta occorreva "restaurare" qualche sfilatura o qualche strappetto o forellino: qui le bravissime sfilavano le trame e ricostruivano l'ordito del tessuto: erano veri e propri miracoli di maestria. Ma quando la cosa non era possibile attuarla in laboratorio, allora le zie ricorrevano alle suore di Santa Maria Maddalena: lì c'era una suorina che compiva operazioni di vero e proprio lifting alle stoffe "sgarrate".

Questi generi di lavoro erano sotto la responsabilità della zia Astelia, alla quale tutte le lavoranti, così come la stessa zia Faustina, riconoscevano particolari doti di precisione, tanto da soprannominarla "mani di fata".

Quando poi le ragazze avevano le mestruazioni, la questione diventava ancor più delicata: era uso che non potessero lavorare su tessuti bianchi o comunque molto chiari; che non maneggiassero stoffe di seta, di velluto e di lanetta, perché i riflessi umorali nelle mani non potessero sporcare ("appannare") i capi di abbigliamento.

In occasione dei matrimoni a casa nostra regnava, sovrano su tutto, l'abito da sposa; chiuso a chiave in un apposito grande armadio, perché restasse lontano da sguardi indiscreti e non si imbrattasse. Il candore della stoffa era sì tanto da "sporcarsi al semplice guardarlo".

Nei giorni della lavorazione in cucina si evitava di trafficare troppo con sughi e fritture, che potevano impregnare l'ambiente di odori pesanti e di possibili, imprevedibili sbrodolature. Pochissime le lavoranti col privilegio di lavorare all'abito da sposa: le più esperte, le più diligenti, le più attente, quelle insomma pronte per il diploma o la laurea di sarta. Certo queste ultime avevano anche già passato l'esame impegnativo del cappotto e del tailleur. In più alcune avevano già appreso l'arte del prendere le misure alle clienti, del tagliare i modelli sulla stoffa, dell'effettuare le successive prove di verifica dell'abito sul corpo della cliente, per scoprire difetti, mancanze, imprecisioni, che talora rasentavano un perfezionismo professionale, che oggi è lontano mille anni luce dalla moderna confezione tutta meccanizzata, auto-matizzata, parcellizzata e poi assemblata alla catena di montaggio.

In primavera ed estate il lavoro scorreva più velocemente: abiti leggeri, prendisole, grembiulini, camicette e gonne, ma anche costumi da bagno ad un pezzo e, in casi di maggior trasgressione, anche costumi a due pezzi con reggiseno ben coprente e certi mutandoni con elastico che spesso coprivano anche l'ombelico.

Lo "scandalo" televisivo della Raffaella Carrà col suo "tuca—tuca" e l'ombelico pubblicamente esposto, sarebbe arrivato molti anni dopo.

Erano invece gli anni d'oro per le "miss Italia". Nel 1947 Lucia Bosè era risultata vincitrice del celebre concorso (che ancora oggi occupa annualmente una settimana di spazio televisivo!), dal quale successi-vamente usciranno delle "stars" che poi avrebbero fatto gli onori—e gli incassi al botteghino—del cinema italiano in Europa e nel Mondo:

Gina Lollobrigida, Sofia Loren, Eleonora Rossi Drago, Gianna Maria Canale, Giovanna Ralli, Rossana Podestà, fino all'infelice Marcella Mariani, che perì nell'incidente aereo (1956) da Milano a Berlino, al cui Festival si recava per presenziare alla proiezione del film "Senso" di Luchino Visconti.

Basti sapere che la bellissima Silvana Mangano, alla sua prima interpretazione in "Riso Amaro", raggiunse una tale popolarità che, quando il film fu proiettato a "New York, nel quartiere di Little Italy, venne riprodotta—nella celeberrima immagine di quando ballava il Boogie-Woogie—in manifesti alti come tre piani di un palazzo!

Siccome le sartine lavoravano sodo, ore ed ore per tutta la settimana, il loro divertimento, preferito ed unico, era quello di cantare e ballare tutti i nuovi ritmi che venivano d'oltre Oceano.

Quando potevano farlo, si sentivano libere, nelle pubbliche balere; lì si riconciliavano con la vita, anche quella che finora aveva loro concesso ben poco. Tutte erano belle, così civette, maliziose e, nel fondo, così buone e vergini. E tutti i giovanotti che le circondavano, bulli sfaticati, spavaldi e, nel fondo, così onesti e generosi. Si divertivano e insieme facevano divertire tutto il pubblico spellano.

Ma la più bella e desiderabile era Maresa. Sulla pista da ballo, lei appariva come Eva, la prima donna dell'Italia nuova, che ha addentato la mela del peccato. Tutti avrebbero voluto assaggiarla; per i maschi spellani costituiva il primo brivido sexy che corre lungo la schiena (la chiamavano la "Mangano" spellana); era l'antidoto contro i mali oscuri di una nazione che non conosceva ancora il benessere, misera fra le macerie belliche, ma già lo sognava ad occhi aperti.

E come lo desidera!

Così l'immaginario delle sartine era ricco di foto riproducenti divi hollywoodiani del tempo.

Le pareti del salone da lavoro erano piene di immagini di personaggi celebri: per lo più attori americani e molti cantanti italiani; il mercato cinematografico era già invaso dalle pellicole hollywoodiane, invece il mercato della musica era più limitato alle canzoni nazionali.

Girava un'edizione foto romanzata del film "Ulisse" e i nomi di alcuni mitici personaggi erano spesso pronunciati buffamente con accentazioni sbagliate: cosi Penèlope veniva appellata Penelòpe e Telèmaco poteva diventare Telemàco (campionessa di curiosi storpiamenti era Marisa, una delle lavoranti più allegre e simpatiche).

Ma c'erano momenti di massima attenzione dedicata al lavoro. La zia stessa era solita dire: "Quando si balla si balla, ma quando si lavora si lavora", massima concentrazione perché c'erano anche severi rimproveri.

Soprattutto quando la zia metteva in evidenza per tutte: un errore di taglio, un collo attaccato in modo impreciso, un polso che non combaciava, asole non allineate, bottoni diversamente distanziati, ecc.

Prima veniva la misurazione, poi la gessettatura, a cui seguiva il momento topico: il taglio.

La gessettatura consisteva nei segni con gesso che si facevano sul tessuto, dopo aver verificato le giuste misure per effettuare quindi i relativi tagli con le forbici: era ovviamente un momento di grande responsabilità, perché poteva comportare lo storpiamento irrecuperabile del panno con cui realizzare l'abito.

La zia Faustina era solita dire che una vera sarta la si vede subito da come usa il gessetto e da come sa tratteggiare e disegnare sulle stoffe. Non era solita vantarsi del suo lavoro e della sua indubbia e riconosciuta bravura, ma una cosa diceva spesso, e cioè quanto aveva dovuto "accervellarsi" sui modelli disegnati che faceva venire direttamente da Milano (la città che già cominciava a scippare a Firenze il primato italiano della moda).

L'imbastitura era invece la realizzazione con punto lungo e disteso con un filo bianco abbastanza spesso, detto genericamente "cotone": erano i cosiddetti punti lenti appunto con il filo da imbastire; ciò serviva a definire le linee di cucitura dove poi sarebbe passata la macchina cucitrice, che faceva la cosiddetta "righetta". Dopo la righettatura della macchina, affidata sempre alle lavoranti di medio livello sartoriale, si dovevano necessariamente togliere i punti lenti che ormai avevano esaurito la loro funzione; l'operazione veniva fatta con un ago usato dalla parte della cruna, e la cosa—una delle più semplici—veniva affidata alle principianti; i pezzi lunghi di filo dovevano essere recuperati, perché il filato costava caro eppoi i tempi erano cosi "brutti"!

C'era proprio una specie di gerarchia professionale, non dovuta a pagelle o promozioni, ma ad un progressivo sviluppo di meriti professionali, che non seguivano criteri di anzianità ma di effettiva efficienza lavorativa, di responsabilità acquisite, di differenti livelli e momenti di apprendimento. Tutto questo in genere era accettato dalla mentalità di gruppo delle ragazze, che non mettevano certo in discussione la generale e specifica valutazione che le zie esercitavano su di loro; forse talvolta poteva nascere qualche piccola rivalità, ma, non essendoci monetizzazione, la situazione scorreva abbastanza tranquillamente.

L'ultima operazione, prima di consegnare a casa della cliente l'abito bello e confezionato, era la stiratura con il ferro da stiro: solo pochissime potevano farlo; i vestiti più preziosi venivano stirati direttamente e soltanto dalle zie. Ci voleva poco a rovinare un capolavoro di confezione, magari anche costato abbastanza, per un momento di disattenzione, che poteva far bruciare un tessuto in modo irreparabile.

La maggior parte degli abiti finiti, una volta ben avvolti in carta fina, venivano recapitati a domicilio; questa incombenza era assolta a turno fra le lavoranti, ben liete di espletarla, perché quasi sempre ne ricevevano una mancia di ringraziamento. Naturalmente sia le clienti più generose, sia quelle più spilorce, venivano di volta in volta ripartite fra le ragazze, che avevano oramai ben selezionato le signore "per bene" da quelle invece "pidocchiose".

Una volta, una signora che si riteneva "molto su", come si diceva "con la puzzetta sotto il naso", tenne sospeso alla zia un conto per più di un anno. Quando la zia volle chiederle il dovuto pagamento, la buona signora volle negare ogni cosa. Tutto finì lì.

Dopo circa due anni, sempre la buona e brava signora si ripresentò alla zia per richiedere ancora una commissione lavorativa. La zia negò la propria disponibilità, ricordando quel brutto episodio. A quel punto la signora disse che avrebbe pagato il doppio pur di tornare ad essere cliente della sartoria. Ma la zia rispose secca, senza aggiungere commenti, in modo assai liquidatorio: "Cara lei, io vivo di lavoro, non di elemosina".

Che bel caratterino!

Abitavamo la casa adiacente la chiesetta di San Martino, nella bellissima via Torre Belvedere; c'era un orto che correva lungo la fiancata sinistra dell'edificio religioso, ed era diviso in due parti: una predisposta alla coltura di ortaggi vari con accanto un pollaio ed una conigliera ed un'altra parte attrezzata a giardino e a cortile esterno, protetta da un folto pergolato di viti che producevano una buonissima uva fragola. Qui, d'estate, uscivano a lavorare tutte le ragazze del laboratorio, per godere in libertà del fresco dell'ombra trovando refrigerio dalla calura spesso insopportabile, restando il più delle volte con il semplice sottabito (sottoveste), oppure soltanto in gonna e reggiseno.

La scena, oggi troppo casta e pudica, rappresentava però a quel tempo, una visione "hard" per i giovinotti spellani, sempre allupati (così come loro stessi affermavano), i quali si appostavano sul muretto dell'orto per godere—non visti—dello spettacolo eccitante, inusuale e proibito. Poi c'era sempre quel mattacchione di Checco che, scavalcato il muro di cinta e infiltratosi fra le siepi, immortalava a sorpresa improvvise foto gratuitecon la sua immancabile, traditrice macchina fotografica, che ad ogni scatto faceva un fracasso di inferno. Figuriamoci la reazione delle ragazze; era tutto un gridare ed un ammucchiarsi a scopo protettivo; tentavano goffamente di coprirsi con le mani e le braccia o con qualche stoffa del lavoro; e tutto ciò rendeva la scena oltremodo vivace e spiritosa. Allora i giovanotti diventavano intraprendenti e, acquistato coraggio, scavalcavano la recinzione dell'orto e si facevo avanti palesando le loro simpatie.

Le lavoranti dapprima si fingevano scocciate e dispiaciute, ma poi non negavano sorrisi ed allegria. Checco prometteva che non avrebbe sviluppato le foto "scandalose ", che invece—di lì a poco erano già belle e pronte, con tutta gioia delle protagoniste, immortalate sì in abiti succinti, ma comunque in un sano luogo di lavoro con tanto svolazzio di stoffe, camiciole, fili, nastri e capelli al vento.

La zia Faustina offriva, come di consueto, qualche dolcetto e un goccio di aranciata oppure di buon vino innaffiato (per le ragazze) con acqua fresca, atteggiandosi comunque severamente con i maschiacci e protettiva con le donzelle, alla fin fine sue "figliocce di lavoro". E l'avventura terminava così, bella e pulita così com'era nata. Le lavoranti tornavano all'ago ed al filo, magari con minor voglia, ma sicuramente più appagate e soddisfatte della giornata. I giovanotti se ne andavano, con passo incerto, distribuendo maliziose occhiatine d'intesa alle loro ragazze del cuore.

IL LABORATORIO DI SARTORIA

Terza parte

H o già avuto modo di spiegare che il laboratorio di sartoria delle zie era un vero e proprio luogo di vita, dove si instaurava un legame, non tanto famigliare, quanto di integrazione e controllo sociale, più che una rete di vicinato, una cerchia comunitaria, ricchissima di relazioni interpersonali. Aveva sì una funzione produttiva e professionale, ma le dieci o quindici razze che, dai 14 ai 20 anni vi trascorrevano dalle sei alle otto ore della giornata, portavano lì tutto il proprio vissuto; più di un lustro di tempo della loro gioventù trascorreva così sulle seggiole di un salone da lavoro, a cucire, imbastire, righettare, ricamare, tagliare, stirare.

Certamente ogni momento di vita, anche privata, si riversava in quell'ambiente, che era cassa di risonanza delle esperienze esterne all'ambiente famigliare, rapporto vivo con le coetanee o comunque compagne di lavoro.

Amori, sentimenti, impressioni, emozioni, eventi: tutto circolava nel laboratorio e spesso diventava patrimonio di comune partecipazione affettiva e solidale.

Anche le differenti situazioni famigliari entravano a far parte delle conoscenze e degli interessi di tutte le ragazze: una nascita, una morte, un matrimonio, una festa o una qualunque ricorrenza era occasione di comunicazione e di compartecipazione all'evento.

Io bambino ricordo alcuni fatti che sono restati impressi nella mia memoria in merito a quel teatro di vita.

La storia di Anita, fidanzata di Armando emigrato in Brasile per trovare fortuna; il lungo periodo di silenzio di questo giovane che stentava a sistemarsi in un paese tanto lontano ed ostile; la tragica attesa della fidanzata, che non mollava mai la speranza (poi a me venne spesso pensato alla splendida opera lirica di Puccini, e alla povera giapponesina "Madama Butterfly" e all'immortale romanza "Un bel dì vedremo ... !); ed infine l'amara delusione di questo amore sacrificato da un'ingiusta, amara disillusione.

L'avventura di Argentina che doveva andare in sposa ad un certo tizio, giovane stimato e apprezzato dalla famiglia di lei ma da lei non amato. Tutto era pronto per le nozze: il vestito, le fedi, i preparativi per il pranzo, i regali e tutto il resto, ma la promessa già preparava la fuga. Infatti la mattina delle nozze, la fidanzata fugge da casa con la complicità di due amiche lavoranti e della mia stessa zia Faustina, che le aveva consigliato di ascoltare solo il proprio cuore.

La fuggitiva lascia nel laboratorio l'abito bianco da sposa, che non le rappresentava proprio niente, prende però i due abiti da viaggio; il giorno delle nozze risulta irreperibile fra lo stupore di tutti e in special modo del promesso; resta per due giorni ospite a casa di una lavorante di fiducia e poi se la fugge col suo uomo del cuore, che credo ancora oggi sia suo marito.

Successe che a casa di Lina si verificò un lutto grave: la morte del padre Cesare, grande lavoratore e uomo di famiglia, con molti figli piccoli da tirare avanti. Lina era una ragazza molto responsabile ed attiva; una delle lavoranti fra le più brave, anche se ancor giovane e priva di mezzi economici. Il dolore di quella famiglia divenne il dolore di tutte le ragazze, che si unirono in una gara solidale di aiuto ed assistenza che servì non poco per alleviare difficoltà e disagi per la famiglia sfortunata.

Accadevano anche fatti di sapore più sociale e politico.

Era risaputo che le zie fossero comuniste, apertamente dichiarate ed attiviste di partito, inoltre non certo di fede cattolica, avendo ereditato convintamente la mentalità non credente del padre Crispino.

Così una lavorante, di famiglia cattolica praticante venne a lavorare nel laboratorio delle zie; ma la madre della ragazza fu richiamata all'ordine dalle pie donne della parrocchia di San Lorenzo con l'accusa di mandare la figliola in un luogo di perdizione politica e spirituale. I tempi allora erano così fatti. La mamma di Giuseppina per qualche settimana non mandò più sua figlia al lavoro, ma la ragazza rimaneva a casa e piangeva perché voleva ritornare con le amiche e al suo lavoro. La signora resistette ancora un poco, ma alla fine si recò dal parroco per avere conforto sul da fare, e questi, memore del fatto che anche una sua giovane nipote era stata allieva sarta delle zie (senza riportare ferite, né politiche né spirituali) consigliò alla mamma di Giuseppina di far rientrare la figliola nella tana del "diavolo".

Negli ultimi anni Quaranta-primi Cinquanta, i cosiddetti "signori" di Spello (si intendono i più grossi proprietari terrieri della nostra campagna) non gradivano che i figli dei loro coloni si recassero al lavoro, lasciando così la cura dei campi. Insomma i figli dei contadini dovevano fare i contadini, perché altrimenti un domani chi avrebbe lavorato la terra?

Lucia, figlia di mezzadri di Mausoleo, non volendo fare la contadina ma la sarta, ogni mattina si recava a casa delle zie per imparare il mestiere per cui si sentiva portata. Avvenne però che il padrone, una mattina la vide recarsi a Spello ben presto e anche successivamente notò che la ragazza veniva a Spello, sempre alla stessa ora, ben pulita e senza oggetti da trasportare; gli nacque il sospetto che si recasse a fare qualche lavoro, e non faticò molto a scoprire che andava a fare la sarta. Successe un finimondo; il padrone intervenne sulla famiglia dei contadini minacciandoli di sfrattarli dal podere qualora Lucia non avesse ripreso immediatamente a svolgere con continuità le sue mansioni di contadinella. E così fu. Perché in quel periodo, per una famiglia di coloni scongiurare il pericolo di perdere la sicurezza del casale di lavoro, era ben più importante delle sacrosante inclinazioni professionali della loro figliola. Alla zia Faustina fu detto che Lucia di sua spontanea volontà aveva voluto rinunciare ad imparare il mestiere della sarta; mia zia 'bevve" la giustificazione, anche se capiva si trattasse di una finta motivazione, viste le ottime, naturali inclinazioni di Lucia al lavoro e la grande passione che ella vi metteva.

Ben presto scoprì la verità, attraverso la personale confessione che la stessa ragazza le rese, con preghiera di mantenere il segreto. Mia zia mantenne il segreto, ma immediatamente si rifiutò di fare gli abiti alla moglie di quel padrone terriero, nonostante fosse un'ottima cliente; più volte fu richiesta di spiegazioni; non ne diede e non volle retrocedere dalla ferma decisione presa.

Di fronte alle insistenze della signora per avere spiegazioni, la zia non resistette oltre e, con tutta la necessaria autorevolezza, di cui sapeva essere capace, disse alla gentile signora: "Se il mio lavoro non va bene per educare Lucia, che desidera farsi con esso un proprio avvenire, allora, cara la mia sinora, non va bene neanche per lei, che il proprio avvenire ce l'ha già più che sicuro; perciò riferisca queste parole a suo marito, perché io a lei ora non ho più nulla da aggiungere". Dopo pochi giorni si presentò in laboratorio Lucia accompagnata dalla mamma che, tutta soddisfatta e ringraziando, riconsegnò alla zia la giovane aspirante sartina.

Altra prova per me che, un carattere deciso e parole dette al posto giusto, riescono spessissimo a superare ostacoli altrimenti insuperabili.

In alcuni casi le ragazze potevano essere anche dodici o addirittura quindici: un numero ben considerevole sotto ogni punto di vista. Ebbene si trattava comunque di un gruppo che faceva corpo, un insieme organico, una piccola società, in certi casi anche un complice rispetto di appartenenza.

È emblematico questo caso. Nel periodo della lotta partigiana antifascista e della liberazione, alcuni giovani antifascisti avevano disertato il richiamo alle armi disposto dal regime. Così due giovani compagni, Silvio e Dario, si rifugiarono, per due o tre mesi a casa nostra, nascosti in una cameretta (poco più che un ripostiglio) per sfuggire alle rappresaglie squadriste. Di giorno, quando c'erano le lavoranti, restavano nascosti, uscivano in casa soltanto la sera, la mattina presto e la notte. Il pericolo era grande; enorme il rischio che la cosa si risapesse con ripercussioni inimmaginabili su tutta la nostra famiglia. Ma l'impegno politico della lotta era troppo alto ed era necessario fare resistenza non solo sui monti, ma anche in città come ognuno poteva, mettendo a repentaglio la propria sicurezza.

Nonostante la numerosa frequentazione nella nostra casa

(nonostante anche le ragazze "sapessero", ma coraggiosamente tacendo), ebbene mai è uscita un'indiscrezione, una spiata, un tradimento. Questo vuol dire molte cose: che lo spirito di solidarietà era molto sentito e rispettato; che un giuramento di fedeltà assunto valeva il mantenimento di un segreto ad ogni costo; che insieme alla tragedia della guerra c'era tanta voglia di ricostruire il bene comune. E vuol dire anche che quelle ragazze, che sognavano di essere elette "miss", che leggevano "Bolero" e "Grand Hotel", che fantasticavano ad occhi aperti ed ingenui un avvenire, erano già portatrici di valori, di serietà, di onestà ... di quella che sarebbe stata a fondamento della migliore Italia del domani.

Voglio confermare che le mie zie, nel loro lavoro di sarte, non facevano discriminazioni nella scelta della clientela; avendo sempre affermato che bastava fosse sufficientemente garante del rispetto del lavoro e sicura nel giusto puntuale pagamento.

Spesso la zia Faustina diceva che, se non avesse servito la "campagna" durante gli anni di guerra a casa nostra avremmo sofferto molta fame. Il fatto è che, nel periodo bellico, dovendosi comprare le derrate alimentari con la tessera, i generi di prima necessità erano scarsi. Invece la zia, avendo lavoro presso famiglie contadine, veniva ripagata da queste in natura e quindi con verdure fresche, pollame, grano o farina, salumi di maiale, latte, legumi vari, patate, frutta di stagione, olio e vino.

E la zia si sentiva debitrice di tutto ciò che le veniva dalla classe dei contadini. Inoltre lei era sempre invitata, come sarta di famiglia, alle varie cerimonie quali battesimi, cresime e comunioni, matrimoni, eppoi in occasione di particolari momenti di lavoro agricolo come: battitura, scartocciatura ed altro; quando tornava a casa da quegli "eventi" era carica di roba, con la bicicletta condotta a piedi perché ai due manubri c'erano sempre borse piene di ogni ben di dio: e allora a casa erano belle e saporose mangiate.

Nei tempi di "stagione morta" per la clientela di "città", la sarta poteva per qualche giorno, anche andare a domicilio a rammendare, accorciare, allungare, risistemare un po' il guardaroba personale delle clienti, soprattutto fuori paese.

C'è un episodio particolarmente curioso e rappresentativo.

Un matrimonio di campagna. Da vari giorni pioveva e la strada di terra della casa colonica della sposa era intransitabile con ogni mezzo che non fosse stata l'antica "treggia", una specie di slittone di legno, con due lunghe travi laterali sormontate da un piano a zattera per trasportare qualsiasi cosa; la treggia era trainata da buoi. Così la sposa, vestita con abito bianco lungo era dovuta salire su questo mezzo di locomozione e siccome c'era pericolo che gli schizzi di fango imbrattassero l'abito immacolato e verginale, sopra la treggia c'era la sposa al centro e tutt'intorno due o tre donne che con lenzuoli bianchi facevano da schermo protettivo per l'abito e la promessa.

Il tragico era quando, prima di arrivare alla strada maestra, quella sì percorribile con l'auto in attesa, tutto il corteo era costretto a fermarsi per far onore alle cosiddette "sbarre". Erano queste i luoghi di abitazioni coloniche vicine ed amiche, che offrivano un piccolo rinfresco alla sposa e ai suoi famigliari. Allora la sposa scendeva dalla treggia; le comari le sostenevano l'abito, e alzavano la sposa con scarpe grosse da poter infangare, si faceva la piccola bisboccia di rito e subito si ripartiva. Figuriamoci quando le "sbarre" potevano essere anche più di una; ma il rispetto delle tradizioni questo imponeva. Obbligatoriamente e necessariamente la sarta, a volte anche assistita da qualche lavorante, fra le più affidabili, doveva salire su quella treggia e ad ogni operazione doveva subito riassestare l'abito, che non poteva essere maneggiato se non da mani esperte.

Eppoi, cosa importantissima, la sarta era deputata a sorreggere imbustato il velo, più o meno lungo, che la sposa doveva indossare solo quando saliva in macchina per recarsi in chiesa. Se il velo era lungo con lo strascico, allora c'erano le piccole damigelle, due o quattro fanciulline, anch'esse vestite come sposine, con abitini bianchi, opera essi stessi della medesima sarta che aveva vestito la sposa.

Si noti bene che la sarta, nel giorno del matrimonio, era considerata come una di famiglia; al pranzo nuziale sedeva accanto alla madre della sposa e con questa, fino al momento del matrimonio, aveva condiviso il segreto sacrale dell'abito che nessun altro aveva potuto vedere.

La sarta aveva realizzato l'involucro puro (perché bianco) del dono verginale, che si offriva al marito nell'atto matrimoniale; ciò le conferiva un significato simbolico di grande rilievo; se la sarta non fosse potuta andare ad un matrimonio, sarebbe stata una offesa insanabile per tutta la famiglia della sposa; e la zia Faustina fu costretta a partecipare a riti nuziali più di una volta anche con la febbre alta.

Io ero felicissimo quando la zia andava ai matrimoni in campagna, perché tornava a casa ben carica di cibarie cucinate dalle cuoche, non solo di famiglia, ma alcune chiamate anche da Spello, le più notoriamente brave. Una di queste era Giuseppina Castellani, detta, in dialetto spellano, "Pippina de Mortalitto". I suoi sughi di papera e di oca con relativi "rigagli" (le interiora di detti animali da cortile), non li potrò mai dimenticare! Infine Peppina, un donnone di quasi 90 chili di peso, iniziava a cantare stornelli in dialetto locale e si esibiva in sfrenati balli di saltarello. Incredibile! Quando ballava si trasformava in una libellula; tutta la sua massa corporea si alleggeriva; le sue gambe e le braccia si libravano in movenze armoniosamente lievi e flessuose.

A quel tempo bambino, ciò mi sembrava impossibile e ammiravo tanto Peppina anche per questo.

Ma già adulto, in due viaggi turistici in Andalusia e nel Peloponneso, ho poi trovato conferma che la ritmica dei balli popolari, se specialmente eseguiti da donne (meglio addirittura se anziane), rende queste leggere e solenni, indipendentemente dalla loro stessa conformazione fisica.

Indimenticabili ed esemplari, sono restati per me a Siviglia, i balli di flamenco (stregante contaminazione del cante hondo con elementi gitani), e a Kalamata e Creta le esibizioni di sirtaki (che il maestro Mikīs Theodōrakīs ha reso popolarissimo nel mondo con la colonna sonora del film Zorba il Greco—1964—del regista Michael Cacoyannis).

Quando poi le prime letture per gli esami di antropologia culturale, mi insegnarono che la danza fu forse la prima forma di comunicazione linguistica per le popolazioni in età arcaiche, il ricordo di Peppina assunse un forte significato mitico: "una meravigliosa ninfa", allegra, curiosa e magica rievocazione di un preistorico passato, ma che inconsapevolmente rimane immutabile nell'animo della creatività popolare; una figura alle origini del Mondo che danzava per gli Dei.

COMMENTO CONCLUSIVO

Lolita Peppoloni

A hi, ahi, la memoria!

Pensavo di ricordare solo poche cose del passato poiché il tempo fagocita e trasforma i nostri ricordi. Ma è bastato leggere le tue memorie perché io riscoprissi certi episodi che pensavo di avere cancellato.

Tu hai fatto rivivere un mondo che ora non c'è più, con le sue povertà, con i suoi piccoli e grandi drammi, ma anche con la sua allegria.

E al centro dei tuoi racconti c'è Lei, l'affabulatrice magica, la zia Faustina, quella che a te, bambino, raccontava di demoni e streghe, di animali magici o mostruosi, di amori impossibili e quindi infelici.

E questi racconti sono stati per te nutrimento ed erano tramandati a voce alta e non ti importava, come ancora non ti importa, che fossero veri o inventati.

Lei raccontava e tu ascoltavi. Che meraviglia!

Ricordo che anche i miei figli, già abbastanza grandi, ascoltavano le mie storie a bocca aperta e chiedevano ... "Dai, mamma, racconta". Ed io parlavo loro di un altro mito, di un'altra storia.

Ormai credo sia raro che un ragazzo si metta ad ascoltare una persona anziana, ma noi dobbiamo rafforzare le tradizioni che si amano maggiormente. Perché quando un popolo perde il contatto con il suo passato, quando perde l'orgoglio della sua cultura, peggiora, smette di creare e di vivere. Sparisce.

Nell'epoca del progresso tecnico e di una cultura orientata ad una frenetica crescita economica, è doveroso preservare e valorizzare la nostra identità culturale, le nostre tradizioni ed i valori del nostro territorio.

Oggi si consuma una "nuova" tradizione, quella di Halloween. È una tradizione che non ci appartiene, non è nostra, è americana, ma ora ha trovato posto in Italia e certamente i giovani credono che sia una tradizione italiana. Ma non appartiene al nostro DNA!

Se è importante custodire la natura, conservare il paesaggio, è anche importante conservare e tramandare la memoria delle vite trascorse dei nostri vecchi.

Tu hai tramandato le tradizioni locali, il ricordo di lavori artigianali tipici ed hai preservato così un tesoro culturale immenso. Mantenere le tracce del tuo passato è stato importante per te, come raccogliere la memoria di storie antiche, di leggende, di frammenti di vita e di aneddoti.

Il tuo racconto, le tue storie hanno suscitato in me forti emozioni; mi sembra di vedere tuo nonno in carne ed ossa, sento di amare la povera ed infelice Palma e provo una grande pena per la Nottolina.

Questo volumetto sarà importante anche per i turisti, quelli desiderosi di sentirsi avvolti dal luogo che stanno visitando; così capiranno quanto questo sia un posto unico e speciale.

Carissimo Angelo, tu ami la terra in cui sei cresciuto e ami queste storie come parte viva di te. Voglio pensare che, da oggi, possano diventare un po' parte di tutti.

LOLITA PEPPOLONI è stata insegnante di lettere della scuola media di secondo grado; amica personale dell'Autore collabora attivamente nell'Associazione "Magister sine registro" di Spello ed è sempre stata attenta e sensibile alle novità

www.ingramcontent.com/pod-product-compliance
Lightning Source LLC
Chambersburg PA
CBHW022043020426
42335CB00012B/514